덕후철학

德厚哲學

덕후철학
德厚哲學

초판 1쇄 발행   2018년 4월 18일

지은이 이호영
펴낸곳 책밭
펴낸이 전미정
책임편집 최효준
디자인 변대경, 정윤혜, 최하영
교정·교열 한소아
출판등록 2009년 12월 3일 제 301-2009-230호
주소 서울 중구 퇴계로 182 가락회관 6층
전화 070-7090-1177
팩스 02-2275-5327
이메일 go5326@naver.com
홈페이지 www.npplus.co.kr
ISBN 979-11-85720-37-1 03110
정가 17,000원

이 책을

아버지(李學千 1924~1978)께

바칩니다.

덕후철학, 序

1장 덕후로 살아가기

2장 덕후는 무엇을 희망하는가?

3장 덕후의 시선

4장 정치, 남녀 그리고 덕후

5장 덕후의 아픈 교육론

6장 세계 속의 덕후

에필로그: 천만 덕후를 양성하자

序

덕후철학, 序

세상은 잡것들을 버무린 종합 선물세트다. 순종이 가니 잡종이 남고, 양화가 가니 악화만 활개치고, 신을 죽이니 귀신만 판치고, 양반이 가니 쌍것이 자리를 차지한다. 꼰대는 가고 어린 것들만 남아도 좋으련만 꼰대란 본능이기에 어린 꼰대도 즐비하다. 그러는 사이, 잡것 속에 나름의 사연이 엮이면서 새로운 순종이 생겨났다. 순종과 순수 잡종이 엉켜들며 세상은 더 잡스러워만 간다. 써 놓고 보니 뭔가 〈신세기 에반게리온〉이나 〈기동전사 건담〉의 배경마냥 웅장하다.

덕후란 마치 '뉴타입New Type'이나 '인류보완계획'인 서드 임팩트로 진화한 자아를 꿈꾸는 사람들이다. 이는 〈기동전사 건담〉에서 우주의 환경에 적응해서 새로이 진화한 인간을 말한다. 〈에바〉의 '신과 같은 자아'란 개인적 AT 필드가 해제되면서 우주 전체와 하나가 되는 무제한적 자아다. 꼭 이해해야 할 필요는 없는 덕후들의 말장난이다.

덕후란 일본어 오타쿠お宅, おたく에서 시작한 말이다. 원래 의미는 '집에서'로, 집안에서 일본 애니메이션이나 게임을 편집적으로 파고드는 사람을 말했다. 오타쿠는 부정적인 이미지로 시작했지만 히키코모리引き籠もり같이 사회생활을 극도로 멀리하고, 방이나 집을 나가지 않는 사람들과 비교되면서 긍정적인 면이 부각되기도 한다.

이런 오타쿠가 한국으로 건너오면서 발음이나 의미가 변한다. 대표적으로 '덕후德厚'란 한자 표현을 들 수 있다. 오타쿠와 발음은 비슷하지만 대상이나 의미는 다르다. 한자로 '덕이 두텁다' 하여 인격적인 의미가 더해진다. 따라서 한국 덕후는 집에 처박혀 애니메이션이나 보며 시시덕거리는 오타쿠라기보다 사회적 '덕德'을 실천하는 인물로 진화했다고 볼 수 있다. 이들 '덕후'들의 수집이나 취미생활을 '덕질', 이를 통해 함양한 전문 분야 실력을 '덕력德力'이라 표현한다. 꼭 한자가 아니라도 이 단어의 깊은 울림이 맘에 든다.

프랑스 시인 보들리야르 따라쟁이이자 가증스러운 친일 시인인 서정주의 표현대로 "나를 키운 건 팔할이" 일본 만화, 할리우드 영화, 무협, 야동, 포르노 또는 온갖 잡것이었다. 대중문화는 전후 베이비 붐 세대부터 본격적으로 퍼져 나간다. 이전에 대중문화가 없었다는 건 아니지만 파급이 달랐다. 대중문화보다는 문화의 대중화가 더 적합한 파급이었다. 하지만 대중문화는 저급하다는 인식은 그때나 지금이나 여전히 팽배하다. 웃기는 헛소리다. 향유할 고급문화가 있어야 저급한 대중문화를 멀리할 수 있다. 고급문화는 모조리 금지하고 대중문화의 저급함을 비난한다. 석기시대로 돌아가거나 밥만 먹고 살라는 말이다.

국민학교 5학년 때다. 쉬는 시간에 변소를 다녀오다 당시 유행하던 송창식의 노래를 불렀다. 지금 들어도 고급스런 노래다. 이걸 어떤 또라이pathetic가 담임에게 꼰질러 몽둥이로 비오는 날 먼지 나도록 맞았다. 왜 맞았는지 이해하고 싶지도 않지만 더러운 기억만은 생생하다. 당당히 야동계로 입문을 시작하는 국딩 5학년이 '산토끼'나 '퐁당퐁당'만 불러야 한다는 주장이 더 병적이다. 그 후, 친구라는, 선생이라는 쓰레기들을 맘속에서 끊어 버렸다. 그렇게 삶과 문화는 핍박당하기에 자신의 개성을 숨기는 걸 배워야 했다. 삶은 온통 부끄럽고 찌질한 흑역사다. 이 시점에는 서정주의 시 「자화상」의 표현이 적합하다.

序

"세상은 가도가도 부끄럽기만 하더라.
어떤 이는 내 눈에서 죄인(罪人)을 읽고 가고,
어떤 이는 내 입에서 천치(天痴)를 읽고 가나,
나는 아무 것도 뉘우치진 않을란다."

사회와 종교는 '회개'나 '개발'이란 명목으로 자기부정을 강요한다. 회개를 하지 않으면 지옥에 떨어지고, 자기개발을 하지 않으면 거지처럼 산다고 공갈친다. 하지만 별거 아닌 일을 뉘우치지 않는 삶은 아름답다. 자기를 긍정하는 삶에 회개할 여유가 있던가?

교회를 다닌 적이 있다. 천국과 지옥을 들먹이며 회개하라더라. 엄마 지갑에서 뽀리깐 500원, 뺏어먹은 친구의 빵, 요금을 내지 않고 내린 버스 등 수없는 죄가 떠올랐다. 이 죄의 대가는 천 년간 뜨거운 불에 불고기가 되는 것이란다. 말이 되는가? 이성은 신의 속성이고, 자기와 닮은 인간에게 이성을 부여했다. 그런데, 천국과 지옥은 전혀 이성적이지도 합리적이지도 못하다. 신이 아닌 뻥이라서 그렇다.

최근 화제가 된 〈신과 함께〉의 지옥도 지은 죄에 대한 벌이 타당하지 않다. 예수의 기도대로, 하늘에서 타당하면 땅에서도 타당하고, 땅에서 합리적이면 하늘에서도 합리적이어야 하는 게 맞다. 고대인에게 공갈치던 걸 들고 나와 부리는 허튼 수작질에 맞서 자기긍정을 외치며 자기만의 문화를 소중히 여기는 자야말로 덕후다.

조선을 일통한 사상은 유학儒學이었다. 유학은 예와 악禮樂을 생명으로 한다. 계급적 싸가지와 엄숙한 도덕이 예라면 음악과 즐거움이 악이다. 하지만 겪어 본 바 유학에는 예만 있고 악은 없거나 예에 딸린 악이라 재미없다. 싸가지와 도덕이 짓누른 오백 년 동안 즐거움은 뒷전으로 밀려나 어두운 골방을 전전해야 했다. 우리네 고유 전통이 즐거운 "음주가무飮酒歌舞"라 그 아픔은 더 컸으리라.

재미없던 조선시대, 흑역사 일제와 그 동생인 박통 및 도살자 전두환의 비이성적인 철장사회를 견디던 합리적인 덕후들은 고통에 신음해야 했다. 새마을노래가 아닌 문화에 철퇴를 내리던 시절, 그들 모두 암류暗流로 흘러 지하를 전전하였다. 이제는 굳은 암반을 뚫고 맑게 용솟음치는 발랄한 문화를 선언할 차례다. 엄숙은 즐거움에 복종하라! 이제는 예악이 아닌 악례樂禮의 시대다. 천만千萬의 덕후를 양성하라! 이제 우리 민족과 문화의 중흥은 즐거움을 우선에 두는 천만 덕후에 달렸다.

이 책은 2016년, 미쳐 버린 한 해 동안 인터넷 언론사 뉴스웍스에 연재한 글을 모은 것이다. 처음에 시작할 때 편집을 맡은 유광종 형께서 필자가 철학을 전공한 덕후이기에 제목을 '철학덕후'라 하자고 제안했지만 철학은 직업이지 취미가 아니기에 '덕후철학'으로 바꾸었다.

직업은 업이고 취미는 놀기다. 직업이 무역이라고 무역을 취미로 삼는 건 어색하지 않을까 한다. 어쨌거나 이 책의 제목만으로 취미와 직업이 교묘하게 붙은 꼴이라 그에 걸맞은 방향으로 글을 쓰려고 나름 노력했다.

지적하고 싶은 사항으로, 이 책은 그저 처음을 알리는 잡문일 뿐 본격적인 덕후의 철학적 반성(반성은 뉘우침이 아니다!)을 온전히 드러낸 글은 아니다. 계속적으로 즐거움을 탐색하는 연구가 따라야 할 것이고, 더 나아가 백마 타고 오는 초인이나 뉴타입을 기다릴 일이다.

이 지면을 빌어 매 원고마다 교정과 방향에 대한 조언과 친절하게 기사에 적합한 사진까지 붙여 준 유광종 형께 감사를 드린다. 형이 정성스레 고른 사진을 이 책에 싣지 못해 아쉽다.

2018년 2월 19일, 이호영

"볕이거나 그늘이거나
혓바닥 늘어뜨린 병든 수캐마냥
헐떡거리며 나는 왔다."

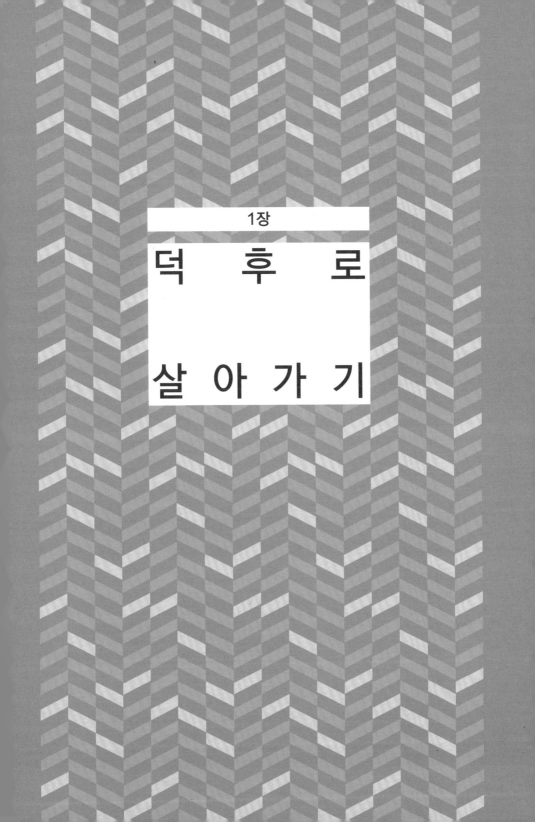

1장

덕 후 로

살 아 가 기

序

동호회 그리고 열락군자悅樂君子

대부분 동호회는 봄가을에 많이 싸우고 많이 깨진다. 독특한 댓글 문화가 원인인데, 대부분 쓸 데 없는 자존심을 가지고 댓글로 싸움을 시작하다 나중에는 더 큰 문제로 번져서는 서로 욕하면서 결국 동호회 자체가 없어지는 경우가 허다하다.

짜장면과 짬뽕의 맛 대결이라는 주제로 토론을 시작한다고 가정해 보자. 꼭 중간에 볶음밥이나 기스면 혹은 탕수육이 더 맛있다고 주장하는 인간들이 등장하면서 토론은 삼천포로 샌다. 그러다 반주로 적합한 술을 말하는 족속들까지 등장한다. 이과두주파와 연태구냥파로 나뉘는 것이다.

비극은 여기서 시작한다. 술을 말한 족속은 동호인을 가장한 업자라는 고발성 댓글로 유명幽明을 달리하지만 공짜로 술을 마신 회원은 남는다. 공짜로 마신 자와 못 마신 자의 논쟁은 상호 비방전으로 발전한다. 업자는 빠지고 서로 공짜로 술을 얻어먹고는 업자를 선전한다고 성토하는 비방이 난무한다. 동호회는 그렇게 깨진다. 전화戰禍로 초토화된 동호회에는 상처 입고 웅크린 짐승만 남는다. 그러나 이런 싸움에 휘말리지 않고 전문 동호회에서 한 3년만 끈질기게 매일 활동하면 실력으로나 인격적으로나 뭐가 돼도 될 수 있다. 이게 바로 열락군자悅樂君子의 도다.

2,500년 전 공자도 동호회 운영을 하면서 '번개'를 치며 즐겼다. 우리는 공자에 대한 엄격한 인상에 눌려 '번개'의 의미를 읽지 못했을 뿐이다. 동양 최고의 고전으로 일컫는 『논어論語』, 그리고 그 서두를 장식하는 '학이學而', 게다가 그 장절이 막 처음 시작하는 곳에 등장하는 두 구절에 우리는 충분한 주의를 기울일 필요가 있다. 공자의 일관된 철학 그대로 그는 먼저 배움의 즐거움을 언급한다. 그 다음이 바로 '친구들과의 모임'이다學而時習之 不亦悅乎, 有朋自遠方來 不亦樂乎. 한 마디로 공자의 『논어』는 실력을 쌓아 고수가 되고, 취미를 같이하는 친구를 모아 번개 치며 즐기자는 취지를 지닌 책이다. 동호회 창립과 관리에 관한 지침서라 할 수 있다.

우리가 기존의 '유교=예법' 식으로 치장한 엄숙주의의 너울을 걷어 올릴 수만 있다면, 우리의 눈에는 더 많은 정보가 보일 것이다. 공자가 가르쳤다는 과목인 '육예六藝'를 한 번 보자. 시서예악어사詩書禮樂御射. 멀리 돌아갈 필요 없다. 요즘 말로 풀어 볼까. 노래방에서 노래 부르기詩, 블로그나 페이스북에 글 올리기書, 사회적 기준에 맞추기禮, 기타 치기樂, 운전하기御, 게임 하기射다. 그냥 일상에서 일어나는 것들이다. 옛날 과목만 고집하며 고증에 매달려 꼭 그것만 해야 할 필요가 전혀 없다는 말이다.

공자는 동호회 활동을 통해 '기쁘다'와 '즐겁다'는 감정의 표현을 확실하게 한다. 재미없는 동호회를 누가 하겠는가? 누구든 친구들과 함께 관심 분야를 즐기면 더 재미있는 것은 확실하다. 혼자 야구하고 농구하고 축구하면서 재미있어 하는 사람이 있다면 먼저 머리에 '꽃'을 꽂았는지 살펴볼 일이다. 그래서 동호회의 목적은 공동의 관심 분야를 같이 '즐기자는 데' 있고 공자의 생각도 매한가지였을 것이다.

인터넷이 없었을 때도 거의 매일 동아리에, 동호회로 싸돌아다녔던 일을 생각하면 꼭 인터넷이 있어야만 동호회가 생기는 것은 아니다. 어느 시대나 사람이 사는 곳이면 남녀노소를 막론하고 끼리끼리 모여 서로의 관심사를 즐겁게 나눴다. 하지만 21세기 들어 보급된 인터넷은 양적, 질적으로 그 범위를 확장해 더 많은 사람들로 하여금 자기의 관심을 확인하고 실현할 길을 마련해 주었다.

인터넷이 만개해 온갖 언로가 다 터져 있는데도 언론에서는 '인문학은 위기'라고 한다. '위기'란 자다가 옆 사람 다리 긁는 소리다. 만약 '인문학'이 지금까지 있었던 학문 영역만을 말한다면 인문학은 이미 사망했다. 납골해서 용미리 공동묘지에 모시는 것이 마땅하다. 하지만 '인문학'이 아닌 '인문적 관점'은 최전성기다. 인문적 관점이란 '인간'이라는 본문에 다는 '댓글'과 같은 것이다. 때문에 인간이 시작된 이래 인문은 위기를 맞아 본 적이 한 번도 없었다. 심지어 초등학생까지 댓글로 자기의 해석을 당당히 표현하는 오늘날 '인문'은 최전성기다. 댓글 하나 써 놓고 자기 댓글 이외의 것은 이단이라고 우기거나, 아르바이트를 동원해서 게시판을 도배하는 무뢰배에게는 위기일지 모른다.

동호회 지침서인 『논어』는 '기쁨'과 '즐거움'에만 머물지 않고 "다른 사람들이 나를 알아주지 않아도 화를 내지 않는 군자人不知不溫, 不亦君子乎!"에 대해 말한다. 군자는 친구들과는 즐겁게 인생의 목적을 실현해 가는 인간적, 문화적인 멋쟁이다. 인문학 위기의 시기에 군자야말로 시인 이상李箱이 노래하듯 이전 인문학을 "봉쇄封鎖"해 버리고 새로운 인문을 이끌 진정한 인문학자가 아니겠는가?

동호회 활동의 주요 거점이 되고 있는 인터넷에서는 모두가 평등하게 자기의 의견을 말한다. 토론 환경으로 보자면 현실보다 훨씬 더 거칠고 더 살벌한 곳이다. 노약자 보호석, 임산부 양보나 배려도 없으며 신분의 귀천도 따지지 않는 정글이다. 심지어 얼마 전 실명제조차도 위헌 판정이 났다. 이전에 볼 수 없었던 익명성은 기존의 유교적인 사회가 지향하는 장유長幼의 가치를 뿌리부터 송두리째 흔든다. 지금 인터넷에서 중·고등학생보다 두려운 존재는 초등학생이라고 할 정도다.

아무리 무질서한 밀림이라고 해도 질서를 부여하여 휘어잡지 못한다면 군자로서 부족하다. 먼저 군자라면 당연히 그동안 배우고 익혀 마스터한 실력으로 찌질한 소인들을 제압해야 한다. 다음으로 동호회의 정론을 세우고 『고문상서古文尙書』 「대우모大禹謨」에서 말하듯 '중심을 잡고允執厥中' 무리의 가운데에 서야 한다. 악성 댓글이나 비방이 무서워서 해야 할 말과 활동을 하지 못하고 댓글에 연연해서 울고 웃는다면 소인小人일 뿐이지 결코 자신의 일과 즐거움을 당당하게 즐기는 군자는 되지 못한다. 즉 군자는 점잖은 사람이 아니라 점잖게 즐기며 살 수 있는 세상을 만들어 가는 진정한 영웅이다.

동호회의 중심이 되어 회원들과 함께 즐기는 것은 군자가 마땅히 몸소 실천해야 할 일이다. 지금 우리에게는 군자 되기를 주저할 이유도 시간도 없다. 이제 우리는 오랜 동양의 전통, '제대로 즐기기'를 위해 동호회의 주소를 손에 들고 새로운 여행길에 주저 없이 나서야 한다. 놀 때 제대로 노는 열락이 군자를 군자로 만들어주는 바른 길이다.

『논어』의 첫 구절의 결론만 따면 기쁘게悅 즐기는樂 군자君子다. 군자란 즐길 줄 아는 사람悅樂君子이라는 말이다. 덕후 또한 그러하다.

序

추석은 댁에서お宅!

어릴 적 우표를 모아본 사람이 있을 것이다. 우체국은 새로 나온 우표 세트를 팔아 코 묻은 돈을 많이 긁어모았다. 그러다 우표가 없어지면서 컬렉션에 대한 지원도 시원찮아져 대다수 수집가들이 흥미를 잃고 수집을 포기했다. 이제는 세계적으로 희귀한 세계 최초 우표 페니 블랙Penny Black 이나 1884년에 발행된 우리나라 우정국의 최초 우표를 제외하고 '한국의 나비' 같은 시리즈를 모은 앨범은 창고 어디서 곰팡이와 함께 스러져 간다.

수집하는 존재로서의 인간, 호모 컬렉투스Homo Collectus란 국민 대부분이 무언가를 수집하는 영국인을 비꼬는 말이다. 여러 활동적인 취미가 있지만 집에서 하는 대표적인 취미로 수집을 들 수 있다. 일본어 오타쿠お宅, おたく역시 수집하는 인간의 별칭이다. 오타쿠란 '집에서'라는 뜻으로 원래는 집안에서 일본 애니메이션이나 게임을 편집적으로 파고 드는 사람을 말했다. 이 의미가 일본을 건너 한국에 오면서 확장되고 변화한다.

흔히 오타쿠를 마니아Mania와 혼동하기도 하는데 마니아란 무언가에 미친 사람을 부를 때 쓰는 말이다. 이에 비해 오타쿠는 특정 분야를 즐기면서 체계적으로 수집하고 연구하는 사람이다. 종종 자신을 자랑스럽게 마니아라고 하는데 마니아는 일본식 '병맛' 표현이다. 영어에서는 '편집적인 정신질환'을 뜻하는 말이다. 굳이 영어로 하자면 애호가Lover, Enthusiast가 더 정확한 표현이다.

부정적인 이미지의 일본말 오타쿠는 한국으로 건너오면서 발음이나 표현이 긍정적으로 변한다. 대표적으로 '덕후德厚'란 한자 표현이 그렇다. 한자 의미인 '덕이 두텁다'로 인해 인격적인 의미가 더해진 것이다. 한국에서 변형된 덕후는 집에 처박혀 애니메이션이나 보며 시시덕거리는 오타쿠가 아니라 사회적 '덕德'을 실현하는 인물로 진화했다는 해석이다. 이들 '덕후'들이 하는 짓을 '덕'이라고 하며 수집이나 취미생활을 '덕질', 이를 통해 함양한 전문 분야 실력을 '덕력德力'이라 한다.

"일덕(일본 덕후)이 양덕(서양 덕후)을 못 이긴다."는 말이 있다. 일본 애니메이션이나 게임을 파고드는 오타쿠가 서양의 전문적 애호가를 이길 수 없다는 건 의아하다. 이 표현이 말하는 건 '덕질'이 단순히 일본 비디오 게임 같은 하위문화를 넘어서 수집과 연구를 통한 학문적 재생산으로 연결되기 때문이다. 따라서 서양의 수집이나 연구에 파고드는 행위는 오타쿠라기보다는 덕후에 가깝다. 이런 현상은 우리 주변에서도 종종 보인다. 서양이나 일본에서 만든 게임을 한국이 제일로 잘하는 게 그 예다. 한국에 와서 다른 방면으로 진화한 것이다.

'양덕'하면 떠오르는 인물이 있다. 바로 3층짜리 집의 벽과 천정을 모두 그리스·로마의 기둥과 장식품으로 채워 박물관으로 만들어 버린 존 선Sir John Soane, 1753~1837이다. 영국 신新고전주의의 건축가로서 그가 설계한 작품인 영국은행Bank of England이나 서머셋 하우스Somerset House의 그리스나 로마식 기둥과 장식을 보면 그가 풍기는 진정한 오타쿠의 향기를 맡을 수 있다. 그는 수집하고 연구하여 영국식 건축의 새로운 장을 개척한 위대한 덕후였다. 양덕은 비단 존 선만이 아니다. 브리티쉬 뮤지엄British Museum이 지닌 풍성한 수집품과 해설도 많은 부분 양덕들이 이룬 성과다. 이들 수없는 양덕들이 오늘도 자기만의 컬렉션을 모으고 연구하여 창조의 밑그림을 그려내고 있다.

일덕이 양덕을 이기지 못하는 큰 이유는 또 하나 있다. 일본이 이룬 서양은 근본적으로 모방이기 때문이다. 1854년 개항 이래 동양을 대표한다는 일본의 목표는 늘 서양이었다. 우리가 쇄국이나 하고 있을 동안 일본은 쇄국을 풀고 일사불란하게 서양을 베꼈다. 과학, 철학, 무기, 문물 수집까지 몽땅 베끼려고 하였다. 그래서 이루어 낸 게 야마토 전함과 제로 전투기, 소니와 도요타 그리고 캐주얼 복장인 유니클로UNIQLO다. 하지만 안타깝게도 거기까지다. 수업시간에 선생님 호흡까지 필기한다고 대가가 되는 건 아니다. 그렇듯 목표를 서양으로 잡고 베낀 것이기에 서양을 넘어설 수 없다. 심지어 하우스텐보스HUIS TEN BOSCH를 건설하고, 프랑스의 한 마을을 통째로 옮겨 오기까지 했지만 수집할 대상인 서양 '삶' 자체를 가져올 수는 없는 것이다. 아직 더 많은 서양이, 서양식 생활이 거기에 있다. 원본을 이길 수 없는 복사본의 비극이 이것이었다.

우리는 많은 것을 일본을 통해 들여왔다. '서양'조차 일본에서 수입했다. 심지어 민족의식에서 공산주의를 포함하여 항일 독립운동까지 일본식 번역으로 배웠다. 취미인 커피나 음악 감상까지 일본 용어에다 일본식이다. 카피의 카피다 보니 은연중에 일본은 우리의 목표이자 이념으로 자리 잡았다. 한일전 축구에서는 일본에게 결사적으로 이기려고 하면서 정작 취미에선 자존심도 없이 일본을 카피한다는 말이다. 이러다 일본이 제작한 서양 마을 한 곳을 통째로 수입하는 사건도 불가능한 상상은 아닐 것이다.

양덕과 일덕의 관계처럼 일본이 원본으로 자리하고 일본을 따라하는 한 복사본 '한국 오타쿠'는 결코 본국本國인 일본을 넘어설 수 없다. 만류귀종萬流歸宗. 모든 것은 한 곳으로 모인다는 말이다. 일본 오타쿠를 따라하는 한, 마음의 고향인 일본으로 돌아갈 수밖에 없다. 이래서는 '대한 독립 만세'를 외친 의미가 없어진다. 그렇다. 우리의 살길은 그저 축구에서 이기는 것만이 아니다. 일본과 달리 오타쿠가 아닌 차원을 달리하는 진정한 덕후로 진화해야 하는 것이다. 변화와 진화만이 살길이다.

추석 명절이면 갈 데도 없고 가봐야 길만 막히고 돈만 든다. 댁에서 덕질하며 덕력을 급격하게 올릴 절호의 찬스다. 추석은 일본에는 없는, 일본과 혼연히 다른 우리의 명절이다. 일본과 달라질 의미 있는 기회다. 그러니 이번 추석에는 방구석에서 일본 AV나 망가만 파지 말고 새로운 영역을 모색하여 진화한 덕후로 거듭나길 바란다.

전이나 부쳐 먹으며 뒹굴다가 한가해지면 '댁에서' 나만의 전문적인 덕을 쌓기에 추석은 너무나 좋은 시간이다.

序

개미와 베짱이

할리우드 서부 영화는 대개 이렇게 펼쳐진다. 온갖 악랄한 짓을 하던 나쁜 놈은 착한 보안관과 대결하다 죽고, 보안관은 정의는 물론 미녀까지 차지한다. 이른바 '승자독식'의 장엄한 결론이다. 하지만 실제 세계는 다르다. 정의의 용사만의 세계에 생각지 못했던 '치사한 놈'이나 '이상한 놈'이 슬그머니 끼어들면서 정의는 허망해지고 사연은 구구해진다.

정의가 최고였던 세상에 '알고 보면'이라는 '사연'이 슬쩍 발을 들여놓는 것이다. '알고 보니' 잘생긴 보안관은 마약상에게 뇌물을 받는 타락한 경찰이었더라. '알고 보니' 악당은 억울하게 누명을 쓰고 가족과 고향을 떠날 수밖에 없었던 슬픈 녀석이었으며, '알고 보니' 치사한 놈은 친구의 일이라면 물불을 가리지 않던 좋은 녀석이었더라라는 식이다.

정의와 악만 있는 세상에서 우리는 정의의 사도여야 하고 상대는 꼭 악당이어야 했다. 하지만 여럿이 사는 세상에서는 꼭 정의는 아니더라도 저마다 피치 못할 '사연'과 '이유'를 간직하고 살아간다. 이제는 약발 떨어진 '편협한 정의'로는 흥행이 힘들다는 말이다.

2,600년 전 소아시아의 노예였던 이솝은 부지런히 일하고 돈을 모아 자신의 자유를 샀다. 그는 뛰어난 지식인이었으나 모욕적인 노예 생활을 견디며 돈을 벌어야 했다. 그곳은 다수의 노예와 소수 자유민의 세상이었다. 아마 노예로서 눈꼴사나운 자유민 베짱이의 놀이를 '언젠가 두고 보자'며 우화로 비꼬았을 것이다.

　　이솝이 우화로 부조리한 이 세계를 뒤집은 듯 보인다. 그의 평가대로 우리의 세계도 갑과 을, '개미와 베짱이'의 구조로 짜여 있었다. 우리는 우화가 주는 교훈을 따라 그저 차가운 겨울에 구걸하다 굶어 죽는 베짱이로 처지지 말자 다짐하며 허리띠를 졸라매고 '마른 수건 짜기'에 열중한다. 개미여야 살아남는다고 세뇌 받아 왔다.

　　우리는 이솝 우화를 오해했다. 그는 그리 단순한 노예가 아니었다. 우화는 근검절약을 찬양한 게 아니라 "놀기를 원했다면 그 대가를 치러야 한다"는 정의의 메시지를 전한다. 즉 '정의의 용사' 개미가 악당 베짱이에게 주는 훈계였던 것이다.

　　하지만 '꽃도 피면 진다花無十日紅' 하지 않던가! 노예에서 해방되어 자유를 맛본 이솝도 노예의 윤리인 '개미와 베짱이'의 세상을 벗어나 자유의 세계로 들어갔다. '꿀벌'과 '매미'가 말하는 '예술'과 '가치' 있는 '인생'에 대해 말하기 시작한 것이다. 드디어 이솝에게도 '사연'이 개입했다. 따라서 개미만이 정의였던 노예의 세계도 '꿀벌'과 '매미'라는 '가치'와 '사연'의 등장으로 힘을 잃고야 만다.

　　개미는 근검절약해서 모은 양식으로 호의호식했다. 경제적인 여유가 생기니 주변이 보인다. 자신에 대한 형편없는 평판이 수치스러웠다. 개미도 문화적인 가치를 인정받고 싶었다. 하지만 개미는 부지런하지만 실지로 별 가치도 명성도 없었다. 심지어 꿀벌이나 소음 덩어리 매미보다

평가가 떨어졌다. 사랑받고 가치도 인정받고 싶었던 개미는 억울하고 분해서 화가 머리끝까지 났다. 하루는 개미가 델피신전에 올라 자기의 억울함을 눈물로 호소했다.

"아폴로시여! 제가 하찮게 취급받고 있습니다! 부당한 명성을 누리는 꿀벌과 매미를 벌하시고 정의를 다시 세우소서! 부지런히 일한 저, 개미도 정당한 평가를 받아 세상에 당당하게 서고 싶습니다."

개미의 눈물 어린 호소를 들은 아폴로가 개미에게 물었다. "개미여! 네가 모은 것을 이웃과 나누어 본 적이 있는가? 세상에 너로부터 이익을 얻는 것은 오직 너 하나뿐이구나. 하지만 꿀벌을 보라! 기특한 노력으로 달콤한 꿀을 모아 모두에게 기쁨을 주지 않는가!"

신의 반론을 들은 개미의 머릿속에는 굶다 얼어 죽은 베짱이의 가치가 새삼스럽게 눈에 떠올랐다. 자신의 야박함을 깨달으며 가슴이 뜨끔한 순간이었다. 하지만 솟아오르는 양심을 꾹 누르고 표적을 베짱이의 사촌격인 매미로 향했다. 매미는 상당한 존경의 대상이었다.

개미는 "신이시여! 꿀벌이 미덕을 갖추었다면 가치를 인정할 수 있습니다. 하지만 소음만 내다 죽어버리는 매미는 백해무익합니다!"라고 목소리를 더 높여 항변했다.

음악의 신 뮤즈는 아직도 탐욕을 버리지 못하는 개미를 보며 한탄하며 말했다. "내가 음악을 처음으로 만들었을 때, 음악에 심취해 먹고 마시는 것도 잊고 죽을 때까지 노래만 한 친구들이 있었네. 그 친구들의 후손이 바로 매미라네. 그들의 노래는 기쁨이고 삶 자체를 사르는 불꽃이기에 아름답다네."

남의 것을 훔치던 농부가 벌을 받아 개미가 되었다고 한다. 당연히 문화적 가치로 개미와 매미의 비교는 가당치 않다. 따라서 그리스 신화는 개미보다 매미의 가치에 주목했다.

개미는 신의 설명을 듣고 고개를 숙이고 신전을 물러났으나 억울했다. 매미의 예술적인 삶에 전혀 공감할 수 없었다. 뭔지 모를 매미에 대해서는 머리에서 지우기로 했다. 그래도 곰곰이 생각해 보니 꿀벌은 만만했다. 꿀벌같이 되면 좋겠다는 결론을 냈다. 그렇다고 다음날부터 개미가 집집마다 꿀을 배달한 것은 아니었다.

개미는 끝내 자기가 모은 재산은 아까워서 나누지 못했다. 대신 새로운 전략을 개발한다. 개미는 사실 자신이야말로 진정한 꿀벌이라는 '이미지 선전' 전략을 채택했다. 개미의 이미지 선전은 이천 년이 지나 18세기 네덜란드 출신 멘더빌의 『꿀벌의 우화』란 책으로 활짝 핀다.

멘더빌은 사회 전체로 보면 탐욕이야말로 젖과 꿀이 흐르는 세상을 이루는 근간이라고 주장한다. 개미처럼 일하고 베짱이처럼 소비한다면 사회적으로는 꿀벌의 사연을 만들어 낼 수 있다고 주장한다. 정의의 사도로 코스프레하던 개미가 드디어는 꿀벌의 탈을 쓴 홍익弘益 개미로 이미지를 바꾸는 대목이다. 그래서인지 우리나라의 은행 한 곳이 꿀벌bee을 표방하기도 한다.

하지만 개미가 착각한 게 있다. 개미와 꿀벌의 차이는 사회적 이익이 아닌, 일에 대한 태도에 있었던 것이다. 꿀벌은 달콤한 꿀을 모으고 배달하는 일 자체를 즐기지만 개미는 미래의 식량을 모으기 위해 일한다. 꿀벌에게 현재는 즐거움이지만 개미에게 현재란 곧 일이기에 정작 바라던 미래가 와도 미래란 또 다른 일일 뿐이다. 미래에는 다른 미래를 위해 일을 해야 한다는 말이다.

자, 이제 각자의 사연이 마련되었다. 개미는 놀기 위해 일한다지만 계속 일만하고, 꿀벌은 일하는 활동 자체가 즐거운 놀이이기에 항상 논다. 베짱이는 어리석게도 게으름을 피우다 굶어 죽고 매미는 예술혼을 불태우는 예술가다. 모든 사람들이 그저 자기 인생의 사연 앞에 서 있을 뿐이다. 골프에서 공을 구멍에 넣는 일이 중요하지만 구멍 속의 공은 골프라는 '사연'에서만 의미를 지닌다. 마찬가지로 매미에게 '사연'인 음악은 삶의 목적이고 기쁨이다.

얼마 전, 『노는 만큼 성공한다』는 책이 공전의 히트를 쳤다. 이 책을 한마디로 하자면, 꿀벌의 탈을 쓴 어떤 개미의 고백이다. 그는 '성공'을 위해서는 일보다 '노는 것'이 더 유리하기 때문에 '논다'는 전략을 세운다는 것이다. 이는 놀려고 돈을 벌어서 조기에 은퇴했지만 또 돈을 벌려고 아등바등 일만하는 홍익개미들이 되뇌는 이념일 뿐이다.

즐거움과 기쁨이 목적인 어떤 매미는 말한다.

"놀았으면 성공한 것이다!"

이제 개미보다는 매미의 당당한 '사연'에 주목할 때다.

序 산지기 집의 거문고

품격도 어울리지 않을 뿐 아니라 하등의 쓸모조차 없이 걸리적거리는 물건을 가리켜 속담에서는 '산지기 집의 거문고'라고 한다. '창의'를 외치는 목소리는 넘쳐나지만 '격조'도 '자격'도 없는 우리에게 '창의'는 필요도 어울리지도 않는 그저 '산지기 집의 거문고'나 마찬가지다.

애플의 창업자였던 스티브 잡스의 "다르게 생각하기Think Different"를 필두로 '창의'가 세계적인 화두로 떠올랐다. 이미 성공한 CEO의 사업 경험담이 조금은 필요하겠지만 그가 불어 대는 피리 소리에 취해 쥐떼처럼 몰려가면 패가망신한다. 고백하자. "우리는 절대 다르게 생각하는 천재를 원하지 않는다!" 우리에겐 그저 "말 잘 듣는 범생이가 최고다."

고기도 먹던 놈이 먹고, 연애도 해본 놈이 한다. 지금껏 우리는 창의에 대가를 지불한 적이 없기에 '다르게 생각하기'는 시인 이상李箱이 노래하듯 "박제가 된 천재"가 되는 지름길이다. 송충이는 솔잎을 먹어야 하듯, 남이 가는 대로 따라가야 안전했다는 말이다. 얼마나 줄을 잘 서느냐에 따라 신세가 바뀌었다. 그렇다. 우리나라에서 서대문 자연사

박물관에 멸종된 희귀동물의 박제로 남고 싶다면 '다르게 생각'해도 좋을 듯하다.

요즘 애들을 두고 '싸가지' 없다는 말을 많이 한다. 고대 이집트 피라미드 발굴 문서에도 등장한다는 이 문구가 지금까지 여기저기서 들리는 건 아마 '젊음=싸가지 없음'의 등식이 만고불변의 진리이기 때문이리라. 그때나 지금이나 젊음의 밝음과 역동성은 받아들여지지 못하는 세상이다.

거창하게 말하자면, 피라미드 세대 이래로 인류의 역사란 싸가지 없는 것들과 싸가지를 주입하려 노력하는 건전 꼰대들 사이의 투쟁이었다. 언제나 개념 찬 꼰대 세대는 새 세대란 싸가지가 없다고 투덜댄다. 인류 문명의 가장 큰 목표가 싸가지 없는 것들을 제어하는 일이라 해도 과언이 아니었다. 수없는 시행착오 끝에 고안해 낸 것은 바로 생산 단계에서부터 개념 주사액을 주입하는 것이었다.

만약 키워준 8할이 유신과 5공화국이었다면 결코 보통 사람으로는 이를 수 없는 '민족중흥'의 비범한 운명을 타고 태어난 것이다. 그때는 부모님께서도 목적의식을 빡 채워서 우리를 만들었다. 병영 사회에서 병영 학교와 군대를 지나 병영 직장에 들어가면 컨베이어벨트는 자동적으로 중매결혼으로 이어져서는 병영 가정으로 이끈다. 생각도 반성도 없이 밤이면 땀을 뻘뻘 흘리는 난이도 높은 체위로 과업을 수행하면 자동적으로 '민족중흥의 역사적 사명'을 띤 자손이 생산된다.

특정 목적을 가지고 만들어진 사물을 목적 이외의 용도로 사용하면 꼭 결정적인 순간에 '빽' 난다. 그렇다. 586세대는 '민족중흥'이라는 특수 용도로 생산된 전문 용품이다. 기억하라. '창의'란 또 다른 분야를 위한 전문 장비다. 그러니 '민족중흥' 전용기기에 용도를 넘어선 명령어

'창의'를 입력하면 헛돌거나 하나마나한 삽질로 결과를 낸다.

586세대는 피라미드 세대 이래 100여 대를 이어 싸가지 없는 '애들'이다. 동시에 '민족중흥'을 머리에 주입하고 태어난 개념 찬 '개량종'이기도 하다. 그래서 이들은 지금도 민족중흥이라 사기 치며 온갖 기득권을 다 해먹고 있다. 아직도 우린 민족중흥을 벗어나지 못한 게다.

영화사에 가장 중요한 작품으로 오손 웰스Orson Welles가 감독부터 청소까지 일인군단으로 이룬 〈시민 케인Citizen Kane〉을 든다. 천재라 그런지 웰스 역시 싸가지 없었고 인생도 파란만장했다. 그의 작품을 검열하고 시비를 건 정부 연방극장계획FTP은 "당신은 절대 무대에서 연기할 수 없다."고 했다. 이에 웰스는 "무대에서 공연 못한다고? 그럼 객석에서 하지 뭐."라며 배우와 연주자들이 객석에서 앉아 있다가 일어나서 공연했다.

개념을 밥 말아먹었다는 의미에서 〈스타워즈Star Wars〉를 만들어 낸 감독 조지 루카스도 그 못지않다. 미국에서는 영화협회에 가입하지 않으면 감독 의자에 앉아 영화 연출을 할 수 없다. 〈스타워즈〉의 감독 조지 루카스는 협회가 밥맛없다는 이유로 영화협회에 가입하지 않고 독립 영화 감독으로 남았다. 협회원이 아니니 직접 영화를 만들 수 없었다. 어쩔 수 없이 자기 대신 바지 감독을 세워 객원으로 감독해야 했다.

할 일 없이 시간 죽이려고 무협지와 팬픽Fanfic이나 읽으며 소일하는 인간을 '잉여'라 한다. 〈스타워즈〉는 스필버그의 〈쥬라기 공원Jurassic Park〉같이 미래 사회의 재앙을 걱정하고 대책을 고민하는 건실한 공상소설Science Fiction영화가 아니다. 그냥 '옛날에 우주 어딘가'에서 일어났을지도 모를 일을 몽상Space Fantasy하며 그린 '우주 무협 활극'이다. 그렇게 조지 루카스라는 난데없는 미국식 '잉여'가 전 세계인을 극장 앞에 줄

세운 것이다.

　'민족중흥' 엔진을 탑재한 인간 만들기는 크게 성공했다. 모든 길은 '민족중흥'으로 통한다고 생각하는 우리네 기성세대가 있기에 그렇다. 특수 용도로 제작된 초강경 강철 두뇌는 '놀이'라고 쓴 뒤 '퇴폐'라고 읽고, '창의'라고 써 놓고서는 '외계인' 혹은 '사차원'이라고 왕따 시킨다. 기업 채용 공고에서는 '창조적인 인재'라는 지침을 써두고 '배경 좋고 순종적인 사람'을 뽑는다. 그렇다. 온 사회가 '민족중흥'을 외치듯 '한 목소리'로 창의를 노래하면 우리에게서 잡스나 루카스는 나오지 않는다.

　창의란 '한 목소리'가 아닌 각기 다른 '목소리'다. 노는 데 창의적이면 유쾌하고 재미있지만 '민족중흥'을 위해 일하는 데 창의적이면 아래 사람들 피곤하다. 창의란 민족의 운명을 걸고 해내야 하는 것이 아니라 각자 알아서 즐겁게 노는 데 쓰는 것이다. '하면 되는' 것이 아닌 '되니까 하는' 것이다. '피할 수 없으므로 즐기는 것'이 아니라 '즐기지 못하면 피하는' 자발적 참여다. 절대 식사 후 씹는 껌, 단물 빠지면 뱉는 껌이 아니다.

　장자莊子는 즐겁다. 어느 날 친구 혜시惠施가 개념 없는 친구를 비꼬았다. "위나라의 왕이 박씨를 주기에 심었더니 거대하게 자라더군. 물을 담기에 너무 무겁고, 잘라 표주박을 만드니 평평해서 뭘 담을 수 없었네. 터무니없이 크지만 쓸모가 없어서 부숴 버렸네." 이에 장자는 "자네는 참으로 큰 걸 쓰는 데 서툴구먼!"이라며 기선을 제압한다. 그리곤 "모든 것은 어떻게 사용하느냐에 달렸다"며 친구의 아둔함에 빈정거린다.

　곧이어 '쓸모'만 생각하는 굳고 단단한 혜시의 머리를 '창의'의 '망치Sledgehammer'로 부수어 버린다. "그런 거대한 박이 있다면 당근 호수에 띄워서 타고 놀아야지!"

우리는 산지기다. 무식한 종자로 태어났다. 비천하게 태어났어도 산은 이제 자연에 맡기고 소용이 없어보이는 거문고와 뒹굴어 볼 차례다.

의관과 장비빨

은퇴한 영웅 가족의 복귀를 다룬 〈인크레더블Incredibles〉이라는 어린이
용 디즈니 만화영화가 있다. 영화에서 영웅으로 복귀하면서 영웅 복장
전문 디자이너를 찾아가는 장면이 나온다. 디자이너는 영웅은 능력과
성격, 그리고 기능성을 고려한 의상을 만들어 준다. 반대로 자신의 의미
와 기능을 무시하고 멋만 부리던 악당은 결국 쓸데없는 장비 때문에 비
참한 최후를 맞는다.

　모두가 카키색 바지에 베이지색 점퍼 그리고 검정색 가방을 들고
다니던 80년대. 민주조차 획일적이던 시절, 이태원에서 빨강색 줄무늬
바지를 사 입고 작은 배낭을 멘 채 다닌 적이 있다. 파격에 구박을 참
많이 받았다. 그때 난 '나'이고 싶었지만 다른 이들은 나에게 '우리'가
되라고 했던 것 같다. 피곤에 절어 어쩔 수 없이 베이지의 세계로 돌아갔
지만 지금은 아니다. 그리고 자신 있게 고백한다.

　"나는 지금 내가 입고 있는 '옷'이므로 내가 입은 옷이 바로 나의 '도덕'
이다."

'좀비Zombie'를 믿는가? 얼마 전 미국 정부에서 공식적으로 좀비를 물리치는 방법에 대한 지침을 책으로 출간했다. 진짜 좀비가 있건 없건 좀비라는 개념과 현상은 엄연히 존재하기에 책이 나온다.

좀비라는 '개념'과 '현상'이란 무엇인가? 원래 '좀비'는 주술사가 죽은 이의 시체를 다시 살려 내 노예로 부리는 것을 말하며, 아이티에서 믿는 부두Voodoo교에서 유래한다. 하지만 현재는 자발적인 의식을 갖지 못하고 '굶주림' 같은 하나의 욕망을 향해 움직이는 군상을 일컫는다. 아침에 무의식적으로 지하철로 몰려가는 것이나, 무의식적으로 반공을 외치는 현상이 바로 좀비라고 지적한다.

이쯤 말하면 눈치챘을 것이다. 어찌해서 1970년대부터 세상에 좀비가 본격적으로 돌아다니기 시작했는지를 말이다. 바로 '반공 이념'을 주장한 미국의 상원의원 매카시가 대규모로 좀비를 양산한 진정한 좀비의 아버지였다. 그래서 이를 꼬집어 경고를 울려준 좀비 영화의 대부 조지 로메로George Romero의 공로는 무엇보다 소중하다.

모든 좀비는 온몸에 '붉은색'을 묻히고 있으면서도 아무 이유 없이 붉은색을 증오한다. 이성은 없고 본능적인 충동만으로 움직이기에 인간적인 의미로서는 죽음 아닌 죽음Undead과 다름없다. 반공 이념이 전염성과 집단 광란 효과를 일으키는 대표적인 좀비 바이러스였다. 한 번 감염되면 모두가 같은 생각, 같은 행동 그리고 주검을 뜯어먹고 싶어 하는 굶주림이라는 동일한 갈구만 갖는다. 머리에 종북만 꽉 찬 이들이 좀비라는 말이다.

우리는 좀비 세상에 좀비로 살아가지만 스스로를 사람이라 착각한다. 착각은 자기 표현 앞에 서면 고양이 앞의 쥐다. 모두와 같은 옷을 입고 출근해서, 아무 생각 없이 시키는 일을 하다 퇴근해선 무릎 나온

추리닝을 입고 소주나 한 잔 빨려고 동네 편의점을 배회하면 좀비다. 자기를 바로 보고 병증을 시인해야 치료도 가능하다.

좀비를 치료하기는 지극히 힘든 일이지만 '백신'이 있으면 가능하다. 〈나는 전설이다 Am Legend〉라는 영화에서 바이러스 백신을 만들기 위해 자신을 희생하는 영웅이 나온다. 요즘 정장은 조폭용으로 바뀌었지만 우리나라 흥행 영화에 나오는 영웅의 복장은 대부분 후줄근하다. 한국 영화 〈살인의 추억〉과 〈괴물〉의 송강호가 그랬으며, 〈올드보이〉의 최민식과 〈실미도〉의 설경구가 그랬다. 반면에 옷을 잘 입으면 대부분 악당이었다. 후줄근한 영웅을 좋아하는 것은 우리 속에 내재한 좀비의 자기 반영일 것이고, 좋은 옷은 백신에 대한 거부 반응일 수도 있다.

〈나는 전설이다〉에서 주인공은 영웅에 잘 어울리는 차를 타고 멋진 옷을 입은 채 나온다. 그렇다. 백신은 바로 여기서 시작한다. 바이러스에 지배당하는 한 자신은 의미 없는 고깃덩이일 뿐이지만 자기가 주인인 영웅은 자신이 바로 백신이기에 멋진 옷을 차려입는 것은 바로 주인 됨을 표상한다.

모두가 인정하는 영웅인 예수나 부처를 통해 '백신'의 모습을 찾아보자. 이들 모두 복장만 봐도 정말로 개성 만점인 존재들이다. 무엇보다 먼저 자기만의 개성과 위엄을 위한 기본 장비로 머리에 빛나는 광배光背를 공동으로 선택했다.

예수는 배경으로 십자가를 선택했고, 과감하게 웃통을 벗고 고유 패션으로는 눈에 띄는 특이한 반바지에 가시 면류관을 머리 장식으로 채택했다. 부처는 약간 풀어헤쳐 야성미가 돋보이는 상의에, 귀족적인 이미지를 강조하는 이마의 보석으로 드레스코드를 잡았다. 게다가 연꽃 방석에 우아하게 앉아 보여주는 멋진 손동작은 화룡점정畵龍點睛이 아닐 수 없다. 공자는 광배 대신 전통적인 심의深衣를 갖춰 입고 구부정한 동작으로 홀을 들며 자기만의 엄숙한 트렌드를 만든다. 노자는 뭔가 거친듯하면서 나른한 인상을 주기 위해 기대앉은 폼으로 람보르기니 스포츠카의 엠블럼을 연상케 하는 검은 소를 타고 다닌다. 카키색으로 위아래를 뽑는 몰개성한 성인은 절대 있을 수 없다.

수만 명이 일을 하는 노동 현장에서 구성원 모두가 한꺼번에 같은 작업복을 입으면 우리는 서로가 서로를 구분할 수 없는 그저 모두 '노동 좀비'일 뿐이다. 좀비로서 직장에서 노동, 자유와 인격을 팔면서 흐느적거린다. 하지만 이제는 세상이 바뀌어 이전보다 길어진 여가 시간을 가져야 한다.

이 시간을 이용해 자기를 구할 방도를 '억지 회식'이 아니라 '슈퍼맨'이나 '배트맨'의 방식을 통해 강구해 볼 수 있다. 이들은 평소에는 평범한 복장으로 생업에 종사하다 위협적인 악이 다가오면 가슴을 열어 헤치면서 전문 복장과 장비로 세상을 구한다. 우리도 좀비 바이러스에게 백신의 맛을 보여주려면 슈퍼맨이나 스파이더맨처럼 각자에게 의미와 정체성을 부여하는 복장을 속 깊숙이 갖출 필요가 있다.

최근 등산복이나 자전거 복장을 필두로 아웃도어 상품과 장비 및 의류가 붐을 이루고 있다. 어떤 장비라도 자기실현의 백신 활동에 필요하다면 장만하는 것이 바람직하다. 왜냐하면 좀비에서 벗어난 내 일분일초는 소중하기에 산에서도 들에서도 바닷속에서도 나에게 신중해야愼獨 한다. 그래서 중용中庸에 이르기를 좀비가 아닌 군자는 혼자 있을 때에도 조심하고 삼가하여 개성 있고 멋지게 연출해야 한다는 취지로 "계신공구戒愼恐懼"라고 말한다.

옷 한 벌만 가지라던 부처나 예수도 모든 전문 장비를 갖추어야 예수나 부처가 되는 것이라는 점을 슬쩍 건너뛰었다. 공자도 의관을 정제해야 공자가 되며 노자도 '람보르기니'를 몰고 시동을 걸어야 노자다.

'자기'는 자기 성찰을 통해 이룩한 의관과 장비를 갖추고 옷의 의의를 실현할 때야 비로소 완성된다. 그러므로 좀비가 아닌 나는 지금 내가 입고 있는 옷이고 내가 입은 옷이 바로 내 삶의 터전이자 도덕이다. 껍질을 과소평가하는 일은 금물禁物이다. 껍질이야말로 소중한 '나'다.

序

오버스펙 마니아

이탈리아제 고성능 오토바이 두카티Ducati를 타고 철가방 스쿠터에 추월당하는 기분은 어떨까? 포르쉐를 몰고 기분 내다 현대 벨로스터에게 발린 사람의 심정은? 처참할까? 죽고 싶을까? 꼭 그렇지는 않다.

이렇게 자기의 운용 능력보다 더 강한 성능을 갖춰야 안심하며 심지어는 궁극의 스펙을 위해 은행 대출 창구의 문을 두드리는 친구들을 '오버스펙 마니아'라고 한다. 주변에 친한 몇 명이 그런 부류다. 히말라야를 등반할 가능성은 고사하고 겨울 설악산에도 갈 것 같지 않은데 마련하고 있는 캠핑 장비나 패딩을 보면 이미 에베레스트를 공략 중이다.

베스파 스쿠터를 좋아하는 오버스펙 친구가 있다. 이 친구와 스쿠터에 대한 이야기를 하다 보니 숨겼던 진실을 슬슬 토해 낸다. 베스파 스쿠터와 비슷해 보이지만 속도와 기능, 특히 스타일이 다른 스쿠터가 2대 더 있다고 한다. 깜짝 놀라는 척하며 만세를 부르면서 타는 초퍼나 진정한 남자의 로망인 할리에 대해 운을 떼니 이미 구입했다고 바로 이실직고를 한다.

'아이고, 두야!' 여기서 물러날 수 없어서 역시 바이크는 스피드의 추구일진대, 너답지 않게 늙은이용 할라냐고 핀잔을 주었다. 그러자 다음 단계인 이탈리아제 고성능 바이크 두카티가 등장한다. 복장으로 화제를 돌리고 튜닝으로 넘어가면 또 끝없이 광활한 남자만의 로망이 아로 새겨진 세계가 펼쳐진다. 친구와 헤어지고 오는 길에 그 녀석이 말馬은 언제 살지 궁금해졌다. 언젠가 은근히 승마만이 갖는 거부할 수 없는 로망을 부추길 예정이다.

그렇다고 그 친구가 부자는 아니다. 집에서는 직장에서 때마다 보너스를 전혀 주지 않는다고만 알고 있을 뿐이다. 이 친구가 예전에 집에서 꽤나 멀었던 직장을 자전거로 다녔던 사실을 기억한다. 당시에 그는 자전거에 흠뻑 젖어 있었다. 이제는 그 거리를 스쿠터 베스파로 오간다. 만약 승마에 빠진다면 출근은 어떻게 할까?

취미로 즐기기 위한 장비를 보면 크게 세 가지 정도로 급이 나뉜다. 표준 장비, 명품 그리고 프로 장비가 그것이다. 초보 장비에 대해서는 취미의 맥락에서 말을 아끼고 싶다.

취미로 즐기기 적당한 표준 장비란 어딘가에 족보를 올리면서 모두의 동의를 얻을만한 기본을 말한다. '표준'이란 '측은'해 하며 '동정'하거나 "나중에 서서히 올리지요!"라고 위로받으며 깍두기 노릇하는 불쌍한 초보 용품이 아니다. 바로 동등하게 봐주겠다는 의미이다. 이 단계는 "명필은 붓을 가리지 않는다"는 말이 통용되는 단계로서 가진 것을 어떻게 운영하느냐에 따라 하수와 고수가 갈린다.

다음은 확실하게 명품을 장만해야만 도달할 수 있는 단계다. 없을 때야 붓을 가리지 않지만 있을 때 명필은 붓을 더 잘 고를 뿐 아니라 최고품이 갖는 품격과 가능성을 낱낱이 뽑아낸다. 혹 고수가 표준 장비를 사용하는 경우도 있는데 이는 자기만의 개성을 뽐내기에 유리하기 때문일 뿐이다. "우와! 이 기기에서 이런 성능이!" 같은 찬탄을 기대하는 부류다.

표준 장비에는 완벽한 운용은 어렵지만, 잘 이용하면 천상의 효과를 낸다는 전설의 명기들이 많다. 일전에 무술 합계 30단쯤 하시는 분께 어느 무술이 가장 강한가를 물은 적이 있다. 빙그레 웃으며 "가장 강한 무술은 없고 가장 강한 무술가는 있다"고 대답해 주었다. 그렇다. 최고는 기기가 아니라 고수이기에 운용의 묘가 생명이자 자기완성이다.

마지막은 프로 장비다. 조금 짜증나는 분야인데, 민생용을 주로 사용하는 사람의 눈으로 볼 때 프로 장비는 허접해 보인다. 튼튼하지만 디자인부터 투박하고 무겁고 전천후로 확실한 작동을 위해 편의적인 측면을 희생했다는 생각을 지우기 힘들다. 게다가 소니Sony처럼 민생용 표준과는 다른 케이블이나 필터 그리고 단자를 사용하는 제품은 호환에 문제가 생기기도 한다. F1 머신의 좌석이 스포츠카 좌석과는 비교할수도 없이 좁고 불편한 것과 마찬가지다. 프로용 기기는 성능 외엔 다른 즐거움을 배려하지 않기에 인기가 없다.

오버스펙 마니아는 표준 장비를 뛰어넘어 명품의 단계로 시작하는 조금 맛이 간 초보를 말한다. 한 마디로 타조 흉내를 내려다 가랑이가 찢어진 참새들이다. 보통의 명품은 아날로그적인 측면이 많아 세팅을 많이 탄다. 슈퍼마켓용 모닝 같은 차에 7단 팁트로닉에 질소 부스터를 달 필요가 없지만 드래그나 랠리를 위해서는 적절한 기어 변속과 부스팅은 필요한 것과 마찬가지다.

똑딱이 카메라와 달리 전문 DSLR 카메라는 화이트 밸런스나 감도, 노출을 세팅해 줘야 비로소 '똑딱이 카메라 정도'의 사진이 나온다.

좋은 오디오일수록 케이블과 전원극성, 수평 및 진동에 민감하기 때문에 세팅의 차이가 천차만별의 결과를 가져오기도 한다.

초보가 세팅에 신경을 많이 써야 하는 고급 장비를 사용하면 적절히 조작도 못하고 스피드감에 익숙하지 못해 두카티로 철가방에 따이는 수모를 당하고, 수천만 원 투자한 오디오에서 '라디오 소리'가 나는 결과가 발생한다.

문제는 이런 명품은 조금 세팅한다고 제 실력이 발휘되지 않는다는 점이다. 어떻게 해서 문제를 하나 잡으면 다른 부분에서 밸런스가 깨진다. 하나하나 잡아나가며 밤을 하얗게 지새우다 지치고, 장비발이 동호회에 올린 사진발로 끝나면서 결국 방출된다. 그래서 오버스펙 마니아에 '바왕(바꿈질 왕)'이 많다.

닭 잡는 데 소 잡는 칼을 쓰면 비록 닭은 남아나지 않겠지만 그동안 최선을 다해 살 떨리게 즐겼기에 그리 나빠 보이지는 않는다. 아무리 이들에게 최적을 조언해 주고 중용中庸으로 충고해도 이들은 자기 꿈에서 바라던 최고에 이르고 싶어 한다. 중용 따위는 개나 줘버리라는 태도로 낮은 스피드에도 부르르 떨고, 조그마한 소리의 변화에도 한밤중에 자기 집으로 오라고 전화하고, 조금 밸런스 잡힌 사진이 나오면 현상해서 친구들에게 돌리지 못해 안달한다.

공자의 제자 중 자유子遊도 오버스펙 마니아였던 것 같다. "공자께서 무성武城에 가서 현악에 맞추어 부르는 노래 소리를 들었다. 빙그레 웃으며 "닭을 잡는데 어찌 소 잡는 칼을 쓰겠느냐割鷄焉用牛刀?"고 평가했다. 자유가 대답하기를 "전에 제가 선생님께서 군자가 도를 배우면 사람을 아끼고, 소인이 도를 배우면 부리기 쉽다고 하신 것을 들었습니다." 하니, 공자는 "얘들아, 언偃이 말이 맞다. 내가 먼저 한 말은 농담이었을 뿐이다.""라고 했다.

친구 중에 혹시 오버스펙 마니아가 있다면 공자를 벤치마킹해서 이전의 핀잔은 농담이었다고 사과해보라. 친구는 마음을 열고 자기가 느꼈던 성공과 실패의 즐거움을 생생히 드러낼 것이고 이로써 듣는 우리의 즐거움도 배가 될 것이다.

즐거움을 공유할 줄 아는 군자가 바로 덕후다.

序

꿈은 꾸어야 이루어진다

'3당4락' 혹은 '4당5락'이라는 말이 있다. 3시간이나 4시간을 자면서 공부하면 대학에 합격하고 5시간 이상을 자면 떨어진다는 수험생을 위한 격언이다. 이게 그럴듯하게 보이는 하버드대학교 학생이 했다는 "지금 잠을 자면 꿈을 꾸지만 지금 공부하면 꿈을 이룬다!"는 격언으로 탈바꿈하여 사람들로 기망한다.

하지만 믿을 것 하나 없는 개 풀 뜯는 소리다. 현대 뇌 과학의 연구 결과는 7당6락이나 7당8락이 정답이기 때문이다. 그럼 "잘 거 다 자고 뭘 하겠다는 말이냐"는 반론이 나올 대목이다. 부지런하고 무엇보다 성실해야 성공한다는 개미 신화가 머리를 들이밀 타이밍이다. 그럼 묻자. "잘 거 안 자면서 무슨 행복을 누리겠는가?"

과학이 실험실에서 뇌를 들여다보고 내놓은 결론이 7시간이다. 믿으면 덜 졸리고 더 똑똑해진다. 7시간은 자야 어제 익힌 것을 기억하는 능력이 가장 높다 한다. 잠 안자고 배워봐야 잊으면 꽝이지만 잘 자고 다 기억하면 몸에 좋고 마음에도 좋아 '일타쌍피'다. 즉 인간이 생리적으로 필요한 시간이 7시간이고, 그 정도는 달게 자야 현실도 달달하고 똘똘해 진다는 말이다.

잠에 대한 미신도 많고 오해도 많다. 잠은 피곤을 풀려하는 것만은 아니고, 현실을 끄는 '스위치'인 것만도 아니다. 사실 잠이란 깨어 있을 동안 받아들인 세상을 소화하는 몸의 생리 작용이 더 크다. 그래서 처음 접하는 세상을 꼭꼭 씹어 소화시켜야 하는 아기들은 많이 잔다. 생리 작용은 피하려야 피할 수 없는 것이다. 똥오줌 안 싸고 꾹꾹 눌러 참아서 딱딱해진 똥이 제2의 두뇌가 되고 터질 듯한 방광이 두뇌를 자극해서 기억력을 증진하는가? 그건 아니다. 수면이란 똥오줌이 7시간 이상이나 길을 비켜줘야 하는 중요한 생리 작용이다.

깨어 있는 동안 우리의 모든 감각을 통해 들어오는 데이터는 초당 1,200메가바이트라고 한다. 엄청난 정보를 받아들이는 우리의 뇌를 두고 신경 생리학자 에델만은 『뇌는 우주보다 넓다』는 책 제목을 지었다. 이런 자극적인 제목은 책 좀 팔아먹으려고 만든 낚시용 미끼다. 뇌는 두부 몇 모 크기의 지방 덩어리로, 태양계 제3행성에 사는 생물 한 종이 먹고살려고 키운 것이다. 너무 비하했다고 비난하지 마라.

과소평가는 과대평가보다 덜 위험하다. 인간은 두뇌의 10%만 쓰고 있다는 괴담이 과대 포장의 대표 선수다. 100%를 사용해야 한다는 강박에 쫓기면 이상한 미신에 혹하기 마련이다.

미신적 방법이 애들 많이 잡았다. 심지어 영어 유치원이 하나 생기면 신경정신과 병원 하나가 생긴다는 말까지 있다. 애 잡으려고 혈안인 사람들에게 9,000RPM에 280km/h까지 달릴 수 있는 자동차를 왜 2,000RPM에 60km/h로 몰고 다니느냐고 되물어보아야 할 것이다. 자동차나 사람이나 한계가 있다. 한계치를 넘기면 요단강 건너가서 100%짜리

뇌로 구름 몰고 다닐 일만 남는다.

뇌란 암기와 계산만 하는 게 아니다. 100%의 뇌란 한꺼번에 모든 색과 소리 그리고 맛, 오르가슴, 호흡수, 심박 수, 땀, 오한, 모든 감정, 두려움, 최고 체온, 최저 체온 일일이 다 열거할 수 없는 인체의 모든 현상이 동시에 일어나는 일을 말한다. 결론은 미쳐서 발광하다 사망하는 게 100% 뇌다.

깨어 있는 동안 섭취한 '세상'을 소화해서 영양분은 보충하고, 남은 것은 배설하느라 잠자는 동안에도 우리의 뇌는 깨어 있을 때와 별 차이 없이 활동한다. 의식의 정보는 초당 40바이트라니 '잠'과 '깸'의 차이는 약간의 전두엽 활동밖에 없다고 한다.

우리는 깊은 잠 꿈속에서는 현실에서 못 보고 외면했던 그림을 다시 틀어서 정리한다. 놓쳐서는 안 될 영양분이면 마음에 새기고 중요하지 않으면 배설한다. 이렇게 본다면 잠과 꿈은 절대 누가 대신해 줄 수 없는 마음의 소화기관이다. 잠을 통한 조절에 실패하면 현실에서는 바로 문제가 나타난다. 증세로는 잠 영양실조로 마음이 삐쩍 말라 성질이 더러워지고, 잠 배설을 하지 못하면 더부룩해서 꾸벅거리거나 똥 마려운 강아지마냥 어쩔 줄 몰라 하다 실수를 연발한다.

밥은 한 데서 먹어도 잠은 제대로 자야 한다고 배웠다. 주변이 시끄럽고 밝아서 잠을 못 자고, 일이 많아서 잠을 못 자기도 한다. 심지어는 잠을 줄이기 위해 약을 먹기도 한다. 이런 사람들이 삐져나오는 똥오줌을 다시 집어넣는 약을 안 먹는 게 용하다. 심지어 술에 곯아 아무 데서나 널브러지는 사람조차 있다. 상종하지 말아야 할 말종이다.

『장자莊子』 제물론齊物論의 마지막을 장식하는, 호랑나비가 된 꿈蝴蝶之夢 이야기는 유명하다. 장자는 너무나도 생생하고 행복했던 꿈에서 깨어나

"내가 나비가 된 꿈을 꾼 것인지 아니면 나비가 장자가 된 꿈을 꿨는지 모르겠다."고 고백한다. 꿈을 귀하게 대하는 장자의 태도가 좋다.

장자는 복권을 살 수 있어서가 아니라, 꿈에서 나비가 되어 날아다니는 또 다른 자기가 '행복'했기에 이를 귀하게 여긴 것이다. 장자 말대로 꿈이 현실이라면 현실도 꿈일 수 있다. 그래서 예부터 꿈은 영감의 원천이고 우주와 하느님을 만나는 통로였다. 공자님도 꿈에서 주周나라를 세운 문왕文王을 뵙고 이상을 세웠다 하고, 가끔 작고하신 부모님을 뵙고 충고를 듣기도 한다. 즉 꿈은 우리가 보려고 하지 않았던 또 다른 세상에 '나비'로 살아가는 '나'이다.

잠은 이 세상과 나를 다시 돌아보고 조율하여 새로운 나로 만들어 주는 길이다. 꿈은 세상을 끄는 스위치가 아니라 밖을 향하던 눈을 내 안으로 돌리게 하는 스위치이자 내가 누구이며 무엇인지를 알려주는 길잡이이다.

내가 뭔지 알아야 '내 꿈'도 생기고 이룰 수 있다. 즉 나를 알기 위해, 또 다른 나를 만나기 위해서도 먼저 잠과 꿈이 필요하다. 그래서 꿈이 달콤해지면 삶도 꿈 따라 달콤해진다. 일이 힘들어 파김치라면, 미래가 고민스러워 답답하다면, 애인이 변심해 미워진다면, 애들이 공부를 못해 속상하다면, 상사가 지랄 맞아 죽이고 싶다면, 지금까지 충분히 번민했다면, 이 모든 것보다 나비가 되어 진정한 자유를 누리고 싶다면……

일단 한잠 자고 나서 생각해 본다!

TV로 '멍' 때리기

일전에 TV를 보면 수명이 짧아진다는 실험 결과가 있었다. 연구자들은 TV를 본 사람을 죽을 때까지 지켜보고, TV를 보지 않은 '동일인'도 죽을 때까지 지켜보고 둘의 죽은 시간 차이를 발표했을까? 어떻게 수명과 TV의 관계를 계산했는지는 모르지만 나름 용한 방법이 있을 것이다. 어쨌든 기사를 보고 TV를 보지 않겠다기보다 'TV느님'께서는 참으로 너그러우시다는 생각이 들었다.

자기를 비방하고 헐뜯어도 묵묵히 뉴스로 보도하고, 모두가 '바보상자'라고 놀려도 수능의 70%가 출제되는 EBS 강의나 지식의 보고인 BBC 다큐멘터리를 예로 들어 반박하지도 않는다. 어느 무엇에 대해서도 당당한 대인군자의 풍모를 보여준다.

사람의 뇌는 잠을 잘 때보다 TV를 볼 때 적게 활동한다고 한다. 참으로 '바보상자'라는 말이 놀랄 만큼 맞아 떨어지는 실험 결과다. 하지만 TV를 보다가 바보가 되었다는 사람은 들어 본 적이 없다. 아니, 즐겁게 TV를 보다 바보가 되면 또 어떤가?

잠과 TV 시청의 비교는 무척 부적절하다. 잠잘 때의 뇌는 종종 깨어서 격렬히 활동할 때와 유사하게 활동한다. 뇌는 수면 시간을 통해 하루를 지내며 겪은 모든 경험을 정리하기에 그렇다. TV를 시청하는 행위를 '잠'과 비교하는 일은 100미터를 전력으로 질주하는 사람과 의자에 앉아 다리를 흔드는 이를 비교하는 것처럼 공평하지 못하다. 원래 무식한 기자란 대부분 그런 짓을 잘하니 우리도 그런 기레기들에게 TV처럼 너그러워질 일이다.

우리는 가끔 '멍'해지는 경우가 있다. 퇴근해서 귀소 본능에 따라 집으로 돌아온 남자는 그 자체가 '멍'이다. '멍'이라고 무조건 나쁜 건 아니다. '멍' 또한 생리적 욕구다. 화장실에서 똥을 누듯 '멍'이 필요한 시간이 있다. 때문에 보기 위해서 TV를 켜기보다는 '멍'해지기 위해서 켜기도 한다. 이런 '멍'이란 측면에서 보자면 퇴근 후 귀가한 여자는 남자보다 TV를 적극적으로 사용하는 듯하다.

아내는 마치 자신의 생각과 말을 손가락으로 대신하려는 듯 TV 채널을 서핑한다. 그때 자주 바뀌는 TV 채널의 말과 감정에 귀를 기울여 보면 여자가 남자에게 하고픈 말이 될 듯싶다. 남자보다 여자가 좀 더 다양한 채널을 선택해 '다양한 말을 하는 바보'라는 것이다. '멍'에서 조차 남녀 차이가 드러난다.

'멍'의 관점에서 보자면 '바보'가 되는 것이 아니라 '바보'가 되기 위해서 TV를 본다고 할 수 있다. 다른 관점도 가능하다. 잠자는 것보다 뇌를 덜 사용하는 'TV 보며 멍 때리기'란 잠들 힘도 없을 만큼 지쳐 고갈된 에너지를 회복하기 위한 전략일 수도 있다는 것이다. 과열된 두뇌를 식히는 데는 잠보다 TV가 더 유리하다는 말이다.

어찌 보면 TV는 진정 '멍 때리기'라는 '생리 작용'을 위해 태어난 축복이다. 고대의 철학자 노자老子도 "사람들은 밝은데 나만 어둡고 사람들은 똑똑한데 나만 멍 때린다俗人昭昭, 我獨昏昏. 俗人察察, 我獨悶悶"라며 '멍'을 찬양하는 대목이 나온다. 노자의 문맥으로 보자면 '멍'은 어린아이와 같이 개념에 집착하지 않고 근본을 파악하는 마음常無欲而觀其妙을 갖기 위해 머리를 제대로 비우기 위한 준비 운동인 듯하다.

노자에서 더 멀리 나아간 '멍' 때리기의 성전인 장자莊子에는 더 적극적으로 '멍'의 의미가 드러난다. 장자는 자신과 TV의 구분을 잊고 소파에 앉아 '멍'해지는 모습을 '좌망坐忘'이라 했다.

조용히 TV 채널 하나를 틀어 놓고 관조하면 나와 너를 구분하는 경계가 허물어지는 '혼돈混沌'의 순간이 온다는 것이다. 즉 장자는 멍 때리기를 '자기'와 '세상' 그리고 사물과 나 사이를 가르는 '경계선'을 통으로 날려버리는 정신의 활동으로 본 것이다. 장자의 이론을 생각하면 TV를 화두로 좌선을 하고 있는 부처를 형상화한 백남준의 〈TV 붓다〉라는 작품이 떠오르는 것은 당연한 일이다.

여가를 연구하는 학자들은 TV보다는 건전한 활동에 관심을 둔다. 특히 아이들의 TV 시청은 부작용이 심각하기에 부모가 아이들에게 '건전한 여가활동과 TV 사이에서' 선택하게 해야 한다고 주장한다. 헛소리다. 입이 '열려 있기에' 소리를 내는 듯하다.

학자들의 말대로 우리에게 TV 시청보다 해야 할 바람직한 활동은 많다. 하지만 할 수 없을 뿐이다. TV는 손가락만 까딱이면 우리 대신 말도 하고 웃어 주고, 울어 주기까지 한다. 그러나 우리가 어떤 활동이라도 하려면 먼저 몸과 마음의 '여유'와 '자유' 그리고 힘겹게 '감정'까지 동원해 웃고 울어야 한다. 웃고 울기는 생각보다 힘든 일이다.

하지만 하루 종일 죽도록 공부하고, 감시와 모멸로 업무를 마칠 때쯤이면 이미 몸과 마음의 '여유'는 파김치가 되어 후들거린다. 이때쯤이면 생산적인 여가활동은 이미 물 건너 간 것이다. 우리 모두가 고등학교 3학년은 아니지만 매일의 삶은 고3과 마찬가지다. 고3과 같은 삶에서 활동적인 여가는 어떻게 가능하다는 말인가?

이 정도면 애들을 TV와 멀리하게 만드는 해결책의 그림이 나온다. TV를 끄고 건전한 여가에 참여하도록 유도할 일이 아니라 먼저 고3 같은 삶을 풀어야 한다. 애들의 생활에서 공부와 학원을 치워 주고, 집과 책상에 가두어 놓은 아이를 풀어 주는 일이다. 인간이라는 '동물'도 가두는 울타리에 끈이 풀리면 몸부터 꿈틀거린다.

놀려고 해도 놀아 봤어야 노는 것이다. 목줄을 묶어 학원과 학교, 집과 책상에만 가둬 둔 사람에게 제대로 놀지 못한다고 야단치는 것은 망발이다. 책상에 앉아서 컴퓨터만 가지고 논 사람은 다른 놀이를 상상조차 하지 못한다. 평생을 묶어 키운 개에게 늑대를 대적하라 하는 가당찮은 일이다.

우리가 제대로 놀지 못하면서 'TV나 보는' 이유는 노는 삶이 힘들고, 다음으로 '자유'를 사용할 방법을 배우지 못해서다. 다람쥐 쳇바퀴 돌리듯 매일 반복되는 일과 속의 동물에게 자유란 1분에 돌리는 쳇바퀴 숫자일 뿐이다. 자유의 사용이란 어릴 적 태권도를 그만 둔 이후로 묶여 지내느라 잊은 자기 몸과 마음을 자기 맘대로 움직이는 방법을 말한다.

자유롭게 노는 것을 배우지 못한 사람들에게 시중에 나도는 강박적 리스트의 결정체가 있다. 영화부터 여행지, 먹을 것 등을 열거한 '죽기 전에 해봐야 할 100개' 혹은 1,000개, 심지어 100만 개에 달하는 시리즈다. 책에서 남이 권해 주는 대로 매일 몇 개씩 나름 보람찬 일을 하는 것도 시작으로는 나쁘지 않다. 하지만 남이 시키는 대로 따라다니며 정력을 소비하느니 내 맘대로 TV나 보는 '나태'가 나를 위해 더 필요할 수도 있다.

공자는 "할 일을 하고 힘이 남으면行有餘力" 자기의 관심사를 '배우라'고 했다. 하지만 "할 일을 한 후 파김치行有無力"라면 TV와 '멍'이 길道이요, 진리요, 그리고 자기의 생명이나마 보존하는 일일 것이다.

序

놀 때 잘 놀자

'따르릉' 숨 가쁘게 진행되던 50분 수업이 끝나고 10분간의 휴식을 알리는 종이 울린다. 혹자(담임이나 교장)는 이 시간을 아껴서 사용하면 더 좋은 점수를 받는다고 한다. 하지만 좁은 자리에서 기지개나 펴면서 7~8시간을 아껴서 사용하느라 앉아만 있으면, 공부도 안 되고 맛도 가서 머리가 멍멍하다.

고3 때였다. 의자에서 엎드려서는 불편해 잠을 못자기에 점심 후 벤치에 누워 교복을 덮은 채 자고 있었다. 누군가 흔들어 깨웠다. 짜증이 나서 "아우! 뭐야?" 하며 고함을 치며 일어났다. 담임 선생님이셨다. 들어가 공부하란다. 아마 쉬는 시간에 자다 깨서 마지막으로 보고 싶은 사람이 담임 선생님일 것이다. 화가 났다. "쉬는 시간에는 놔둬! 씨!"라고 외친 뒤 다시 누워 자는 상상을 하며 교실로 끌려갔다.

『노는 만큼 성공한다』라는 책에 나왔던 일화가 있다. 두 농부가 있었다고 한다. 한 농부는 계속 일하고 다른 이는 간간이 쉬면서 했지만 수확은 같았다고 한다. 일만 한 농부가 그 이유를 물었다. 잠깐씩 쉰 농부는 "쉬는 동안 칼을 갈았다"고 답했다고 한다. 노는 시간의 의미를 참담하게 만드는 모욕이다.

죽을 때 야근하지 못한 것을 후회하는 사람은 없다. 우리가 마음에 두는 행복한 삶은 일하는 시간 밖에서 이루어지기 때문이다. 하지만 우리는 '삶'의 의미조차 성실과 출세에 두는 무서운 조선왕조 유교의 영향을 받고 있다. 조선에서는 과거에 급제를 못했거나 벼슬에 오르지 못하고 돌아가신 분에게 죽어서도 후회하라는 듯 '학생學生'이라는 '딱지'를 붙여 준다. 이는 죽어서 좀 쉬려는 분에게 다음 시간을 위해 공부하라는 강요이고, 죽음의 세계까지 출세와 합격 안에 있다는 뜻이다. 공부를 더 권면하기보다는 공부가 더 싫어지게 만들어주는 대목이다.

보통 교실이나 독서실 입구 같은 곳에는 주자朱子의 유명한 문구가 붙어있다. "소년은 쉽게 늙고 학문은 이루기 어려우니少年易老學難成, 순간의 시간이라도 헛되이 보낼 수 없다一寸光陰不可輕." 헛소리다. 소년은 생체시계가 빨라서 어릴 적 시간은 빨리 흐르는 것 같다. 나이 들어 되돌아보면 그렇다. 여기에 주희의 사기가 있다. 시간의 흐름과 관련성 없는 사항인 학學을 끼워 넣은 것이다. 시간이 빨리 가는 것과 이루기 어려운 공부와 무슨 상관인가?

또 이 문장을 합리적인 관점에서 바라보면 '배움'에 대한 풀리지 않는 수수께끼를 준다. '배우는 것'은 '질문'하고 '대답'하면서 생기는 인간의 '행위'인데 어떻게 이걸 "이룰" 수 있다는 말인가? 어려운 행위는 아니지만 이루기 어렵다면 이는 특정 전문 분야의 난해한 지식일 것이다. 그렇다면 해당 전문가가 알아서 이루면 될 일이지 왜 다른 직종 종사자에게까지 모두 이루라고 강요하는가?

의문은 꼬리에 꼬리를 문다. 각기 다른 능력과 취향을 가진 사람들을 자기가 정한 한 분야의 '공부'로만 묶어 줄 세워서 당락當落을 나누겠다는 말이 아닌가? 한시라도 소중히 여기는 것은 좋은 태도이다. 그러므로 내 일도 많은데 타인의 '의도'나 성공을 위해 노력하는 것은 시간 낭비다. 너무나도 당연하게 받아들여지는 주자의 시구의 본심은 철저히 자의적이다. 달리 말하자면, 다른 전공자에게는 비합리적인 시간 낭비가 학學이다.

이 문구를 신봉한 조선은 비합리적이게도 사회 전부를 고대 차이나에서 만들어진Made in China 지식 앞에 줄 세웠고, 조선을 이은 우리 사회도 소중한 쉬는 시간에 뭔가를 준비하며 '낭비'하라고 강요한다.

확실히 쉬어야 할 시간에 '준비'는 업무 시간 낭비다. 쉬는 시간에 준비를 하면 쉬는 시간과 일하는 시간의 명확한 구분이 모호해지기 때문이다. 노는 시간에 쉬지 않으면 업무 시간에 도움이 된다고 생각할지 모르지만 업무 시간이 지니는 의미의 '변화'는 없어지기에 업무의 '집중도'는 떨어진다. 긴장이 생기려면 이완이 있어야 한다. 이완이 없다면 긴장은 더 이상 긴장이 아니라 느슨한 빨랫줄이나 조율이 덜 된 기타줄처럼 엉망이 될 뿐이다.

'집중'이라는 의미에서 미하이 칙센트미하이의 『몰입의 즐거움』은 중요한 책이다. 그는 일이 행복에 대한 우리의 생각을 만들어 낸다고 보았다. 사람들이 '절정'에 이르거나 '최적의 순간'을 경험하는 것을 '몰입'이라고 하며 이 시간 동안 사람들은 순순히 의식의 흐름을 따른다고 본다. 약 절반가량이 일하는 동안 시간과 자신을 잊고 집중과 동기화의 느낌을 지닌다고 한다. 반면 여가 시간에는 18%정도만 몰입을 경험하고 대부분 수동적이고 나약하며 둔감하고 불만족스러운 느낌을 갖는다고 한다.

집중해서 일에 성공하면 행복하다. 그러나 '피곤'하게 집중했다가 실패하면 허무하고 더 '피곤'하다. 게다가 어떤 집중도 일의 성패를 떠나서 하다 보면 '피곤'하다. 피곤할 때는 "수동적이고 나약하며 둔감하고 '불만족스러운' 느낌"으로 몸과 마음을 풀어 주어야 한다. 주변에 요절하는 친구들 대부분이 그렇다. 계속 집중하면 끊어지고, 끊어지면 끝이다. 일이 보답해 준다면 몰입과 행복이 동일하겠지만 일이 배신하면 차라리 몰입도가 최고인 컴퓨터 게임이나 하는 게 더 행복일 것이다.

신경학자들은 사람이 집중할 수 있는 최적의 시간은 30분이라고 한다. 더 오래하면 할수록 그 다음 집중이 불가능해진다고 한다. 특히 태양 빛을 받으며 걷거나 움직이면 집중에 더 좋다고 한다. 사람은 동물, 즉 움직임이 본성임을 확인시켜 주는 대목이다.

50분을 일한다고 치면 처음 10분은 일을 준비하고 30분 집중한 뒤 나머지 10분을 정리하면 최고의 효율을 발휘한다. 더 해봐야 효과는 없고 머리만 둔해진다. 다음 시간은 회복하려는 몸의 요구로 멍해진다. 30분간 강도 높은 집중으로 행복을 느낀 다음 10~20분은 그저 수동적이고 나약하며 둔감하고 불만족스러운 느낌으로 돌아다니거나 퍼지는 것이 좋다. 노는 시간에 놀아야 하는 것은 일할 때 몰입해 행복해질 수 있기 때문이다. 쉼으로써 내 몸이라는 '악기樂器'를 조율하는 것이다.

노자老子는 "큰 어려움을 내 몸같이 귀하게 여기라貴大患若身" 한다. 간단하다. 죽거나 몸이 없으면 일도 없고 쉼도 없고 어려움조차 없을 것이다. 그러므로 나와 세상이 만드는 화음을 위해 행복도, 불만도, 일도, 쉼도 모두 다 내 몸같이 여길 일이다.

序

50대 사내, 비와 막걸리

비 오는 날 침침한 백열등 아래 파전과 막걸리는 환상이고, 오랜 친구가 함께하면 금상첨화다. 친구가 반가운 것은 잠시 모든 상념을 떠나 푸른 시절로 되돌아갈 수 있기 때문이리라.

나이 오십 줄에 이르면 천명天命을 알게 된다고 한다. 몸으로 느끼는 똑딱이는 소리가 그것이다. 아무에게도 말 못하는 초침이자 자다가도 벌떡 일어나 한참을 서성이게 하는 울림이다. 이 소리를 신호로 우리는 시합 종료를 앞에 둔 축구 선수의 심정으로 들어선다. 그렇게 막걸리와 파전을 앞에 두고 뻔한 오십 대 몇이 모인다.

알 것 다 아는 선수들이지만 자녀 자랑, 사업상 애로로 시작한 이야기는 서서히 똑딱거리는 몸의 초침으로 넘어간다. 다행히 마누라의 암을 초기에 발견하여 수술 경과가 좋았다거나, 몸이 예전 같지 않고 허리 디스크 때문에 고생이라는 등 서로를 만져 주는 동안 마음의 빗장이 열린다.

모두가 부러워할 만큼 성공한 친구도 나이가 들면서 이상하게 가정과 자기의 욕구가 예상을 빗나간다고 푸념한다. 누군가는 자기가 동정과 연민을 받는 것 같다는 토로를 하자 모두의 손은 저절로 막걸리 잔으로 향한다. 그만큼 속이 타고, 목이 타는 것이다. 지금까지 동정과 연민을 받으며 살아오지 않았기에 두려운 것이다. 젊었을 때는 용감하게 패배를 인정하며 곤경을 극복하기도 했지만 이제는 늦었다. 연금이 현실로 다가오고 있다.

막걸리가 한 순배 더 돌고 나서는 똑딱 소리가 주는 위기의식이 좌중을 지배하기 시작한다. 한 친구가 얼마 전에 우연히 등산 동호회에서 만난 여인 이야기를 꺼낸다. 물론 절대 그런 마음은 없다고 하지만 그가 겪고 있다는 곤궁을 직접 해결해 주고 싶다고 한다. 그러자 꽃뱀을 조심하라는 충고가 여기저기서 올라온다. 당해본 사람의 쓰라린 호응이다. 오랫동안 기러기 아빠로 외롭게 지내던 친구는 해외의 마누라도 그런 것 같고, 나도 이제 다른 여자가 생겨 새 삶을 생각한다고 속내를 털어놓으면서 중년의 위기가 본격적으로 수면에 오른다.

모두의 머릿속에서 떠나지 않던 시계 소리의 정체는 바로 서서히 희미해지는 성적인 정체성이자 몸을 지닌 생물적 존재 의의다. 하늘을 움켜쥘 듯, 땅을 말아버릴 듯 가슴 뿌듯했던 느낌이 못내 아쉬운 것이다. 삶의 주인공이고 싶었고 세상에 우뚝 서고 싶었다. 그러나 가슴이 울컥하며 솟아오르던 웅심의 최후가 슬퍼진다. 그러면서 '지금 아니면 더 이상의 기회가 없을 것 같다'는 조바심이 찾아와 어쩔 줄 모른다.

하지만, 비와 막걸리를 앞에 둔 우리 모두 알고 있다. 지금까지 우리는 원래 의도했던 남자로서의 삶을 살아 본 적이 없었다는 것을, 그리고 앞으로도 결코 그러한 남자가 되지 못할 것이라는 것을 몸은 뼈저리게 느끼고 있다.

식어버린 파전에 빈 주전자를 뒤로 하고 추적거리며 비가 내리는 길가에 서서 흔들리는 오십 대는 고민한다. 도우미가 등장하는 떠들썩하고 흐드러진 2차로 향할 것인가? 아니면 조용히 귀가할 것인가? 길 위에 선 잠시의 갈등은 큰 외침과 함께 끝난다.

"택시!"

序

노친네 밴드

'100세 시대'라고 한다. 백 살까지 살 생각을 하니 두려움이 밀려온다. 그렇게도 건강·장수를 축복이라고 노래했으면서도 정작 백 살을 산다고 생각하니 이건 절대 아니라는 맘을 떨치기 힘들다. 기대 수명과 건강 수명이 다르기 때문이기도 하다.

두려움은 무엇이고 어디서 오는가? 미래는 알 수 없기 때문에 두렵고, 확실하지 않기에 불안하다. 마시면 백 세를 산다는 술이 있다. 술 선전에는 늙은이를 회초리로 때리는 젊은이의 그림이 나온다. 주류 제조 회사는 좋은 의도였겠지만 그 선전 문구를 보는 동안 마음은 불편하기 그지없었다.

인자한 웃음을 머금고 멋진 흰머리에 흰 수염을 흩날리면서 그윽한 주름으로 관록을 보이고 싶지, 결코 늙은 아들의 종아리를 때리고자 회초리나 들고 싶지 않다. 아무리 아버지라도 검은 머리가 허연 머리를 패면 싸가지 없어 보여 손가락질 당한다. 그러다 아들이 먼저 죽기라도 하면 아마 '가슴에 대못'일 것이다. 그렇다고 짜글짜글한 독거노인으로 연탄불에 라면 끓여 먹다 가스 중독으로 가는 건 더더욱 사양한다. 이 모든 추함보다 두려운 건 노망나서 벽에 똥칠하는 것이다. 게다가 지금보다 더 늙으면 좋아하던 여자/남자들도 다 떨어져 나갈 텐데 무슨 재미로 오십 년을 더 살자는 말인가?

폼 나게 늙는 건 생각보다 쉬운 일이 아니다. 돈이면 돈, 건강이면 건강, 친구면 친구, 일이면 일, 모든 것이 다 제대로 필요하다. 그것도 예전과는 완전히 달라진 수준으로 갖춰야 체면이 서고 '폼'이 난다.

젊어서는 종이컵으로 자판기 커피를 뽑아 벽에 기대서 후루룩 마셔도 열심히 사는 모습으로 비쳐 좋았지만 늙어서 그러면 청승이다. 나이가 들면 인생을 반조하는 우수에 찬 눈동자로 먼 곳을 바라보며 조용히 앉아 고급스런 찻잔에 담긴 차를 천천히 마셔야 격이 산다는 말이다.

옛말에 개도 '뺨'이 있어야 '망건'을 쓴다고 했다. 비록 지금껏 개같이 살았을지라도 폼 나는 늙음을 즐기려면 이제부터라도 멋진 '망건'을 쓰기 위한 '뺨' 만들기에 착수해야 한다는 의미다. 하지만 '뺨'은 그냥 만들어지지 않는다. 내 것은 나름 챙기면서 남들이 하는 건 역시 어느 정도는 해줘야 체면이 산다. '뺨' 만들기로 요즘 각광받는 '인생 이모작'이 있다. 그래서 '인생 이모작'의 작황으로 나머지 50년을 살아야 하는 새로이 '생의 한가운데' 놓인 세대의 관심을 끌고 있다.

공자는 어려서는 시를 배우고, 젊어서는 예를 하고, 늙어서는 음악을 하라興於詩, 立於禮, 成於樂고 충고하였다. 고대에 시詩는 달 밝은 밤에 배 띄우고 술 한 잔 걸치면서 읊조리는 것이 아니었다. 사물의 이름이나 언어와 문법을 운율이나 동요 혹은 민요 형식의 노래로 습득하는 방식이었다. 예는 문화 형식과 인간관계의 처신을 몸에 익히고 전문성을 정교하게 연마하는 젊은 사람이 할 사업이었다. 음악은 감정의 조화와 사회적 통합이라는 의미를 지니기 때문에 인자하고 부드러워 '광光'나는 노친네가 해야 제격이다. 부드럽게 자기를 다스리는 일이다.

하지만 요즘 우리사회에서 음악을 즐기며 연주하는 사람들은 자금에 여유가 있는 50대나 60대보다 10대나 20대가 압도적으로 많다. 실상 젊은 사람들의 음악을 들어보면 마치 암컷을 유혹하기 위해서 새가 지저귀고 벌레가 우는 것 같이 감정을 폭발시키는 사랑의 노래가 대부분이다. 공자가 말하는 감정의 조화라는 의미로서의 음악은 아니다. 공자의 이론으로 보자면 10대가 하는 음악은 학습과 짝짓기를 위한 욕정이고, 30대와 40대의 음악은 정교한 기교와 완성도 높은 전문적 연주일 것이다.

공자가 음악으로 완성하라고 주문했을 때는 '소녀시대'처럼 끝내주는 기교의 춤을 요구하는 것도 아니고 '싸이'의 '말춤'처럼 열정적인 힘을 보여 주라는 주문은 결코 아니었을 것이다. 노친네가 젊은이들이 하는 힘과 기교를 보이면서 짝을 유혹하려고 하면 노망으로 판정나기 전에 먼저 골병으로 실려 갈 것이다. 그러니 노친네가 하는 음악은 정서적인 자기완성에 초점을 둔다고 하겠다.

고기 맛을 잊을 정도로 몰입했다는 공자의 음악도 실상 거문고를 통해 음률을 맞추는 일이었다고 한다. 즉 음과 음, 인간과 인간의 관계에 대한 관조다. 공자와 마찬가지로 노친네가 해야 하고, 할 수 있는 음악은 기교나 빠른 연주가 아니라 완숙한 정서적인 조화를 보여 주는 자기 조율에 있다.

우리는 살아오면서 닳고, 풀어지고, 조율이 틀어져 쉽게 격해지는 '자신'이라는 악기를 발견하게 된다. 풀어져 한 곳에 치우친 정서와 성정性情을 반성하고 세상이라는 대음악과 어울릴 수 있게 몸과 맘을 튜닝하여 조화를 이루는 일이 바로 조율이다. 자기완성을 위한 음악은 감성의 조율이기에 즐거움樂일 수밖에 없다.

일전에 어릴 적부터 로망이었던 전자 기타를 샀다. 기타를 치지는 못하지만 꿈을 꾸는 듯 그윽한 눈으로 기타를 바라보며 앉아서 천천히 줄을 맞춰 본다. 한동안 그러다가 옆에서 불타는 눈으로 기타를 갈망하는 아들에게 잠시 빌려주고는 방에 들어간다. 방에 들어와 초보자를 위한 『이정선 기타교실』 DVD를 열심히 익히며 나름의 '빰' 만들기에 열중한다. 이러다 보면 나머지 50년 이내에는 언젠가 나도 이릭 클랩톤Leeric Clapton 이라는 예명으로 밴드를 조직해서 멋지게 블루스를 연주할 날이 올 지도 모른다.

이제 백 세까지 살아야 한다고 쫄거나 떨지 말자. 병원 쇼핑에 날 세우지 말고 폼 나게 나를 조율하고 몸과 맘을 완성해 나가 보자. 이렇게 밴드를 조직해서 활동하다보면 백 세도 짧다.

첫 '농사'로 가족을 이루고 부양하며 전문인으로 사회 속의 자기를 만들었다면, 조율이라는 자기완성의 즐거움에서 시작하는 두 번째 농사는 장성한 자식조차 "언젠가는 아버지를 따르겠다!"고 결심할 만큼 폼 나고 작황도 풍요로우리라. 아름다움은 자연스레 그 뒤를 따를 테다.

지금껏 내 삶이 '강아지'였을지라도 오늘은 새로 마련한 기타와 함께 내일의 폼 나는 '망건'을 위해 '빰' 만들기의 첫걸음을 내딛는다.

序 소수자를 위한 변명

선거가 끝났으니 속말을 해도 잡아가지 않을 듯하다. 선거 이슈로 게이나 레즈비언에 대한 문제가 뜬다. 성 소수자에 대한 이슈는 불붙은 호떡집이다. 비록 미국을 비롯해 선진국에서 차별 금지를 외치지만 선거를 눈앞에 둔 우리네 정당에서는 보수적인 종교계의 눈치를 볼 수밖에 없는 대목이다. 각 당의 총대를 멘 주자들이 나와 성 소수자 차별을 외치면서 대표로 욕을 먹어야 했다.

성 소수자 차별을 주장하는 대표적 정당은 비례 대표 선출을 기원하는 통성 기도 동영상이 나돌던 기독자유당이다. 하지만 통성 기도는 사후약방문이었다. 선거 전에 했어야 예수님도 손을 쓰셨을 터이나 투표 후의 기도는 주님께 선거법을 어기고 투표용지를 바꿔치기 해달라는 꼴이었다. 주님이라도 법을 지켜야 한다. 개표소에서 기적은 금지다.

성 소수자는 자기들의 다양한 취향을 무지개로 표현한다. 대표적으로는 레즈비언L, 게이G, 바이섹슈얼B 그리고 성전환T을 합쳐 LGBT라한다. 이런 성적 취향이 통설대로 군대나 남자/여자 학교 성추행으로 생긴 극단적인 문화라면 변태 성욕이라 할 수도 있다. 하지만 태생이 그렇다면 이야기는 달라진다. 기독교의 입장으로 말하자면, 타고났다는 것은 바로 하느님의 역사다. 즉 타고난 동성애는 신이 부여한 소명이라는 것이다. 신은 우리에게 성을 포함해 모든 면에서 다양해지라고 명령하고 있다는 말이다.

'8%의 법칙'이 있다. 모든 사람이 각기 8% 내외의 특이성을 가지고 태어나며 모두 12명이 한 조를 이룬다는 진화 심리학의 이론이다. 사냥에서 모두가 오른손으로 창을 들 때 누군가 왼손으로 창을 들어야 더 유리하다는 말이다. 모두가 밤에 잠을 잘 때 밤도깨비마냥 눈을 부라리는 '잠 소수자 올빼미'가 망을 봐야 안전하다는 것이며, 모두가 결혼하여 자녀를 가질 때 누군가는 결혼하지 않고 다른 길을 걸어야 애들이 안전하게 더 잘 자란다고 말이다.

우리 주변의 대표적인 소수자는 왼손잡이다. 필자 이야기이기도 하다. 왼빼는 모든 문화권에서 5~10% 내외로 고르게 나온다. 조사에 의하면 자신을 성 소수자라고 확인하는 사람은 5% 이내지만 성 소수자 역시 8% 이내로 태어날 수도 있다. 단지 사회적-종교적 금기가 강해서 표현을 못하고 있을 뿐일 수 있다.

문화적 금기는 강력하다. 일단 왼손잡이는 밥도 왼손, 글도 왼손으로 쓰기 때문에 학교를 들어가기 전부터 여기저기서 핍박받는다. 나는 이들을 '손 소수자'라고 한다. '옳은Right'의 반대이니 언제나 '그른Left' 존재다. 우리의 언어 습관 및 관념으로 보자면 왼손잡이는 옳지 못하고 태생 자체가 그르다는 말이다. 심지어 왼빼는 스트레스가 심해 몇 년 일찍 죽는다고 한다.

그리하여 피로 얼룩진 왼손잡이-마녀 박해의 역사가 있었다. 이 박해는 정도의 차이는 있지만 전 세계 모든 곳에서 자행된다. 하지만 아무리 미워하고 박멸해도 일정 비율로 왼손잡이는 태어난다. 올바른 부모 아래서도 예기치 않게 '그른' 녀석이 생겨난다. 단지 왼손잡이라고 죽일 수는 없는 일이다. 다행히 세상이 좋아져서 이제는 "우향우!"라는 명령에 자동적으로 '좌향좌'로 돌아가는 왼손잡이라도 죽이거나 패지 않는 세상에 살게 되었다. 놀라운 신세계다. 이제는 한발 더 나아가 당당한 왼빼도 가능해졌다.

태생적으로 성 소수자는 엄마 뱃속에서 시작한다. 엄마의 난자와 아빠의 정자가 만나 수정을 하면 세포는 무서운 속도로 분열하여 사람의 원판을 만든다. 원판은 여자다. 이때까지가 8주다. 8주에서 12주까지 다음 단계로 넘어가기 위해 잠시 증식을 멈춘다. 밥 뜸 들이기나 마찬가지로 엄마의 몸이 고민하며 생각하는 시간인 게다. 모체는 내 몸은 이 아이를 낳을 수 있을까? 이 아이는 무사히 태어나 세상을 살아갈 수 있을까? 같은 사항을 몸은 점검하고 준비한다. 약 한 달간 점검하여 결론을 내리면 이제 본격적으로 나름의 방향으로 아이를 생성하기 시작한다.

Y염색체는 남성을 의미한다. 태아 몸속에 Y염색체를 감지한 모체는 남성 호르몬이라는 조각칼로 여아를 남아로 바꾼다. 성기를 바꾸고 두뇌를 깎아 낸다. 학창 시절 미술 시간을 기억해 보라. 언제나 그렇듯 조각도구나 재료의 부족이나 과다가 생기기 마련이다. 겉을 조각하고 나서 두뇌 같은 내부 인테리어를 하려는데 건축자재가 모자랄 때가 있다. 이 모두가 엄마 몸 안에서 생기는 일이다. 그 결과 겉은 남자인데 마음은 여자다. 혹은 반대로 남성 호르몬에 과다 노출되면 몸은 여성인데 마음은 남성이다.

그렇다. 순전히 생리적인 조각칼 같은 도구나 재료의 문제다. 남성 호르몬의 노출 정도에 따라 선천적인 동성애자가 되기도 하고 성전환 수술이 필요하기도 한 것이다. 재미있게도 과다 노출은 남성우월주의자가 아니라 '자폐증'의 원인이라고 한다. 이게 바로 현대 과학이 밝히는 동성애의 기원이다.

생리적으로 보자면 동성애는 엄마의 잘못도, 본인의 잘못도 아니다. 어쩔 수 없는 일이다. 그냥 그렇게 태어난 것이다. 아니 신의 섭리다. 법으로 금지하고 때린다고 적록 색맹이 붉은색과 녹색을 구분해 볼 수 있는 것도 아니고, 노래방에 가둔다고 박치나 음치가 명가수 조용필로 거듭날 수는 없는 것이다. 안 되는 건 안 되는 걸로 놔둘 줄 아는 게 관용이고 문명이다.

생리적으로 보자면 우리 모두는 나름 소수자다. 손 소수자, 잠 소수자, 눈 소수자, 코 소수자, 귀 소수자, 키 소수자, 성 소수자 등 무수한 소수자가 모여 세상을 다채롭게 채운다. 소수자는 더 이상 단점이 아니라 각기 타고난 특징이자 개발해야 할 소질이며 개성이다. 핸디가 있어야 게임이 된다는 말이다. 각기 다른 색깔의 소수자가 모여 아름다운 무지개 세상을 이루라는 하느님의 명령인 것이다. 그래서인지 하느님을 믿는다면서, 하느님의 명령에 따라 산다면서 정작 이를 거역하는 기독교도의 통성 기도는 역겹다. 음식물 쓰레기를 대하는 느낌이다.

소수자의 문제는 꼭 생리적인 원인만이 아니다. 개인의 선택도 있다. 누구의 어떤 선택이든 사회적인 위해를 가하지 않는다면 존중해주는 것이 민주시민의 상식적인 태도일 것이다. 살만한 세상이란 자기의 신념이나 성적 정체성만이 옳다고 고집하는 곳이 아니다. 서로의 차이에 대해 순수하게 인정하는 세상이 살만한 곳이다.

노자老子조차 이렇게 말했다. "태어난 대로가 도이고, 문화로는 키운다. 자라나며 생긴 대로 정체성을 이룬다道生之, 德畜之, 物形之, 勢成之." 생긴 건 생긴 대로 인정하고, 서로를 키워나가는 영롱한 무지개 세상을 이루고 살자는 말이다. 다양함과 관용의 세계라고 하니 노자가 살았던 수천 년 전보다는 적어도 한발 더 나아가야 하지 않을까?

우뇌, 고통과 삶

요즘 우뇌가 뜬다. 서점에는 우뇌 교육과 우뇌 창의력에 대한 책이 산더미다. '직관력', '창조력', '공간 지각', '형체 감각', '감성 표현'…. 좋다는 수식어는 우뇌에 다 붙여 놓았다. 우뇌로 생각하라지만 뇌 뚜껑을 열어볼 수도 없고, 뚜껑을 열었다고 우뇌에만 따로 물을 줄 수도 없으니 좀 난감하다. 그러면 시중에서 말하듯 특별한 우뇌 교육이 진짜로 좋은가? 물론 아니다. 재미없는 우뇌에 대한 강박과 스트레스를 심어 주지 말고 애들을 방치해 보자. 왼손과 오른손은 자연히 균형을 이루며 발전한다.

우뇌에 대한 본격적인 탐구는 신경학자 마이클 가자니가M. Gazzanaga가 간질병 치료를 위해 좌뇌와 우뇌를 연결하는 뇌량Corpus Callosum을 분리한 환자를 연구한 데서 시작한다. 그는 뇌의 좌우 반구를 연결하던 신경 더미를 끊으니 좌우의 뇌가 다른 기능을 가지고 따로 놀더라는 연구 결과를 발표한다. 이렇게 좌우의 뇌가 지닌 특성이 밝혀지면서 학부모 사이에서 난리가 난 것이다. 덩달아 돈 냄새를 맡은 돌팔이들도 파리 떼처럼 무리를 지어 몰려든다. 썩은 먹이가 풍기는 냄새로 지독하다.

머릿속은 좌우가 소통하고 균형을 이루며 '자기를 만들어Autopoesis' 나간다. 심지어 이를 발견하고 연구한 학자 가자니가조차 우뇌로 무엇을 어쩌라고 하지 않는데 돌팔이들이 콩 놔라 팥 놔라 한다. 말이 되건 안 되건 돈은 된다는 거다. 당하는 학생에게나 사회에게나 재미없는 스트레스다.

우뇌에 대한 돌팔이들의 말을 듣기 전에 먼저 일반적인 우뇌인 즉 왼손잡이가 겪은 고통의 슬픔이 절절히 밴 간증을 직접 들어 보자.

왼손잡이였던 소년이 있었다. 해맑은 아기 때는 누가 알았겠는가? 하지만 자라나면서 소년은 모든 일을 왼쪽으로 처리하기 시작했다. 걸을 때도 왼발 먼저, 숟가락도 왼손, 그림도 왼손으로 그렸다. 맨 처음에는 그러려니 하던 부모도 학교 갈 때가 되니 슬슬 걱정하기 시작했다.

커가면서 아들의 왼손을 향한 쏠림은 더 심해져서 급기야 글씨도 왼손으로 쓰기 시작했다. 부모는 아이가 학교가기 전에 '올바르지右' 못한 '그른左' 버릇을 고치기로 결심했다.

죄는 미워해도 사람은 미워하지 말라 했다. 하지만 죄지은 사람과 죄를 분리할 방법이 없으면 사람만 '빼이' 치기 십상이다. 그렇게 '그른' 사람인 왼손잡이 아이는 '바른' 인간이 되기 위해 구박과 설움을 먹고 커 가며 겨우 오른손잡이 흉내만 내는 수준에 이른다. 쑥과 마늘만 먹고 100일 만에 사람 되기 프로젝트와 비견되는 그른 놈 인간 만들기다.

좋은 말로는 양손잡이지만 사실은 왼손도 완전치 못하고 오른손은 흉내만 내던 아이는 언제나 침울하고 자신감도 없이 어두운 구석으로 파고들었다. 체육이나 외부 활동 시간이 오면 '우향우'와 '좌향좌'에 어김없이 친구와 얼굴을 마주하는 '당황'을 경험한다. 언제나 매타작을 벌고, 엉뚱한 돌출 발언으로 왕따 당하고, 오른손을 써야 한다는 강박 때문에 말까지 더듬었다. 우뇌는 결코 창의력 만렙의 천재 따위가 결코 아니다. 왼손잡이는 모진 오른손 세상에 태어나 시련의 삶을 연명하는 힘없고 불쌍한 장애아일 따름이다.

우뇌는 장사꾼들이 이야기하듯 환상적인 그림이 아니다. 우뇌, 왼손잡이는 태어나면서부터 좌익이고, 본질적으로 옳지 못한 인간이며, 죄인이자 왕따다. 극단적으로 오른손과 선악을 연결하는 이슬람 문화권뿐만 아니라 오른손 선호의 세계와 문화에서 이런 현상은 필연적이다. 오른쪽Right은 '옳고' '우익'이며 '권리'이자 '선'인 세상에서 왼쪽Left은 언제나 '그를'뿐 아니라 '좌익'이며 '반항'이자 '악'이자 '마녀'다. 사회, 언어적으로 우뇌가 중심이자 기득권이다. 소수를 위하는 척하며 좌우 뇌의 균형적인 발전을 말하지만, 사실 이게 더 사기다.

『장자莊子』에 보면 한단지보邯鄲之步라는 이야기가 나온다. 연燕나라 촌놈이 문화의 중심지 조趙나라의 한단邯鄲에 가서 멋있다는 걸음걸이를 배우려고 하였다. 하지만 그는 한단의 걸음걸이를 제대로 배우기도 전에 연나라의 걸음걸이마저 잊어버려 다리가 꼬여 엎드려 기어서 돌아갈 수밖에 없었다고 한다.

불쌍한 '옳은' 세계에 사는 '그른' 자는 힘도 배짱도 없다. 악수할 때 자기도 모르게 왼손을 내밀어 욕먹고 왼손으로 술잔 들다 야단맞고 골프 연습장에는 왼쪽으로 연습할 타석이 없어 필드에 나가서 헛스윙이나 한다. 왼손잡이는 이 세상에서 타고난 것을 거슬러야 겨우 살아갈 수 있는 장애인이라는 말이다. 때문에 오른손 흉내를 내며 살아야 했던 세월을 건너 거울 앞에 선 소년은 밖으로 내보이지 않기 위해 묶어 놓은 왼손을 발견한다.

한 송이 국화꽃을 피우기 위해 봄부터 소쩍새는 그렇게 울어야 했듯,

만에 하나 왼손만이 가지는 특별한 능력이 늙어서 꽃을 피울 수 있다면 결코 우뇌의 장점이 아니다. 틀림없이 사회적 구박과 차별을 받으며 힘든 세월을 보내며 생겨난 생존능력일 것이다.

왼손 소년에게 우뇌 장사들이 하는 거짓말은 마치 장애인의 동냥그릇에 든 500원짜리가 탐스럽다는 대사로 들린다. 우뇌 강조의 현실은 고통인 것이다. 장사꾼들은 장애인의 한 가지 장점조차 털려고 마른 수건을 짠다. 우뇌와 왼손이 창의력을 상징한다는 장사치들의 고함은 그처럼 헛소리다. 우리 문화는 결코 왼손의 의미인 창의력에 대가를 지불하지 않는다. 아니, 대가는 고사하고 동냥 그릇조차 노린다.

부디 장애인 동네 기웃거리지 말고 차라리 타고난 오른손을 열심히 써서 능력을 키워 보라. 자동적으로 오른손을 왼손이 따라 다니며 조화와 균형이 자리를 잡는다. 오른발을 열심히 놀리면 왼발도 오른발을 받치며 따른다. 자기가 타고난 대로 움직이면 즐겁고 기쁘다. 쓸데없는 고통을 만들지 마라. 오른손잡이에게 우뇌 교육은 '한단지보'와 다름없는 장애 만드는 짓거리다.

『시경經經』에는 "사물이 생겨나는 데에는 이유가 있기 때문有物有則"이라 하였다. 하늘이 10%의 왼손잡이를 낸 것은 90% 오른손잡이에게 왼손잡이를 밟고 왕따로 만드는 즐거움을 주기 위해서가 아니라, 뭔가 자기만의 할 일이 있기 때문이리라. 세상이 그 의미를 존중하면 더 즐거워질 수도 있으리라.

불령인不逞人, 로그 원Rouge One

영화 〈스타워즈〉의 정식 에피소드는 아니지만 3과 4의 중간에 해당하는 〈로그 원Rogue One〉이 개봉했다. 〈스타워즈〉 덕후들은 손을 모으고 기다리던 영화였지만 이 역시 우리나라 〈스타워즈〉 전통에 따라 크게 히트를 치지 못했다. 하지만 생각할 거리까지 챙기면서 재미도 주는 영화였음에 틀림없다.

〈스타워즈〉는 열성 오타쿠를 몰고 다니는 할리우드 오락 영화이기는 하지만 번번이 강한 정치적 성향으로 공격당하기도 했다. 이에 〈스타워즈〉를 창조한 조지 루카스는 월남전에서 영감을 얻었다고 이리저리 둘러댔다. 하지만 이번 〈로그 원〉의 무대와 행동 양식은 사뭇 특이하다. 둘러댈 게 없을 정도다. 지금까지 모호했던 무대와 달리 핍박을 받는 장소는 그림도 그렇고 문화적으로 중동과 이슬람이다. 명확하게 이슬람이다 보니 소재도 자연스럽게 반항과 테러로 흐를 수밖에 없다. 그리고 제목에서 말하듯 내용 역시 반란군의 난동이다.

영어권과 달리 우리는 '로그Rogue'란 직업을 게임에서 만날 수 있다.

바로 좀도둑이다. 게임 밖에서는 떠돌아다니는 외톨이나 부랑아 양아치다. 영화에서는 제국에 원한을 지닌 극단주의자 테러리스트다. 이들은 성스러운 도시 제다Jedha를 점령하고 약탈한 제국에 대해 반항하고, 파괴에 대항해 보복한다. 제국군은 탱크로 시민들을 깔아뭉개면서도 "동요하지 마라", "지역의 치안을 지킨다"고 선전한다. 아마도 이처럼 대놓고 중동과 이슬람의 편을 든 할리우드 블록버스터는 별로 없을 것이다.

사방에 눈이 깔린 21세기다. 눈이 무서워 이라크를 침공한 미군조차 쉽사리 30년대 영국처럼 만행을 저지르지 못했다. 영화에서처럼 아이와 어른을 가리지 않고 가차 없이 다루는 모습은 20세기 초 영국 치하의 이라크 실정에 가까운 그림이다. 일본이 조선과 중국에서 그러했듯 무자비한 폭격과 잔혹한 살해는 제2차 세계대전 당시 제국의 얼굴이었다. 스타워즈의 표어대로 "옛날 멀고 먼 은하"의 이야기라는 말이다. 이 까닭에 미국을 비롯한 전 세계 관객이 팝콘을 씹으며 안락하게 궁극의 신병기 '데스스타'의 가공할 파괴력과 다스베이더의 무서운 능력을 즐기는 것이리라. 하지만 현재 시리아 내전의 모습으로 보건데 속내는 그리 아름답지만은 않다.

불령선인(후테이센진)不逞鮮人이란 말이 있다. 일본어 후테이不逞는 '멋대로 행동함', '도의에 따르지 않음'을 뜻하는 말이다. '조선인' 자체에는 경멸의 의미가 없지만 줄인 말인 센진鮮人은 경멸이다. 이 둘이 합쳐 생긴 후테이센진은 경멸의 의미를 담은 욕이었다. 요샛말로 보자면 취준생 거의 대부분이 불령선인에 해당하는 셈이다. 전두환이 한 가공할 만행이 있다. 그는 '순화교육'이란 명목으로 시민을 불령인으로 만들었다.

일본은 일제 강점기에 일자리를 찾아 어슬렁거리던 백수나, 취업

하러 지금의 연변 지역인 간도間島로 간 조선인을 그렇게 불렀다. 일본 총독부는 "3·1운동 이후 불령선인들의 배일 감정이 통제할 수 없이 깊어졌다"고 기록하고 있다. 만주, 간도 지방의 독립군 활동에 '간도 지역 불령선인 초토 계획'을 수립하여 군 병력을 투입했다. 간토대지진 조선인 학살사건 때 역시 조선인 폭동을 조작하여 '조선인 폭도'를 불령선인이라 했다. 이 밖에 일본의 텐노와 식민 통치를 비난하거나 사회주의자 및 반체제 성향을 품으면 불령선인이라 했다. 종종 박열 같은 가열한 독립운동가는 스스로를 '불령선인'이라 자칭하기도 했다.

만약 현재 박열 같은 사람이 있다면 대한민국은 그를 무엇이라 부르고 어떻게 받아들일지 상상이 가지 않는다. 영화에서야 공통의 적인 '일본日本 제국'이 있기에 동감하지만 그는 극단적 아나키스트였다. 아니 모두가 존경하는 단재 신채호조차 아나키스트로 옥사한다. 이들이 바로 일본에게는 불령선인이자 로그다. 아마 대한민국에서도 비슷할 것이다. 일본보다 더 일본 제국의 질서를 숭배하는 곳이 바로 대한민국이다. 한국 민주주의의 심장에는 문명과 질서가 자리하는 게 아니라는 말이다.

〈스타워즈〉로 돌아가자. 영화에서 설계도를 훔치러 떠나는 우주선에게 관제탑은 "뭐냐? 왜 허가 없이 이륙하는가?"를 묻자 조종사가 "우리는 로그? 로그 원!"이라 답한다. 마치 박열이 스스로를 "내가 불령선인이다"라고 자처한 사건을 연상케 하는 대목이다. 이들은 조직이 아니라 자신이 옳다고 여기는 신념과 희망을 향해 달려간 이들이다. 제국에 무릎 꿇은 패배자들이 벌이는 무기력한 타협과 협잡으로 유지되는 체제에 순응하지 않겠다는 아웃사이더 근성을 드러낸다.

부산 일본문화원 앞 소녀상 철거가 철회됐다. 일본 대사는 귀국했고,

일본 정부는 이를 비난하며 일방적으로 통화스왑을 비롯한 경제 협상을 중단했었다. 시민이 자발적으로 설립한 소녀상을 철거하라고 정부를 압박했다. 일본은 대한민국 정부에 불령선인인 소녀상을 체포하라고 겁박하고 있는 것이다. 물론 한국의 후테이센진들이 일본 말을 들을 리 없다. 조선 괴뢰정부의 말 역시 들을 리 없었다. 로그는 마음 내키는 대로, 마음 가는 대로 행동한다. 밤을 새워 지키고 추울까봐 옷도 입힌다. 이게 바로 불령선인의 길이고 로그 원의 행로다.

영화에는 〈스타워즈〉라면 응당 나와야 할 영웅 제다이 기사는 한명도 없다. 잘난 놈 하나 없다는 말이다. 주인공 및 조연까지 모두 결함투성이다. 겨우 등장한 다스베이더는 도살자다. 반면 부랑아, 명령 불복종, 신전에서 쫓겨난 승려, 극단주의자 그리고 망명 군인까지 모두 불령인이다. 이들이 모여 거대한 힘에 저항한다. 그들이 손에 쥔 건 아무것도 없다. 단지 저게 싫다는 반항심 하나뿐이었다. 마치 우리의 이야기인 양 영화에서 그렇게 그들은 산화한다.

자유 시민은 자유 의지로 자발적으로 행위 한다. 정부 시책에 반대한다고 하더라도 자유 시민의 자유 의지다. 누가 뭐라 한다면 우리는 분연히 불령인을 자처할 것이다.

일본은 대한민국이 일본을 대리해 센진을 다스리는 대리 정부쯤으로 여겼다. 박근혜 정부가 그러했기에 우리는 불령인을 자처하며 촛불을 들었다. 박근혜 정부가 일본과 어떤 뒷거래를 했건 우리는 소녀상을 지키는 자발적인 후테이센진이다. 〈로그 원〉 마지막에 불령인 둘이 서로 기대 앉아 최후를 맞는다. 이 그림은 마치 박열과 그의 연인이 서로 기대 책을 읽는 모습과 겹친다. 이런 이미지는 진정한 불령인이라면 공감할 수 있는 그림이다. 자유인은 그렇게 살아가는 존재다.

2장

덕 후 는
무 엇 을
희망하는가

序

마법사를 기다리며

1980년대 후반부터 1990년대 초반에 일본에서 태어난 20대 중후반을 '사토리 세대さとり世代'라 한다. 이 일본어를 우리는 '달관 세대'로 옮긴다. '사토리'는 불교의 '해탈'에서 비롯한 말로 돈벌이나 출세에 관심을 두지 않고 초탈한 삶을 유지하는 게 특징이다. 시대의 그림자에 빗댄 슬픈 은유적 표현이지만 사실적인 느낌도 버릴 수 없기에 은근히 기대한다. 진짜로 해탈한 게이머나 빗자루를 타고 하늘을 나는 편의점 알바를 만나는 행운이 생길지도 모를 일이다.

사토리 세대에는 마법사의 전설이 있다. 30살까지 여자 친구도 없고 성적 경험도 하지 못한 모태 솔로는 마법사가 된다고 한다. 슬프지만 궁금하다. 이렇게 자의반 타의반으로 '동자공童子功'을 쌓은 이들은 진짜 마법을 쓰게 될까? 사토리 세대는 결국 궁극의 깨달음을 얻는 것일까? 자못 기대를 버릴 수 없다.

언론에 자주 등장하는 현상이니 길게 설명할 필요는 없다. 경제 버블이 급격하게 붕괴하면 열심히 일해도 빈곤할 수밖에 없다. 때문에 밤새

일해도 빈궁하니 아등바등하지 않고 세속적 가치를 포기하는 대신 자신만의 취미에 집중한다.

이들이 바로 오타쿠로 고급 자동차나 명품에 별 흥미 없다. 필요 이상으로 돈을 벌 의욕도 없다. 당연히 해외여행에도 흥미가 없다. 돈이 없어 도박은 엄두도 내지 않는다. 검색에 뛰어나니 정보에 밝고, 독서를 좋아해 박학하다. 돈과 에너지가 많이 드는 연애에는 담백한 초식 동물이다. 휴일엔 집을 떠나지 않는다. 굳이 명문대를 가려고 하지도 않는다. 더 재밌는 건 정규직보다는 임시직을 선호한다는 점이다. 한 직장에 묶여야 좋을 것 없다는 생각이다.

특징으로 보자면 불교에서 내세우는 이상적인 거사居士나 보살菩薩이며, 예수의 산상수훈山上垂訓을 몸소 실천하는 '마음이 가난한' 의인이다. '무엇을 입을까, 무엇을 먹을까' 걱정하지 않고 성인의 가르침을 따라 '오늘'을 살아간다. 지금껏 교과서에서 찬양하던 인간상이 아닌가? 이런 모습은 훈훈하다. 혹시 부처나 노자 혹은 예수도 당시의 사토리 세대가 아니었을까 하는 의구심마저 들 정도다.

대부분의 수도자들은 색욕이나 식욕을 멀리하고 정신 공부에 집중한다. 사토리 세대 역시 정신적으로는 수도자와 크게 차이나지 않는다. 식욕이나 성욕을 멀리할 뿐 아니라 게임이나 취미에 집중한다. 스님들이 하나의 화두話頭에 집중하고 면벽을 하듯 게임을 하는 이들은 모니터만을 바라보며 용맹정진勇猛精進한다.

이들이 빠져드는 게임은 육체노동이 아니라 선승이나 도사와 마찬가지인 고도의 정신 집중이다. 집에서 두문불출하는 오타쿠 역시 정신적인 몰입을 한다. 이들은 알파고와 일전을 벌인 이세돌과 다름없는 집중도로 게임이라는 정신 수련을 하고 있다는 말이다.

서당 개 삼 년에 풍월을 읊는다고 한다. 사토리 세대 중 자질이 뛰어난 사람도 많은 데다 젊으니 무엇이나 수월하게 성취한다. 게다가 어려서부터 스펙 쌓기에 열중해 외국어는 기본이라 외국 서적이나 탁월한 정보 검색 능력으로 지식도 풍부하다. 절대 서당 개에 비견할 바가 아니다. 심지어 색을 멀리하고 고도의 정신적인 일에 집중하니 금상첨화다. 모든 조건을 다 갖추었다.

불교에서는 깊은 수련에 이르면 신통력八神通을 얻는다. 도교道教도 좌망坐忘이나 조식調息을 통해 진인眞人이나 신인神人에 이른다. 우리나라 선교仙教 수련 역시 인간을 뛰어 넘는 신통력을 말한다. 사토리 세대도 그렇다. 치열한 정신 수련인 게임을 몇 년씩이나 집중하니 신통력이 생기는 건 당연한 결론이다.

물론 이런 비틀어진 신통력이 진정한 깨달음은 아니라고 비판할 수도 있다. 우스운 비판이다. 부처도 외도로 비난받았다. 사토리 세대의 목표도 그런 깨달음이 아니다. 비극일지 모르지만 취직을 목표로 했지만 성취는 깨달음뿐이었다. 비판자들은 자기들이 비틀어 놓은 세계에 열린 아름다운 열매가 싫은 것이다. 기성세대의 통제 아래 들어오지 않는 깨달음이 싫은 것이다. 그러니 비틀린 깨달음은 얼마나 유쾌할 지가 더 기대된다.

사토리 세대가 일본만의 현상은 아니다. 전 세계 어디에나 이들이 소질을 발휘할 때 역사는 변했다. 『해리포터』라는 소설과 영화가 등장하면서 이 작품을 통해 세상은 마법을 중심으로 돌아갔다. 미국에서는 '슈퍼맨', '배트맨', '스파이더맨', '캡틴 아메리카'에다 망치를 휘두르는 북유럽의 신 '토르Thor'까지 가세해 세계 평화와 정의를 수호하고 있다. 일본도 사토리 세대 출신인 '원펀맨'과 '간츠Gantz'가 등장해 지구와 우주의 평화를 침노하는 무리에게 주먹을 날린다.

우리도 고래로부터 신통력을 지닌 많은 영웅들이 나와 백성을 수호했다. 아니 암울한 백성의 삶에 꿈과 희망을 주었다. 붉은악마 치우부터 임진왜란 때는 서산대사나 사명당이 나타나 스스로 깨달아 얻은 신통력을 발휘해 백성을 구했다. 전우치나 홍길동도 그 뒤를 따랐다. 심지어 유물론이 지배하는 공산국인 북한에도 이런 영웅들은 있어야 했다. 김일성은 솔방울로 수류탄을 만들고, 모래를 쌀로 바꾸며, 손으로 가리키면 노적가리가 생기는 신통력을 부렸다. 인민을 위한 애비와 달리 아들은 개인적인 놀이인 골프에서 신통력을 발휘했다. 그는 매 홀 홀인원을 쳐 골프계의 신화를 이루었다고 한다.

오늘날, 영웅호걸은 간데없고 목줄에 매인 삼성맨이나 현대맨만 남아 '으르렁'거리고 있다. 암울하다. 삼성맨과 현대맨이 꿈이자 환상이라지만 자유는 아니다. 거기에서 민족의 위난에서 구할 영웅이 나올 리 없다. 그저 순실이와 유라 뒤나 닦으며 말똥이나 치우는 마구간 지기다. 신문에는 오직 취업률 도표만 나오고 중소기업은 인력난이라는 헛소리만 가득하다. 이런 암울한 시대에 다시 희망의 마법사가 나타날 가능성이 보이기 시작하는 것이다. 바로 사토리 세대의 오타쿠나 히키코모리 같은 이들 중의 마법사를 통해서다.

깨달음의 시대는 이전과 다를 것이다. 많이 다를 것이다. 사토리 세대에는 수없이 많은 동량들이 타고난 소질에 따라 치열한 수련을 통해 깨달음을 얻을 것이다.

요즘 한국의 여자 골퍼들이 세계를 장악하듯, 비록 지금은 편의점 편돌이일지라도 누구는 마법사로, 누구는 대종사大宗師로 능력을 발휘할 것이다. 순실이 유라 말똥 치우는 삼성과 현대가 아니라 우주를 정복할 새 시대 새 종교가 시작될 지도 모를 일이다. 영화 〈아라한 장풍대작전 (2004)〉이 현실로 이루어지기를 기대해 본다.

序
인류의 아버지

후궁들로 가득한 목욕탕 하렘Harem은 뭇 남성의 꿈이다. 하렘이라는 말과 풍습은 주로 처를 넷까지 허용하는 이슬람 지역에서 나왔다. 우리야 일부일처제이기에 하렘은 이룰 수 없는 꿈이다. 이룰 수 없는 달콤한 꿈이기에 슬프다. 그렇다면 조상의 빛난 얼을 오늘에 되살려 삼처사첩三妻四妾의 꿈을 꿀 수는 없는가? 법이나 도덕으로는 불가하지만 달리 머리를 굴려 길을 여는 게 남자다.

새 천 년 벽두에 유전자를 통해 모든 사람의 공통 조상을 찾는 '유전적 아담과 이브 프로젝트'가 있었다. 남자를 만들어 내는 것은 Y염색체다. 모체는 인간의 원판인 여자의 몸에 숨어있는 Y염색체를 찾아내면 남자로 만든다. 여자를 남자로 만드는 마법의 유전자, Y는 남자의 몸에만 발견되기에 '마초' 유전자다. 이 유전자의 변이를 추적한다는 것이다.

프로젝트는 Y유전자의 변이와 공통점을 추적해 가면 최초의 아버지를 만날 수 있지 않을까 하고 가정했다. 그렇게 추적해 가니 놀랍게도 유전자는 한 명의 남성을 가리킨다. 아담 프로젝트가 밝혀낸 인류의 아버지는 약 11만~14만 년쯤 전에 동아프리카에 살았을 한 분이셨다. 모든 인류의 아버지라니, 위대한 능력자다. 그는 수많은 맹수들이 우글거리는 가혹한 환경과 경쟁 속에서 우수한 유전자를 자손에게 전달하였다.

고환Testis에서는 성적인 특성과 경쟁 및 공격성을 결정하는 호르몬 테스토스테론을 분비한다. 따라서 일부일처를 하는 고릴라와 일부다처의 침팬지는 고환의 크기가 현격하게 다르다. 덩치야 고릴라가 더 크지만 고환은 침팬지가 훨씬 더 크다. 따라서 성격도 고릴라가 더 유순하다.

인간은 사촌들과 달리 직립을 한다. 직립의 영향으로 인간 남자의 음경은 앞으로 돌출한다. 전면에 눈에 확 띈다. 그렇다. 인간에게 관건은 고환이 아닌 음경이다. 비할 바 없이 큰 외형을 가졌지만 내실 고환의 크기는 고릴라와 침팬지 사이다. 인류의 친척들로 짐작컨대, 중간 사이즈 고환의 인간 남자에게 적합한 결혼은 일부일처와 일부다처의 혼용일 것으로 본다. 생리적으로 그런 계산이 나온다는 말이다.

아마도 동아프리카에 살던 조상도 일부일처와 일부다처를 동시에 하는 가족 형태였을 것이다. 불행히도 인간은 침팬지나 사자같이 승자독식의 체제를 이룰 수 없다. 한 남자가 모든 여자를 독점하는 일은 생리적으로 불가능하다. 남자 여자 모두가 생리적으로 다른 영장류보다 많이 특이하다.

다른 동물과 달리 인간 여자는 특이하다. 1년에 한두 번의 정기적인 발정기 없이 일 년 내내 생리를 반복하며 겉으로 배란기가 드러나지도 않는다. 게다가 한 집단 안의 여자들은 거의 동시적으로 멘스를 한다고 한다. 음경에 뼈도 없는 인간 남자는 사자같이 하루에 수십 수백 번씩 그 짓을 할 수 없다. 따라서 한 남자가 공동체의 모든 여자를 임신시키기는 불가능에 가까운 판타지다.

또 현대 인간에게 하렘의 일부다처를 이루기 어렵게 하는 요소엔 남녀의 성비가 있다. 누군가 넷 이상을 차지하면 다른 셋이나 그 이상은 솔로 신세다. 옛날같이 남자 사망률이 높았다면 어떻게라도 성비가 맞춰진다지만 의학이 발달한 오늘날 성비는 거의 1:1에 가깝다. 숫자상 일부다처는 언감생심인 것이다. 게다가 민주주의란 쪽수의 정치 아닌가? 솔로 부대가 강력한 투표권을 행사하면 하렘이란 돌로 쳐 죽일 만행이다.

다들 하나둘만 낳는다. 평준화의 영향인지 유전적으로나 능력으로나 개인적 차이가 크게 드러나지 않는다. 진화의 추동력인 돌연변이나 적자생존, 자연선택조차 인간은 극복한 것이다. 심지어 요즘은 살아남기 힘든 영유아까지 다 살린다. 따라서 유전적 문제보다 인공적인 유산으로 인한 사망이 더 많다. 역설적으로 이런 시대에 진화를 위해서 유전적으로는 일부다처가 유리하다고 한다.

오늘날 우월한 존재나 선천적 병약자나 별 다를 바 없이 자녀를 하나둘 둔다. 어찌 보면 이 역시 자연선택이 작용하는 것인 듯하다. 그렇지만, 겉으로는 별 다를 바 없어 보여도 자연이 만드는 일이기에 환경에 더 잘 적응하는 나름 우월한 존재들이 등장하기 마련이다.

우월한 자들은 현실적으로 불가능한 일부다처의 하렘 대신에 전략을 바꾼다. 법적이나 도덕적으로 불가능한 일부다처를 밀어붙이기보다는 일부일처인 체하면서 뒤로는 여기저기 집적거리고 껄떡거리면서 속된 말로 호박씨 깐다는 것이다.

때마침 인간의 본성은 고릴라와 침팬지의 중간이다. 도덕적으로는 정숙한 체하면서 생리적으로 음탕하다. 법적으로는 일부일처면서 뒤로는 기웃거려 씨를 뿌린다. 뻐꾸기가 그렇듯 다른 새 둥지에 알 낳기 전략을 구사하기도 한다. 그래서인지 현재 유럽에서 태어나는 아이들의 약 15% 정도는 생부가 다르다고 한다.

21세기 들어 전쟁의 화약 내음, 온난화 및 환경 변화, 인류 멸망 같은 위기의식이 팽배하다. 환란이 닥쳤을 때를 대비해 인류 공통의 조상 같은 우월한 존재들이 자손을 많이 남겨 준다면 인류 생존에 도움이 될 것이라 상상해 본다. 은근히 슈퍼맨을 기대한다는 말이다.

인류애라 할까? 만일 자신의 능력이나 신체나 유전자가 월등하다면 인류의 미래를 걱정하는 마음가짐으로 살아가야 하지 않을까 한다. 우환憂患의식을 가지고 재난에 대비해 충실하게 알아서 음陰으로 유전자를 퍼트리다보면 환란이 끝난 언젠가 모든 신인류의 조상이 될 수도 있을 것이다. 도덕이나 윤리의 스위치는 잠시 내려라. 새로운 모든 인류의 아버지, 영광스러운 이름 아니겠는가?

시인은 노래한다.

"다시 천고의 뒤에 백마타고 오는 초인이 있어 이 광야에서 목놓아 부르게 하리라."

序
뼈대를 찾아서

언제부턴가 시원치 않았다. 남자라면 무릇 강철 같은 의지를 보여 줘야 하건만 삶은 늙은 가지마냥 자꾸 흐물흐물하다. 뜻은 굴뚝같지만 정작 의지는 갈 곳을 잃었다. 화장실에서도 찔끔찔끔 거린다. 비뇨기과를 찾아 당장 비아그라를 내놓으라 했다. 의사는 조목조목 묻더니 검사부터 하잔다. 그리곤 전화가 왔다. 당뇨가 심하단다. 비뇨기과가 아닌 내과로 오라 한다. 뼈대를 찾아 떠나는 여정은 이렇게 시작했다.

대부분 포유동물의 음경에는 뼈가 있다. 가장 가까운 친척 침팬지나 고릴라조차 하나씩 장만하는 것일진데 불행히도 우리 인간에겐 없다. 수컷 사자가 달리 그 짓을 하루에 수십 번 할 수 있는 게 아니다. 다 뼈대가 있기에 가능하다. 뼈대 없는 놈은 그저 부러울 뿐이다.

뼈대에 대한 다각도의 고민을 해보았다. 인간에도 뼈대가 있을 수 있다는 결론에 도달했다. 먼저 물리적이거나 약물 치료를 들 수 있다. 다음으로는 문화적인 모습이다. 문화에 눈을 돌려보자면, 문화적이란 인간에게 뼈대 있는 가문이 있고, 뼈대 있는 사람이 있다는 것이다. 심지어 어떤 사람은 통뼈라고 우기기까지 한다.

인간에게 뼈란 물질적인 것뿐 아니라 전통과 격조라는 정신문화도 가능하다. 인간으로 폼 나는 모습이 바로 뼈대다. 당당하고 튼실한 모습이 통뼈다. 그렇다. 신이 인간의 거시기에서 뼈를 뺀 것은 여러 가지로 해석 가능하다. 과학을 발전시켜 정력제를 찾아내라는 계시이거나 격조와 늠름한 자세로 뼈대를 갖추라는 뜻일 게다.

익히 알려진 대로 남성의 성기는 스펀지 구조다. 뇌에서 신호를 보내면 혈관이 확장하고 스펀지인 성기로 피가 몰려 크고 단단해진다. 하지만 아무리 뇌에서 신호를 보내도 혈관 확장이 일어나지 않아 피가 몰리지 않으면 말짱 도루묵이다. 의지박약의 고개 숙인 남자가 바로 물 빠진 스펀지다. 최근에 등장한 한 줄기 빛, 비아그라도 이 원리에 착안하여 혈관 확장을 돕는 약이다. 혈관약이란 말이다. 그러니까 기력과 힘까지 더해주는 정력제가 아니라 혈압을 낮춰주는 심혈관 약이다. 때문에 비아그라로 몸의 기력과 격조까지 갖출 수는 없다. 비아그라에만 의존하여 저질 체력에 그저 발기만 하다가는 기력이 쇠잔해져 복상사할까 두렵다는 말이다.

뼈가 답이라고 음경에 보형물을 뼈 대신 삽입하는 수술이 있다. 음경에 튜브를 넣어 강도를 조절한다는 아이디어다. 한마디로 풍선을 넣고 바람을 불고 뽑는다는 개념이다. 그런데 몸에 뭘 넣어 좋을 게 뭐가 있을까? 인터넷 사이트 여기저기에 부작용에 신음하는 후기가 넘쳐난다. 바람 뽑아 눕자 해도 계속 서 있기만 한단다. 미용에 쓰는 필러를 넣어 뼈대를 대신하는 수술도 있지만 얼굴의 필러와 마찬가지로 이 역시 부작용이 만만치 않다. 이물감이 크고 쉽지 않고 계속 차렷 자세란다. 거시기를 비롯해 여기저기가 아프단다.

외적인 상처와 부작용이 두려우니 기력에 관점을 둔 한방으로 눈을 돌려본다. 안타깝게도 한방조차 진정한 격조나 뼈대가 아니다. 자꾸 이 것저것을 먹으라 한다. 민간요법으로 가면 여긴 진정한 몬도가네다.

생약이라는 한방약은 신장 기능에 위협적일 수도 있다고 한다. 당뇨는 합병증이 무섭다. 발가락부터 머리끝까지 당뇨의 지배 아래 놓인다. 좋다는 보약이나 해구신 때문에 혈관, 눈, 신장이나 간장에 문제가 생길 수도 있다는 것이다. 기력을 돕는 정력제가 좋다고 남용하다가는 투석 환자 신세가 될 수도 있다.

내과에 가니 불만이 가득한 얼굴의 의사가 기다리고 있었다. 소크라테스를 연상케 하는 여의사다. 날 보자마자 꾸짖는다. 당장 입원하라고 으름장이다. 입원하고 싶었지만 아침저녁으로 그를 볼 생각을 하니 혈당이 오르는 듯하고 혈압이 솟구쳐 뒷목이 뻐근하다. 게다가 여자라 진솔한 속마음을 털어놓기도 거북하다. 불안해지니 갑자기 작고하신 어머니가 그립다.

자존심에 내키지는 않았지만 어쩔 수 없이 의사 친구를 찾았다. 친구는 이야기를 듣더니 당뇨가 강하게 오기는 했지만 입원할 필요는 없단다. 아니. 당뇨는 입원이 필요 없는 병이란다. 역시 세상에는 믿을 종합병원이 없다. 약 먹고 잘 놀면 나을 거란다. 그래! 친구가 좋다. 그의 한 마디에 혈당도 혈압도 급강하한다. 용기백배하여 허심탄회하게 속마음을 털어 놓았다. 그랬더니 진짜 많이 나았다. 당뇨조차 마음의 병이었던 것이다.

의사의 답이란 뻔하다. 식습관, 생활습관 그리고 운동이다. 흔한 의사의 충고지만 뼈가 되고 살이 되는 바는 있었다. 친구의 말을 듣고 회개하니 천국이 가깝더라. 할렐루야! 지금까지의 삶에 대한 후회가 밀려왔다.

알고 보면 나도 뼈대도 있고 수준도 있는 놈인데 그동안 격조 없이 너무 싸게 놀았다는 것이다.

한 짓으로 보아선 뼈대가 생기기는커녕 뼈가 삭았다. 기름 줄줄 흐르는 삼겹살에 소주만 들이켰더니 요 모양 요 꼴이다. 이젠 좀 더 비싸게 살아야 한다고 다짐해 본다. 삼겹살보다는 목살처럼 기름기 없는 부위에 싱싱한 야채를 즐기고, 자판기 커피보다는 녹차를 홀짝인다. 흰쌀보다는 잡곡을 천천히 꼭꼭 씹었다. 하루 종일 뻑뻑 피우던 담배도 끊고 운동을 빙자해 폼 나게 거닐었다. 짜증나는 일에도 나이에 맞는 표정으로 웃을 일이다. 마법사가 가깝다. 이러다 조만간 도통할지도 모를 일이다.

중학교 때 국어 교과서던가? '된 사람', '난 사람', '든 사람' 중 '된 사람'이 최고라는 구절이 있다. 그러나 지금껏 그저 '난 사람'이고자 아등바등했다. 아니 무엇보다 돈 많은 '돈 사람'이고자 다리털이 닳아 털 뽑힌 닭 모양이 될 때까지 돈만 쫓아 돌아다녔다. 하지만 이제는 몸은 담백하게 먹고 천천히 살라고 한다. '든 사람'이나 '난 사람'이 아닌 '된 사람'이 되어 가는 삶을 살며 격조 있게 뼈를 키우라는 말이다.

어느덧 '된 사람'이고자 했던 시간이 흘렀다. 서서히 나름의 뼈대를 키워간 시절이다. 어느 맑은 날 문득 샤워를 마치고 거울을 보니 늠름하게 고개 든 뼈대 있는 남자가 서 있었다. 그렇다. 동물과 달리 인간에게는 격조가 진정한 정력제다. 인간이라면 타고난 뼈보다 키워 가는 뼈대가 더 자랑스럽다.

序 개밥과 고양이밥의 꿈

무병장수는 인류의 꿈이다. 장수만세의 백세시대가 시작되었건만 여기에도 빛과 그림자가 있다. 바로 기대 수명과 건강 수명의 차이다. 건강백년은 꿈이지만 '골골한 백 년'은 악몽이다.

어느 물건이나 그렇다. 오래 쓰면 낡고 망가지는 건 자연의 법칙이다. 따라서 때에 따라 보수하고 낡은 부품을 교체하며 때 닦고 기름 쳐야 겨우 '건강백년'에 근접할 수 있다. 한마디로 '건강백년'이란 돈이면 돈, 체력이면 체력, 가족이면 가족, 이 모든 것이 받쳐져야 겨우 가능한 꿈이다. 전생에 나라를 구한 행운아가 아니라면 우리 앞에 놓인 비참한 현실은 골골이 백 년에 가깝다.

골골이 백 년을 살아가야 하는 고통스러운 삶이라 아픈 건 싫지만 사실적으로 병원비도 만만치 않게 들어간다. 최악은 고통스러운 상태로 연명하는 일일 것이다. 때문에 단순히 오래 사는 것이 아니라 고통 없이 건강하게 오래 사는 것이 관건이다. 백 년을 건강할 만큼 다복하지 못하더라도 가능한 것이 있다. 우선 가장 가까운 것, 바로 먹거리

관리부터 시작하여야 한다.

효과가 의문투성이인 생식의 유행이 그렇듯 우리 문화는 건강을 위해서 안 먹는 것도, 못 먹는 것도 없을 지경이다. 대부분이 말도 안되는 미신에 근거하거나 잘해야 오백 년 전 이시진李時珍이 쓴 『본초강목本草綱目』 따위다. 이 책에서 많이 인용하는 진장기陳臟器야 7~8세기 당나라 때의 어르신이니 알아야 뭘 알았겠나? 그저 먹었는데 아침에 아랫도리가 뻐근하면 "정력에 좋다"고 평했을 수준일 것이다.

게다가 이런 음식은 검증을 거치지 않았기에 위험하다. 사실 인간이라는 잡식 동물은 무엇이든 먹을 수 있기에 무엇을 먹든 먹을수록 위험해진다. 심지어는 세계보건기구는 요즘 수천 년간 안전하게 먹어온 쌀, 소금, 김치, 햄 심지어 와인까지 거의 모든 음식을 발암 물질로 분류해 경각심을 불러일으킨다. 무엇을 먹어도 위험하니 먹을 게 없다는 말이다.

과학적이고 합리적인 건강 장수의 먹거리를 찾던 중 현실적으로 가능한 단서를 몇 가지 발견했다. 이 발견은 언제 나올지 모르는 뻥쟁이 과학 기사 속 신물질이 아니다. 합리적이고 이성적이며 경험적인 과학적 임상 실험으로 완벽히 입증된 음식이다.

바로 동물병원이나 애견숍에서 파는 개밥과 고양이밥이다. 몇 십 년 전까지 우리는 고양이가 쥐를 잡아먹거나 생선을 훔쳐 먹고 사는 것으로 알았다. 물론 개는 사람이 먹고 남은 짬밥이 주식일 것이라 여겼다. 이건 고양이와 개의 용도가 '쥐잡기'나 '집 지키기'였을 때 이야기다.

이 두 동물의 용도가 페이스북이나 인스타그램에 사진 찍어 올리기 위한 것으로 바뀐 지금에는 용도의 변화에 따라 먹거리도 달라졌다. 수입된 개나 고양이 전용 사료를 먹으면서 고운 때깔을 유지하기 위해서는 이전에 먹던 짬밥은 끊어야 한다.

먹거리의 변화는 개와 고양이의 기대 수명을 거의 두 배 이상 늘렸다. 이전에는 개나 고양이의 수명은 보통 10년 정도로 알려졌었다. 그러나 질 좋은 사료만 먹는 개나 고양이는 거의 20년까지 산다. 즉 이전의 기대 수명 10년은 먼 옛날 짬밥 먹고 살던 짬 타이거나 짬 울프 이야기였다는 말이다.

특히 우리나라에서 개의 수명은 복날에 따라 달라지니 더 부정확했다. 그러다 '반려동물'이라는 개념을 들여오면서 개는 반려동물 1위로 승급한다. 집에서 기르다 잡아먹지 않으니 수명이 더 늘어날 수밖에 없다. 이 정도 수명을 누린 개나 고양이라면 거의 내단內丹을 갖춘 영물靈物 급이다. 이렇게 개와 고양이 수명 연장을 이룬 진정한 공신功臣은 당연히 맞춤 사료였다. 달리 말해 사람이 먹고 남긴 음식의 짬밥을 먹지 않아서다. 사람이 먹는 음식이 그만큼 위험하다는 증거이기도 하다.

반려동물을 위해 특수하게 조리한 사료는 영양도 풍부하고 입맛에도 더 맞는다. 털도 덜 빠지고 냄새도 나지 않으며 기생충이나 질병도 없어 건강으로는 만점이다. 이런 사실을 발견하고는 키우는 고양이 사료를 좀 뺏어 먹어 보았다. 육식동물의 사료답게 기름지고 싱거웠다. 맛도 영 아니었다. 고양이에 비해 개 사료, 특히 개 비스킷은 좀 나았지만 그래도 내가 먹을 맛은 아니었다. 하지만 내가 좋아하든 아니든 오늘도 개나 고양이는 사료를 사랑한다.

이런 관찰과 실험을 통해 타당한 결론을 도출하였다. 인간이 먹는 음식은 발암 물질 범벅이고 유전자 조작이 가득하기에 먹을수록 위험하다. 그렇다. 이제 우리도 건강 장수를 위해서는 짬밥을 끊고 사료로 가야 한다. 그렇다면 인문학도답게 인간에게는 역사적으로 어떤 사료가 있었고 어떤 사료가 가능했는가를 찾아보는 작업에 착수할 일이다.

찾아보니 인간에게 사료와 상당히 유사한 유사품이 있었다. 가장 최근 들여온 것으로 슈퍼마켓에서 쉽게 만날 수 있는 것으로 모든 영양소가 골고루 들어가 있다는 사료가 있다. 바로 시리얼이다. 켈로그나 포스트 말이다.

한 때 건강 장수를 위해서가 아닌 생활고로 인해 보름 가까이를 여러 시리얼과 우유로 매 끼니를 연명한 적이 있다. 영국에서 유학할 때의 일이다. 추운 겨울 가족은 서울로 가고 음식은 해먹기 싫고 나가서 먹자니 자금이 부족했다. 우중충한 구름이 드리운 런던에 나만 덩그러니 남아서 그렇게 시리얼을 씹었다.

시리얼로 산 보름은 건강은 고사하고 세상이 노랗게 보이면서 한동안 신물과 구역질로 고생했다. 한 동안 연락이 없어서 걱정하며 찾아온 후배가 기아선상에 허덕이는 독거청년을 구해 주었다. 그 쓰라린 경험을 통해 내린 결론은 아침은 시리얼이라도 저녁은 위험한 화학 물질을 먹어야 한다는 것이었다.

시리얼뿐 아니다. 게으름으로 끼니 대신 칼로리 밸런스나 초코바도 시도해 보았다. 컵라면 3끼나 다름없이 오바이트로 신음했다. 그래서 아침은 시리얼 점심은 샌드위치 저녁은 위험한 화학 물질인 터키 음식 케밥 Kebab이나 MSG 가득한 중식인 볶음밥으로 연명하였다. 이런 인체 실험 결과는 시리얼 같은 건 완벽한 인간 사료가 될 수 없다는 결론을 잘 보여 주는 예라고 하겠다.

다음으로는 동아시아 역사와 소설(무협지)을 연구하여 찾은 자료다. 보통 무협지에서 공력을 연마할 때면 꼭 석실에 들어가 문을 잠그고 벽곡단辟穀丹만으로 생활한다. 소설의 설정상 한 알만 먹으면 운동량이 많은 무술연습을 하면서도 하루가 거뜬하다고 적고 있다. 소설이니 믿을 건

못되기에 연구를 조금 더 해보았다.

도가道家 수련에서 비롯한 벽곡단은 『수세보원壽世保元』이나 『동의보감東醫寶鑑』에도 등장하는 양생을 위한 보존 식품이다. 이 책들에서는 건강 장수를 위해서는 벽곡단만으로 10년을 권하고 있다. 10년을 장기 복용하면 빠졌던 이가 다시 나고 희던 머리칼은 다시 검어지며 피부도 다시 탄력을 찾는다고 한다. 만약 이 책의 주장이 맞는다면 이것이야말로 인간의 수명을 늘려 줄 궁극적인 인간 사료일 것이다.

문제는 임상자료가 턱없이 부족하다는 것이었다. 『수세보원壽世保元』을 저술한 명明나라 공정현龔廷賢이나 『동의보감東醫寶鑑』의 허준許浚조차도 10년을 먹었거나 먹은 사람을 관찰하고 나서 쓴 글이 아니라 '~카더라'였던 것이다. 관념으로 한 실험이다. 물리학에서 종종 하는 사고 실험과도 전혀 다른 헛소리다.

이들과 달리 실험 정신에 투철한 필자는 조금 구해서 며칠을 먹어보았다. 미칠 것 같았다. 누군가를 때리고 싶었다. 사람이 먹을 게 아닌 맛은 둘째 치고 배가 고파서 하루에 수 알씩 초코 우유에 타먹을 수밖에 없었다. 아마 발암 물질인 이밥과 고깃국에 심각하게 중독되었기 때문인 듯하다. 독을 다 빼고 했어야 한 건 아닐까 하는 의구심도 들었다.

여러 실험을 통해 슬프지만 현실적인 결론에 도달하고야 말았다. 만약 우리가 이미 발암성 화학 물질 중독에서 벗어날 수 없다면, 우리에게 주어진 기대 수명과 건강 수명은 그것뿐이라는 것이다. 사실 말하자면, 음식물이라는 발암성 화학 물질 중독성은 담배나 알콜을 비롯한 어떤 마약보다 심하다. 그걸 끊을 수 없는 우리는 어쩔 수 없이 골골하게 말년을 병원 침대에서 간호사의 구박을 감내하며 지내야 하는 것이다.

인간 소망인 무병장수란 무엇보다 위험한 화학 물질을 끊고 사료만으로 섭생하는 일일 것이다. 허나 이것도 입맛을 길들인 세대에게나 바랄 일인 것이다. 자식들에게도 화학 물질을 끊고 건강한 먹거리를 권하지만 그들도 이미 발암성 방사능 화학 물질에 오염된 듯 사료를 거부한다. 안타까울 뿐이다.

인간에게 진정으로 안전한 먹거리란 사료뿐이겠지만 그렇게 살 수 없다. 그렇다고 이걸 걱정하면 스트레스로 더 아플 것이다. 따라서 걱정일랑 잊고 즐겁게 좋아하는 맛있는 음식을 먹다 가는 수밖에 없다는 결론에 이르렀다.

인간은 오염되었다. 그러니 인정하고 쓸데없는 사료에 대한 미련을 깨끗이 포기하자. 개고기를 먹건, 염소 고기를 먹건, 자라나 두꺼비를 먹건 이미 모두 오염된 것들이다. 정력만으로 쳐도 그런 보양식은 비아그라만 못하다. 그러니 건강을 위한답시고 이상한 것을 찾을수록 더 위험해진다. 원기 회복을 원한다면 차라리 맑은 우유에 시리얼 한 그릇 말아 먹는 게 더 좋으리라. 슬프지만 인간에게 주어진 현실은 건강백년이 아닌 골골이 백 년이다.

금수저 블루스

"전주 이씨"입니다 하면 "왕족이네요" 하며 답이 돌아온다. 이에 "노비로 지내시던 고조할아버지께서 비싸게 구매하신 겁니다."라고 응수하면 상대는 당황한 듯 "아! 네." 하며 화제를 다른 곳으로 돌린다. 진실은 언제나 외로운 법이다.

금수저니 흙수저니 하는 계급론이 유행이다. 그리고 우리나라 인구 반 이상이 짱짱한 금수저 족보인 김, 이, 박이다. 비록 지금은 남루한 흙수저라도 원래 비까번쩍하던 금수저였다는 은연의 과시다. 진짜 그럴까? 순진한 건지, 순진한 척을 하는지 모를 일이다.

조선이라는 곳은 "전하! 통촉하시옵소서."를 외치던 충신과 남편의 뜻을 기리며 수절하는 청상과부, 그리고 부모에 대한 사랑으로 중무장한 효자들이 득실거리던 '옳고 곧은' 순진한 세상이 아니었다. 열녀가 필요하면 열녀를, 효자가 필요하면 아들의 다리 살을 잘라내서라도 효자를 만들어 내던 가혹한 곳이었다. 충신이라고 다를 건 없었다. 그러니 순수함의 고향이라기보다는 차라리 온갖 이상한 꼼수가 만연하던 북한 같은 통제 사회로 보는 게 더 정확하다. 그저 비극적인 드라마로 막을 내린 조선왕조의 결말을 짠하다고 모두가 덩달아 동정할 뿐이다.

조선 말기는 지금보다 더 정치권력과 재벌의 횡포가 심했다. 국민의 40% 이상이 금수저 은수저 가문에 딸린 재산으로 매일 노동에 시달리던 사노비私奴婢였다. 다른 10%는 관청에 속한 관노官奴였고 나머지 30% 정도가 겨우 상놈, 즉 상민常民이었다. 물론 여기에 천민賤民도 들어간다. 한 마디로 전 국민의 80%가 성씨 따위는 갖지 못했었다는 말이다. 나머지 20%에서도 전문가 집단인 중인을 제외하면 김, 이, 박 같이 폼 나는 성씨를 지닌 금수저 양반은 10% 언저리였다.

어느 연구에 따르면, 신라부터 조선까지 대부분의 주요 관직에 오른 관료는 50여 가문 출신이라고 한다. 그렇다. 바로 이 가문에서도 종가에 해당해야 진짜 금수저다. 50여 가문이 지속적으로 지배했다 함은 부富를 성공적으로 자손에게 세속 했다는 것을 의미한다. UN 자료에도 나오듯 OECD에 속한 다른 나라는 자수성가가 강세라면, 우리는 그 반대의 상황이다. 1,000년 이상 이어 온 금수저만의 재산 증식과 절세의 노하우는 오늘날까지 전해진다.

소득의 양극화는 우리의 유구한 전통이라는 말이다. 그러니 "우리 것이 좋은 거여!"는 헛소리고 '신토불이身土不二'는 이 갈리는 족쇄다. 전통이라고 다 좋은 건 아니다. 우리에게 성씨 몰림이 생기는 까닭은 본래 가진 이름이 수치스럽고 가치 없어서다. 직업도 그렇다. 수없는 성씨와 직업을 대물림하는 일본은 자기의 이름과 직업이 가치가 있어서라할 수 있다.

다시 계산해 보자. 먼저, 지금까지 자신과 가문을 되돌아보라. 가문과 자신이 확실히 상위 10%에 속할 자신이 있는가? 내 경우 학교를 다닐 때 거의 언제나 하위 90%의 아랫목에 있었다. 내가 진짜 전주 이씨라면 그에 합당한 능력을 보이고 출중함이 드러나야 했을 것이다. 하지만 보여줄 게 없다! 초등과 중등, 고등과 대학에 이어 대학원 박사까지 공부로나 운동으로나 절대로 상위 10% 따위의 언저리에도 들지 못했다. 박사도 죽어서까지 배워야하는 '학생學生' 딱지를 떼려고 무리해서 받은 거다.

공부를 못해도 때리고, 돈 없어도 때리던 시절을 시종일관 몸으로 때웠다. 가문? 시골에서 상경해 서울 변두리로만 이사 다니며 살았다. 왕족이라면 당연히 귀티나 품격이 나야 한다. 하지만 백화점보다 시장이 좋고, 품격 넘치는 레스토랑보다는 길거리 꼬치나 떡볶이가 좋은 싸구려로 중무장한 싼마이다. 지금껏 귀티라는 말을 들어 본 적이 전혀 없다. 이러니, 진짜 전주 이씨일 리 만무하다.

누구는 부모 잘 만나 금수저 은수저 물고 주인집의 금지옥엽으로 태어나면서 바로 멋진 성과 이름을 갖는다. 그 집 하인은 평생 모진 고생을 하며 한 푼 두 푼 모은 돈을 주인집에 몽땅 바쳐서야 성을 산다. 겨우 살았는지 죽었는지도 모를 방계의 죽은 서자 아래 만들어 놓은 쪽 족보 한 장 움켜쥐게 된 것이다.

그런 족보를 사신 분이 이름 없는 하녀나 관기의 자식으로 태어나 평생 아버지를 아버지라 부르지 못하고 형을 형이라 부르지 못했을 수도 있다. 가슴에 남은 한을 평생 안고 살아오신 할아버지는 평생 모은 돈으로 그런 성씨를 사서 그런 이름이라도 이은 것이라 추측해 본다. 혹은 돈으로 면천免賤을 하여 자식들은 남의 집 하인으로 부끄럽게 살지 않게 해주셨을 것이다. 아니면, 비록 홀어미의 자식일지라도 이제는 성씨를 가졌으니 떳떳한 아비 노릇을 하라고 일렀으리라.

왕족이 아닌 짝퉁이라도 홀어머니, 고조할아버지께서 마련해 주신 성이 더 없이 소중하다. 탐관오리 왕후장상 조상보다 무지렁이라도 우리를 아껴 주신 부모님이 자랑스럽다. 그래서 전주 이씨보다는 이름도 남기시지도 못한 우리 할아버지 이씨라 더 내세우고 싶다.

　금수저의 풍요로움이 부러울 수 있다. 하지만 그보다는 흙수저만의 자부심 가득한 문화를 가꾸어 나가는 게 더 아름답다 하지 않을까 한다. 구매한 전주 이씨가 진짜보다 아름답다고 자랑스럽다고 느끼는 이유다.

혼밥이 싫다

잠은 한데 자도 밥은 함께 먹고 싶은 게 인지상정이란다. 도시락을 싸든, 급식을 받든 점심때가 되면 삼삼오오 모여 반찬을 나누며 한 상 가득 이야기꽃을 피운다. 사람의 일이란 대개 이렇듯 밥상머리에서 시작하는 것이리라.

식탁에서 떨어져 혼자 먹는 밥은 마치 같이하는 동료와 친지들의 삶에서 떨어진 느낌을 준다. 특히 같이 먹는 상황에서 혼자만 떨어져 있다면 비참하다. 그래서 그런지 나이가 들어갈수록 혼자 먹는 밥, '혼밥'이 더 싫다.

먹는 일에는 두 가지 즐거움이 있다. 먼저는 먹는 즐거움이다. 이는 동물이나 인간이나 공통으로 즐기는 일이다. 다음은 사람만이 갖는 함께하는 식탁의 즐거움이다. 이때 우리는 음식뿐 아니라 같이 식사를 하는 상대방과 맺는 다양한 상황을 즐긴다. 아마 인간 문명의 가장 찬란한 결실 중 하나가 함께하는 식탁일 것이다.

식탁에서 음식을 함께 나눌 때 우리는 음식을 먹는 자연적인 욕구를 넘어 함께 즐기며 향유하는 문화로 변모한다. 즉 식탁에선 음식으로 시작하여 대화로 끝이 난다. 날것이 요리의 과정을 거쳐 음식으로 변하듯, 먹는 행위가 대화와 소통으로 진화하여 인간적 삶을 만들어 낸다.

하지만 혼밥은 의외로 흔한 현실이고 역사적으로도 혼밥은 대세였다. 동물의 왕국에선 집단 사냥을 하는 사자나 하이에나의 경우를 제외하고는 대부분 혼자 숨어서 먹는다. 반면 섹스는 공개적이다. 인간과 반대인 듯 보인다. 사람은 식사를 공개적으로 하고 섹스는 비공개적으로 한다. 그래서인지 길거리에서 밥을 먹는 개를 봐도 아무렇지도 않지만 거사를 치르는 개들을 만나면 민망하다. 이건 인간의 관점일 뿐이다. 표범과 같은 동물의 입장에서 보자면 인간처럼 공개적으로 밥을 먹는 동물을 만나면 민망해할지도 모른다.

공개적인 식사도 나라와 문화에 따라 차이가 난다. 큰 식탁에 모여 같이 밥을 먹는 경우와 좌식으로 자그마한 개다리소반에 각상各床을 받는 일이 그것이다. 대체로 서양이나 중국에서는 테이블이나 원탁에 둘러앉아 같이 먹는 관습이 있다. 반면 우리나라나 일본에서는 대부분 같이 모여도 개다리소반에 각상을 받아서는 말도 없이 먹었다. 우리나라와 일본에서는 심지어 가족 안에서조차 아버지와 가족 사이에 겸상兼床은 드물었다.

일본이나 우리가 혼밥을 하는 것은 좌식 문화의 영향도 있겠지만 계급적인 요소가 더 강한 영향을 준 것이 아닌가 한다. 한국이나 일본에서는 심지어는 가족 안에서조차 계급이 단단하게 자리하고 있었다. 부부간, 부자간, 동급생 간에도 계급이 있었기에 각상을 받았다는 말이다. 당연히 상에 올라가는 반찬의 가짓수도 다를 수밖에 없었다.

특히 계급이 높은 사람의 각상이 뚜렷했다. 양반이 따로 밥을 먹는 건 소통과 대화보다는 계급적 우위가 먼저라는 증표다. 우리네 식사의 특징으로는 식탁에서의 대화가 금지되었다는 점이다. 서양 역시 식탁에서 대화를 하는 전통은 그리 흔하지 않았다. 혼자 밥상을 받는다는 건 대화 금지와 다름없다. 달리 보자면, 대화를 할 수 없다면 혼자 밥 먹는 것과 차이가 없다. '우리 것이 좋은 것'이라지만 이런 현상을 만나면 전통이라고 다 좋은 것은 아님을 알 수 있다.

음식을 먹으면서 말을 하는 건 사실 밥상이라기보다는 술상에서 생기는 일이다. 술상에서도 계급은 살아 있다. 계급이 다른 사람들끼리 함께 술상을 하면 마이크는 높은 사람이 쥔다. 여기서 이루어지는 건 대화라기보다는 대체로 훈시를 빙자한 독백이다. 반면 같은 위계의 친구가 모이면 오고가는 대화가 생긴다. 가족 간이라도 마찬가지다. 계급의식이 약해지면서 동등한 관계를 이루어야 식사에서 대화가 이루어진다. 어쨌건 식사를 같이한다거나 대화가 이루어지기 위해서는 계급이 없어야 한다는 것이다.

각상과 겸상이 지닌 이런 계급적인 모습을 보자면 인간이란 밥을 혼자 먹는 동물 같다. 달리 말해, 전통적인 양반 의식이나 계급의식으로 만들어진 각상 문화는 '통합의 식사'라기보다는 '분리의 식사'다. 한마디로 '인간의 문화'이기는 하지만 '인간적인 문화'는 아니라는 말이다. 계급이란 우리를 각상 받는 외톨이로 만든 야만적인 행위였던 것이다. 이로 보건데 우리의 민주화 투쟁은 바로 모여서 함께 식사하기 위해서일지도 모른다.

최근에 이르러 우리는 같이 모여 떠들며 먹기 시작했다. 서양식 입식 문화의 영향도 있지만 사회를 지탱하던 계급적 장벽이 약해졌기 때문이기도 하다. 역사적으로 처절한 투쟁의 결과라고 해야 할 것이다.

처음에는 다른 계급, 낯선 타인과 함께 밥을 먹는 일이 어색했다. 그러다 차츰 익숙해져 테이블의 즐거움을 알게 되었다. 특히 학교에서 점심은 즐거움이다. 학교 교육이 지향하는 바가 평등이기 때문이다. 따라서 식탁 문화가 정착하기 쉬웠다. 이리 보자면 학교의 효능 중 하나는 바로 소통을 만들어 내는 점심시간이었는지도 모른다.

하지만 아쉽게도 모두를 함께 아우르던 인간적인 식탁 문화도 끝나가는 듯싶다. 사회가 다시 혼밥을 피할 수 없게끔 흘러간다는 말이다. 원인은 다양하다. 같이 모여 밥 먹고 떠들 시간이 없거나, 경쟁이 너무 심하거나, 돈이 없어서일 때도 있다. 또 다른 원인으로 금수저니 흙수저니 하는 새로운 계급이 다시 등장한 것이다. 이런 얼치기 계급이 다시 대화와 소통을 막고 인간을 짐승 수준으로 끌어내리고 있는 것이 아닌가 한다.

비교적 평등하다는 학교에서조차 일짱과 빵셔틀이 있다. 그중 왕따는 같이 밥을 먹어서는 안 될 불가촉천민으로 취급된다. 왕따나 일짱 같은 새로운 계급 사회가 도래하면서 새로운 혼밥 문화가 생기기 시작하는 것이다. 이전에는 고귀한 양반이 각상을 받았지만 이제는 사고무친四顧無親 외톨이나 잘난 양아치가 혼밥이다.

새로운 계급이 자리 잡은 곳엔 슬프고도 야만스러운 혼밥만 있다. 야만이라 그런지 혼밥이 싫다.

맛집 건너뛰기

점심시간이면 박 터지게 달려가던 매점에 맛있어 보이던 빵이 많았다. '크림빵', '땅콩샌드위치', '꽈배기'…. 우리는 왁자지껄하게 먹고 마시며 우정을 키웠다. 여행의 즐거움에서도 먹거리가 차지하는 공간이 크다. 누군가는 여행을 일컬어 "장소를 옮겨 새 안주와 술을 먹고 마시는 일"이라고 했다고 한다.

외식 문화가 발달하면서 먹거리가 다양해졌고 좀 맛있다는 곳을 찾을라치면 방송과 블로그의 영향인지 맛집이라는 곳마다 인산인해를 이룬다. 하지만 입에 들어가는 대로 '넣는다면' 모르겠지만 사람들이 바글거리는 음식점에서는 음식을 제대로 '즐기기' 힘들다. 짜증이 터지는 대목이다.

노자老子는 "현란한 색은 눈을 멀게 하고, 요란한 음악은 귀를 멀게 하며, 자극적인 음식은 입을 마비시키기에 성인은 배를 위하고 눈을 위하지 않는다五色令人目盲, 五音令人耳聾, 五味令人口爽,…是以聖人爲腹不爲目"고 했다. 이 글을 읽을 때야 아무 생각 없이 "아! 그렇구나!" 했지만 조금

먹고 살다 보니 새삼 성인의 대단한 말씀으로 다가온다.

어릴 적 밥상머리에서 신문을 보시던 아버지는 밥 먹을 때 딴짓을 절대 금했다. 우리는 속으로 "자기는 신문 보면서!"를 외치지만 찍소리 못하고 조용히 밥그릇에 열중했다. 세상은 변하고 시절도 변하고 사람도 변했다. 이제는 밥상에서 떠드는 게 미덕이다.

그래도 맛집을 소개할 때 시끄럽고, 더럽고, 냄새 나는 식당이라고는 하지 않는다. 그저 밖에 줄을 선 사람들이 빨리 나가라는 듯 눈총을 주고, 여기저기서 큰 소리로 와자지껄하고, 옆에서 풍기는 진한 음식 냄새에 테이블도 지저분해야 '정겨운' 맛집이라 소개한다.

나는 유명 맛집에서 이리저리 눈치 보고 소음에 짜증내며 '드셨는지', '쳐 넣었는지' 모르게 배부른 돼지가 되기보다 근처에 파리 날리는 '맛없는 집'에서 '맛없게' 꼭꼭 씹으며 불만에 가득한 소크라테스가 되는 것이 더 낫다고 본다.

동물에서뿐 아니라 사람에게도 후각은 무척 중요하다. BBC 다큐멘터리에서 코를 막은 유명한 홍차 감별사에게 차를 주니 커피라고 답하는 놀라운 광경이 나온다. 맛에서 냄새가 차지하는 효과가 엄청나다는 점을 잘 보여 주는 실험이었다. 냄새의 특징 가운데 하나는 말로 표현하기 힘들다는 점이다. 그저 '좋다', '싫다'거나 '구역질' 같은 원초적인 단어를 떠올리는 경우가 많다. 또 어떤 냄새는 접했을 때의 추억을 불러오기도 한다.

보통 인간의 후각은 퇴화되었다고 하지만 눈과 그 기능을 나눈 것이지 퇴화는 아닌 듯하다. 우리가 개도 아닌데 멀리서 보고 알 수 있는 일에 코를 킁킁거릴 필요는 없는 것이다. 하지만 결정적인 순간에는 역시 코를 박고 판단해야 한다. 코가 얼굴 한가운데 있는 것은 겉보기나 미용상의 이유만은 아니라는 것이다.

예를 들어 보자면, 10대 남자는 예쁜 여자를 좋아하고 20대 남자도 예쁜 여자를 좋아하며 30대 남자는 당연히 예쁜 여자를 좋아한다. 40대, 50대는 물론이고 80대 남자에게 물어도 예쁜 여자가 좋다고 한다. '예쁜' 것을 골라내는 것은 시각이다. 하지만 사진이 아니라 직접 대하면 선택과 차이는 코가 만든다.

혹시 별로 예쁘거나 잘생기지도 않은데 자꾸 눈길이 가는 사람을 만난 적이 있다면 이해가 쉬울 것이다. 요즘 이성을 유혹한다는 페로몬 향수까지 등장했지만 향수로는 덮을 수 없는 냄새가 있다. 눈으로는 아닐지라도 괜스레 두근거리는 가슴과 온몸이 경직되며 배에 힘이 들어가는 느낌, 그리고 눈에 콩깍지를 씌우는 사랑의 열병도 바로 눈이 아니라 코에서 시작한다.

소리도 맛을 좌우하는 결정적인 요소다. 비 오는 날이면 막걸리에 파전이 그립고 아이에게 쉬를 뉘일 때면 우리는 "쉬~"라고 소리를 낸다. 영화관에서 파는 나초는 '바삭'한 소리를 낸다. 비 오는 소리는 파전 지지는 소리와 비슷하기에 먹고 싶은 것이고, 샤워할 때 물 떨어지는 소리는 '쉬~'와 비슷하기에 유사한 효과를 낳는다. 인간은 박쥐나 개보다 소리를 못 듣지만 리듬감에 민감하다는 특징을 지니기에 음악을 즐긴다. 즉 음식을 씹으며 만들어 내는 소리는 외부의 소리와 호응하면서 맛 자체가 바뀐다.

인간의 자랑인 시각은 어떠한가? 음식은 눈으로 먹는다고 할 정도로 시각은 음식의 맛에 결정적인 영향을 끼친다. 눈은 자기 맘대로 세상을 만들어 내고, 잘 속고, 과장도 심하지만 눈을 믿지 않으면 생활이 불가능하기에 우리는 눈을 믿는다. 눈이 아무리 뻥이 심할지라도 우리는 아름다운 색깔의 음식을 보는 것만으로 입에 침이 고인다.

맛은 혀가 느끼지만 우리가 느끼는 맛은 음식이 주는 향기, 색 그리고 소리가 협동하여 만들어 가는 것이다. 혀도 속이기 쉽지만 냄새나 빛 혹은 소리는 만들어 내기 더 쉽다. 즉 요즘 즐비한 맛집은 사실 맛으로 승부하는 곳이라기보다 와자지껄한 줄서기로 맛의 분위기만 잘 만들어 내는 곳이 대부분이다. 반대로 이런 냄새, 소리 그리고 색이 만드는 분위기를 만들지 못하면 맛없는 집이 되기도 한다.

노자가 요즘의 맛집에 가면 아마 이렇게 말했으리라. 옆에서 떠드는 소리와 음식점에 흐르는 멍청한 음악 그리고 주방 설거지 소리는 네 이빨에 부닥치는 소리를 바꾸고, 옆에서 풍기는 냄새는 네 입안에 퍼지는 향기를 막고, 현란한 조명은 눈으로 스며드는 군침을 교란한다. 눈과 귀를 어지럽히는 '저것'을 버리고 네 배 속에 들어올 '이것'에 주목하라!

언론의 장난과 대중의 호들갑으로 분위기만 만드는 맛집이 싫어진다면 맛집 옆에 있는 집에 가보라. 맛집 옆에서 아직까지 살아 있는 건 나름의 노하우가 있다는 증거다.

무엇보다 먼저 눈치 볼 필요 없이 조용히 내 음식만이 가지는 향기와 색, 음식이 입술에 닿는 느낌, 혀에 묻어나는 맛, 이빨에 닿는 소리까지 즐길 수 있다. 그러다 가끔은 불만에 가득 찬 소크라테스가 될 수도 있으니 이 어찌 좋지 아니한가?

序

국뽕 덕혜옹주

'국뽕'이란 비속어는 '국가'와 마약인 '히로뽕'의 합성어로 국가를 광적으로 찬양하는 행위나 행위자를 일컫는다. '국가와 민족', 오래전부터 불려온 노래. 수많은 정치 지도자가 이것으로 자리에 오르고, 수많은 스포츠 스타와 영화가 이로써 흥행과 성공을 거뒀다. 여기에는 히틀러가 있었고, 나치를 선전하는 영화 〈의지의 승리〉도 있었으며, 미군이 인마를 집단으로 학살한 뒤 어린아이나 강아지를 구하는 다수의 할리우드 영화가 있다.

우리에게도 국뽕은 넘쳐난다. 중·고등학교 때 단체 관람한 〈성웅 이순신〉을 비롯해 최초로 천만 관객을 동원한 〈태극기 휘날리며〉, 국뽕이기에 봐준 심형래 감독의 〈D-War〉, 뮤지컬 〈명성황후〉까지 열거하자면 한이 없다. 그중 많은 수가 쓰레기였다.

1970~1980년대는 국뽕의 시절이었다. 그때는 '돌격'을 외치는 이순신 장군 팔목에 시계가 있어도 꿋꿋이 감동 먹었어야 했다. 하지만 요즘은 거북선 뒤로 유조선이라도 보인다면 그냥 극장을 나온다. 애국심이

옅어졌다기보다는 애국심이 합리적 형태로 자리를 잡게 된 것이다. 말도 안되면서 감동을 강요할 수 없다는 말이다.

국뽕이 나쁜 게 아니다. 잘만 쓰면 국뽕만큼 재밌고 흥분되는 것도 드물다. 2002년 월드컵 때 국뽕은 정말 짜릿했다. 한일전의 피어오르는 '뽕'의 향기는 진정으로 황홀했다. 할리우드 국뽕의 경우 꼭 미국인이 아니라도 재미있다. 이야기가 치밀하고 풍부하며 역사적 사실에 부합할 뿐 아니라 재미도 있어야 국뽕도 뽕이다. 2002년 월드컵은 우리 팀이 멋진 경기를 보여 주었기에 뽕이었다는 말이다. 정정당당한 국뽕이기에 마지막에는 터키 팀을 응원하는 여유로운 모습도 즐거웠다.

하지만 국뽕이 재미없어질 때가 있다. 당연히 불합리해서 뽕맛이 안 날 때다. 이럴 땐 종종 짜증까지 난다. 말도 아닌 황당한 소리로 억지를 쓰거나 적극적으로 역사를 열렬히 왜곡하면서 애국이라는 빌미로 때우려 할 때다. 그렇다. 일본의 교과서 왜곡은 욕하면서 자신의 왜곡에는 마냥 열광한다면 별 설득력도 없을 뿐 아니라 재미도 없다. 미국의 아메리카주의를 매도하면서 자기의 국뽕은 당연하다고 여기면 수치스럽다. 재미도 없는 것에 태극기 한 장 달랑 걸어놓고 감동이나 숙연함을 낚는 시대는 지났다는 말이다. 그래서 태극기 집회가 별로다.

〈덕혜옹주〉라는 국뽕 영화가 있다. 사실의 덕혜옹주는 어릴 적부터 일본에서 공주 대접을 받으며 자라 한국말도 몰랐고, 한국인이라는 의식도 가져 보지 않았던 분이다. 조선의 마지막 임금인 순종純宗의 딸이라는 사실 외에 한국과 연결할 아무런 근거도 없는 재일동포도 못되는 사람이다. 그런데 영화는 그런 사람을 독립운동과 연결하려고 억지를 쓴다. 그러다 보니 왕의 딸로 태어났다는 사실 외엔 전부 판타지인 국수주의 소설일 수밖에 없다. 뭔가 아니다. 날조된 러시아의 공주 아나타시아와 유사하게 만들고 싶었는지는 모르지만 국뽕으로 만들기에 참으로 쪼들리는 그림이다. 그래도 실력 있는 감독이 재미있게 연출해서인지 국뽕이어서인지 500만을 동원했다.

암담하다! 대명천지에 그런 쓰레기를 아직까지 500만씩이나 본다는 사실만으로 암울하다. 아니 달리 말하자. 희망으로 보자. 엉터리 국뽕 〈D-War〉의 800만이 500만으로 줄은 거라고 생각하자. 기쁘다. 300만이나 줄었다. 심지어 할리우드 스타 리암 니슨과 이정재가 출현한 할리우드의 웰 메이드 전쟁 영화 〈인천상륙작전〉도 600만을 조금 넘었을 뿐이다. 세상은 이렇게 진화한다. 기쁘지 아니한가?

고무적이라고 생각하자. 이제는 아무리 국뽕이라도 재미없으면 가슴에 손을 얹지 않는다는 말이다. 영화 〈국제시장〉을 정점으로 서서히 애국 시장의 트렌드에 변화가 생긴 게 아닌가 한다. 그렇다. 이제는 〈국제시장〉이 애국이 아니라 애국이 '국제화'하는 것이다.

우리나라 오락 부문에서 부동의 1위는 정치이고 다음이 스포츠다. 여기에 국가주의를 넣으면 뽕맛은 진국으로 우러난다. 아직도 우파는 쌍팔년도식 '종북' 이슈로 흥행을 노리고 보수 야당은 '국민'을 내세워 관객을 동원한다. 스포츠야 당연히 한일전 그 자체가 뽕이니 이걸로 몰고 가야 흥행에 성공한다.

하지만 기억하라. 이제는 관객도 영화에서 보듯 진부한 국뽕이나 국뽕을 표방한 헛소리를 외면하기 시작했다. 스포츠도 무조건 일본을 이기는 게 아니라 정당한 게임에서 이기는 게 더 재미있다.

뽕도 진화한다. 전에는 순수 뽕만 추구했지만 요즘은 뽕을 조미료나 MSG와 유사하게 이용하기 시작했다. 예전처럼 무조건 뽕만 넣는다고 미치는 게 아니라 뽕조차 지겹고, 알레르기 반응으로 두드러기 돋는다는 사실을 깨닫기 시작한 것이다. 국뽕도 진화해야 한다는 말이다. 참신하고 재미있으며 고개가 끄덕여지는 이슈를 개발하여 뛰어난 연출력으로 포장하고는 뽕을 적절히 넣어야만 효과가 크다.

더 이상 태극기 한 장만 걸리면 숙연한 모습으로 가슴에 손 올리는 국뽕은 기대하지 마라. 애국도 재미있어야 감동한다. 강요된 억지 국뽕, 〈덕혜옹주〉 같은 헛소리 국뽕은 진정으로 호환, 마마보다 더 안 좋은 불량 동영상일 뿐이다.

이런 건 불법 다운로드조차 받기 싫다.

序

역겨운Creep 박 씨 가문

박근혜의 "내가 이러려고 대통령을 했나, 자괴감 들 정도로 괴롭기만 합니다"에 대한 완벽한 영어 번역이 영국 밴드 라디오헤드Radiohead의 노래 〈Creep〉의 가사에 있다. "나는 역겹고, 또라인데 여기서 뭔 지랄인가? 여기서 난 왕따다But I'm a creep, I'm a weirdo, What the hell am I doing here? I don't belong here."가 그것이다. 박근혜를 생각하면 참으로 적절한 가사다.

국제적인 영화배우 송강호는 〈변호인〉을 찍은 후 3년간 다른 영화에 출연할 수 없었다고 한다. 바로 박근혜와 비선실세에게 블랙리스트로 찍혀서다. 문체부 장관이 제작한 블랙리스트에는 문화 예술인이 무려 9,473명이나 된다. 문화 예술계를 주무른 차은택 본인도 CF 감독이면서 그런 몰상식한 짓을 저질렀다. 참으로 못생겼다.

박근혜가 역겨워 보이지만 부전여전이라 기실 박정희는 더 했다. 아니, 그는 정말이지 갈 데까지 갔다. 그는 이승만과도 비교할 수 없을 만큼 반문화적인 짐승이었다. 경제가 아니라 문화적으로 참을 수 없을 만큼 역겨운 자였다.

1950~1960년대는 검열이 적어 우리 영화와 음악계는 전성기를 맞는다. 박정희도 이승만의 개방형 문화 정책을 좇아 초기에는 크게 관여하지 않으려고 했다. 그러나 친일파 장교 태생에 피조차 유신색이라 어쩔 수 없었다. 그는 문화를 대하면 몸에서 저절로 두드러기가 돋는 야만이었다. 문화가 싫어 유신과 긴급 조치를 발의하며 본격적으로 문화를 탄압하기 시작한다.

들불처럼 번진 통기타 음악이 탄압의 제1차 대상이었다. 통기타라는 게 한 달 남짓 배우면 대충 코드 잡고 쉬운 노래는 반주가 가능하다. 어디서든 통기타 하나만 있으면 모여서 자신의 느낌을 노래하며 놀 수 있었다.

박정희 군사 정권은 젊은이들이 모여서 노래하며 노는 게 싫었다. 더러운 히피 문화의 영향이라며 통기타를 빼앗고 장발과 미니스커트 역시 퇴폐라고 단속한다. 신체와 의상 및 노래의 자유를 빼앗은 것이다. 이 모두 국가 안보를 저해하고 불신 풍조를 조장하는 행위이자, 통기타 포크 음악은 퇴폐적이고 저속한 노래라 했다. 이러고는 박정희 정권의 진면목은 바로 트로트라는 걸 반증이나 하듯 진짜 퇴폐인 뽕짝만 남긴다.

탄압의 아이콘은 김민기였다. 그의 노래를 들어 보자면 가사는 순박하고 노래는 진솔하다. 그냥 청년들의 내면적 고뇌를 담았을 뿐이다. 도무지 탄압당할 이유가 없었지만 허락 없는 고민이었기에 군사 정권은 진솔함을 반항이라 우겼다.

이때부터 김민기를 필두로 가수들은 고문을 당하고 노래는 금지됐다. 김추자의 〈거짓말이야〉는 불신 조장, 송창식의 〈왜 불러〉는 장발 단속,

배호의 〈0시 이별〉은 통행금지 위반, 신중현의 〈미인〉은 장기 집권 풍자라는 이유로 금지곡이 되어야 했다. 심지어 〈키다리 미스타 김〉은 키 작은 각하의 심기를 건드렸다고 금지한다. 이런 문화 정책을 편 박정희를 한마디로 평하면 야만적인 루저looser였다.

박정희가 금지곡 대신 제시한 건 '건전가요'였다. 박정희가 풍금을 연주하며 직접 작곡했다는 〈새마을노래〉는 일본의 요나누끼 장음계를 바탕으로 한 왜색 가요였다. 일제 때 이와 비슷한 노래가 수도 없이 많았다. 즉 〈새마을노래〉는 일본 유신維新을 베끼듯 일제 때 노래를 짜깁기한 것이었다. 퇴폐가 건강한 문화를 정신병원에 집어넣은 꼴이다.

건전가요는 찌질함과 역겨움의 극치였다. 1964년에 국민의 정신을 순화시키고, 안정된 마음을 길러낸다는 빌미로 시작했다. 그런데 그만 걸 누가 듣겠나? 판을 내봐야 아무도 들어 주지 않으니 1970년대부터는 모든 가수의 앨범에 강제로 한 곡씩 넣는다. 극악무도한 짓이다. 탄압하고 고문한 뒤 예술가의 피땀 어린 작품에 더러운 흔적까지 파서 남겼다. 무임승차다. 겁탈의 상흔이다. 1970~1980년대 우리 문화의 몸에 새겨진 노예의 낙인이다.

건전가요 가운데는 '불후의 명작'도 없다고 할 수 없다. 바로 신중현의 〈아름다운 강산〉이다. 각하 찬양 노래를 지으라는 강요를 받았지만 거부하고 국토 찬양으로 주제를 바꾸어 작곡했다. 만일 그가 강요에 못 이겨 〈아름다운 각하〉를 만들었으면 어찌 됐을까? 상상만으로 아찔하다. 이런 신중현의 노력은 탄압으로 보답 받았지만 우리 문화계로서는 청량한 한 모금의 맑은 물이었다.

'우리의 소원은 통일'이고 우리의 주적은 북한이어야 했다. 이렇게 배웠다. 하지만 이승만부터 전두환까지 독재 정권을 무너뜨린 건 주적인 북한이 아니라 학생과 시민이었다. 유신 정권은 북한을 경계하는 척하면서 사실은 국민을 경계했다. 국민의 창조와 창의도 싫어했다. 자기가 지시한 사항 이외에 자생적인 창조성은 허락하지 않았다. 그래서 통기타를 다 뺏고, 대마초를 빌미로 가수들의 공연을 대거 금지시키니 방송에는 트로트만 남았다. 왜색 문화로 가득한 곳이 바로 그들이 원하던 건전한 세상이었다는 말이다.

봄이 오면 꽃이 피고 꽃이 펴야 열매가 열린다. 문화 예술은 꽃이고 사회적 생산은 열매다. 정치가도 연예인이나 마찬가지로 인기를 먹고 산다. 그래서 자기도 꽃이며 열매이고 싶어 한다. 하지만 자기만 꽃이고 자기만 열매라고 하며 다른 꽃을 다 죽이는 건 역겨운 억지다.

예술계를 탄압한 박근혜와 그 일당이 바로 그들이다. 물론 박정희는 독선과 문화 박멸 분야의 최강자였다. 그의 치적이라는 경제 발전이라는 열매도 실은 건전가요를 만들어 예술가들을 겁탈하듯 노동자의 결실을 조작해 낸 것일지도 모른다.

블랙리스트나 만들며 진정한 창조를 혐오하던 박근혜 정권은 엉뚱하게도 '창조'를 노래했다. 그 진실은 무엇이었을까? 답은 박정희가 권장했다는 왜색 건전가요에 있다고 보아도 과언은 아닐 것이다. 그렇게 박근혜는 유신의 문화 정책을 '순실'로 채우고 진정한 문화나 창작은 겁탈하고 사유화하고 싶어 한 것이다.

몸에서 우러나는 느낌에서 창조가 시작한다. 그러니 정권이 아무리 막아도 넘쳐나는 몸에서 이는 창작의 의욕은 절대 꺾을 수 없는 것이다. 막으면 다른 부분으로 나타날 수밖에 없다. 바로 촛불 같은 것으로 말이다.

브릿팝 형님들

지는 해, 아니 저문 해라는 영국이 한창일 때 영국의 대중음악을 통칭해서 브릿팝Brit-pop이라고 했다. '영국의 침략British Invasion'이라는 별명의 영국 록큰롤은 비틀즈The Beatles와 롤링 스톤즈The Rolling Stones를 필두로 1960년대와 1970년대를 풍미했다. 이에 그치지 않고 1980년대 데이빗 보위David Bowie와 퀸Queen과 딥 퍼플Deep Purple이 그 자리를 대신하였고 1990년대를 넘어서는 U2를 필두로 오아시스Oasis나 라디오헤드Radiohead, 콜드플레이ColdPlay 등이 차트를 석권했다. 완전히 다 져버린 것은 아니라는 말이다.

일본과 동남아 시장에 드라마, 영화, 보이밴드 등으로 시작한 한류는 걸그룹까지 석권하며 꽃을 피웠고, 결정적으로는 싸이라는 걸출한 월드 클래스의 아티스트를 배출한다. 한류에 힘입어 우리도 '신발 공장'이라는 별명으로 방직품 하청이나 받던 나라에서 문화 강국으로 거듭나고 있다. 고무적인 현상이 아닐 수 없다.

2016년 가을 미국의 캘리포니아의 사막 인디오 코첼라Coachella에서 새로운 록페스티벌이 '사막 여행Desert Trip'이라는 이름으로 열렸다. 원래 4월에 개최했던 코첼라 페스티벌은 세계 3대 음악 축제이기도 한데, 이번에는 10월 7~9일에 색다른 기획을 선보였다. 20세기를 대표하는 아티스트를 한 장소에 모으는 대단한 공연이었다.

등장하는 아티스트도 대단했다. 믿을 수 없는 라인업이다. 밥 딜런Bob Dylan, 롤링 스톤즈The Rolling Stones, 닐 영Neil Young, 비틀즈의 폴 매카트니Paul Mcartney, 더 후The Who, 로저 워터스Roger Waters 등 총 여섯 가수와 밴드가 출연했다.

속내를 아는 사람이 보기에는 벌어진 입을 다물 수 없이 대단한 가수들이다. 반전反戰 포크 가수의 대부 밥 딜런, 50여 년을 한결같이 히트곡을 만들어 온 롤링 스톤즈, 천재 포크록 가수 닐 영, 비틀즈의 간판 폴 매카트니, 뮤지컬 토미의 주인공인 더 후 그리고 70년대 프로그레시브 음악의 최고봉인 핑크 플로이드의 로저 워터스다. 1960년대와 1970년대 아니 1980년대까지 세계를 석권했던 이들이다. 평균 활동 경력이 50년이고 나이는 70대이다.

이들이 부르는 노래 대부분은 영어권에서는 모두가 따라 부를 수 있을 정도로 유명한 노래다. 하지만 정작 히트한 시대로 보자면 즐길 수 있는 연령은 50대 이상이다. 한마디로 돈 많은 50~70대 파티다. 관객 대부분이 성공한 장년 백인이다. 돈 많은 이를 위한 슈퍼 콘서트라 티켓값도 비싸다. 옆에 앉은 60대 노인들이 히피 복장으로 꽃단장하고 마리화나를 피우며 춤을 추고 논다. 졸업 후 30년이 지나, 다녔던 고등학교나 대학 캠퍼스를 다시 찾듯 이제 40~50년이 지나 1969년 뉴욕 근처 우드스탁Woodstock에서 열렸던 우드스탁 페스티벌이 캘리포니아에 재현된 것이다. 세계 각지에서 모인 중장년 관객들은 아마 지금 세계의 경제와 정치를 쥐락펴락하는 실세들일 것이다.

10만 이상의 관객이 캘리포니아 사막에 호텔을 잡고 3일간 콘서트에 참가한다. 그저 70~80대만이 아니라 아직까지도 가장 왕성하게 소비할 수 있는 세대를 대상으로 한 황금 알을 낳는 문화 콘텐츠 시장이다. 아니, '시장' 같은 말은 어울리지 않으니 달리 말하자. 이들은 은퇴한 영감 할배를 3일간 즐겁게 해줄 수 있는 문화 콘텐츠를 아직도 비싼 값에 팔고 있는 것이다.

그런데 보라. 6명의 대표적인 가수 중 밥 딜런은 미국이고 닐 영은 캐나다 출신이다. 나머지는 다 영국 보이밴드 출신이다. 중심이 되는 대규모 공연이 영국 밴드가 만들어 낸 브릿팝 중심으로 짜여 있다. 한 마디로 브릿팝 페스티벌이 미국에서 열린 것이다. 영국의 공습British Invasion이 50년을 이어 왔다고 과시하는 것 같다.

이 공연을 보면서 뜨는 해 한류의 앞날을 생각해 본다. 그때, 50년 후가 되면 한류 밴드의 중심이었던 '소녀시대'나 'god'는 어디에 있을까? 그들 소녀시대, f(x), 트와이스 등은 계속적인 히트곡을 만들어 내며 50년 후에 그런 페스티벌에서 춤추고 노래할 수 있을까? 지는 해라고 하는 영국은 아직도 새로운 밴드가 나오고 라디오헤드나 뮤즈Muse 같은 중년 밴드까지 지속적으로 왕성한 활동을 하고 있는데 한류의 그토록 빛나던 별들도 그렇게 할 수 있을까를 생각해 본다. 양희은, 송창식 등을 모아서 이걸 할 수 있을까도 생각해 보았다.

핑크 플로이드의 공연을 끝으로 대단원의 막을 내린 페스티벌을 뒤로 하며 30년 후 라디오헤드나 오아시스와 함께 공연할 왕년의 한류 가수는 누구일까 상상해 보았다.

* 이 공연 일주일 후에 밥 딜런이 2016년 노벨 문학상 수상자로 선정된다.

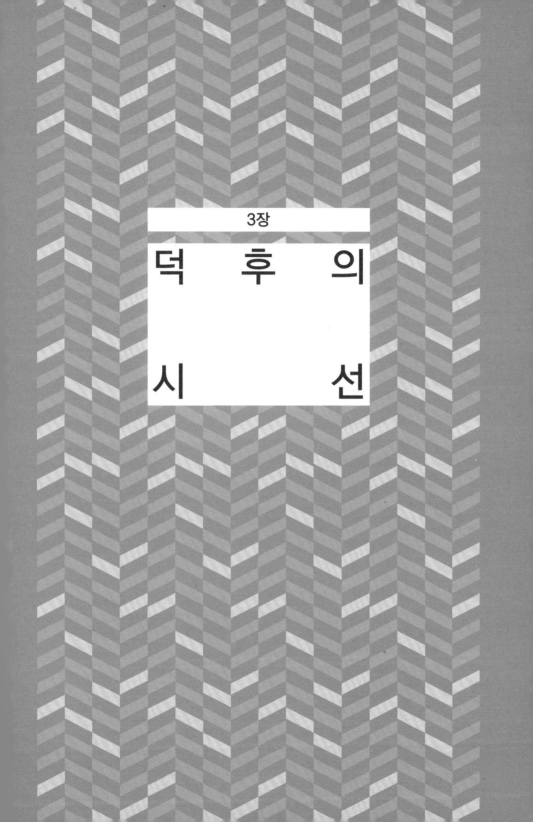

3장

덕 후 의

시 선

序

박정희의 시바스리갈Chivas Regal

사람은 자기만의 자의식을 표현하는 물건을 고집하는 경향이 있다. 특히 남자에게 몸에 지니는 시계, 반지, 넥타이핀이나 허리띠 같은 것은 그 사람의 자의식을 만들어 내고 마음의 고향으로 데려가기도 한다. 그래서 남자의 자의식은 바로 남자의 물건이기도 하다. 이런 걸 더 밀고 나가 편집적으로 파고드는 자가 바로 덕후다.

박정희 전 대통령하면 먼저 떠오르는 물건이 있다. 값싼 위스키 시바스리갈Chivas Regal과 낡은 세이코Seiko 시계가 그것이다. 연관이 없어 보이는 두 물건은 사실 상당히 밀접한 관계를 지닐 수 있다. 덕후의 관점에서 두 물건을 분석해 보면 박정희 전 대통령이라는 공인公人이 아닌 박정희라는 개인個人의 자의식을 엿볼 수 있다. 그저 박정희를 막연히 '근대화의 주역'이나 '독재자' 또는 '숭배하는 신'이 아닌 '남자 인간' 박정희가 지닌 다른 무엇인가를 알 수 있다는 말이다.

영국 케임브리지대학교의 저명한 경제학 교수 장준하는 이 위스키를 두고 "도대체 세계 어느 나라에서 종신 독재자가 시바스리갈을 마십

니까?"라고 서두를 떼며 "박정희가 암살당할 때 마셨다고 해서 유명해져 엄청나게 좋은 술인 줄 알았는데, 영국에 가 보니 가장 싼 술이더라"고 논평하였다. 계속해서 그는 "박정희 대통령은 자신부터 솔선수범해 가면서 부유층들로 하여금 외제와 사치품을 쓰지 못하도록 했다고 생각한다"고 말한다. 하지만 이는 장준하가 정부가 주도하는 계획 경제에 관심을 두고 있으며, 단지 이 관점으로 박정희를 보았기에 생긴 오해다. 한마디로 장준하는 술 전문가가 아니란 말이다.

먼저 이 술과 관련된 사실을 확인해 보자. 당시 궁정동에서 마신 술은 장준하가 지적한 값싼 12년산 시바스리갈이 아니라 상당히 비싼 21년산 로얄 살루트Royal Salute였다는 설이 있다. 지금은 달라졌지만 예전에 시바스리갈은 18년산부터 이름을 로얄 살루트로 바꾸어 고급품으로 출시했다. 마치 현대자동차의 고급차 라인을 따로 제네시스라 하는 것과 유사했다.

박정희가 마신 술은 결코 싼 술이 아니었다. 21년산 고급 위스키였다는 말이다. 로얄 살루트는 유리병인 시바스리갈과 달리 차별화를 위해 고급스러운 초록색 도자기 병을 사용하는 게 특징이다. 즉 로얄 살루트에 대한 장준하의 평가는 착각이었다.

그렇다고 로얄 살루트를 그리 대단한 고급 위스키라 하기도 어렵다. 위스키 콜렉터가 보기에 더 좋은 고급 위스키가 수두룩한데 하필이면 왜 로얄 살루트인지가 의아하다는 말이다. 이건 박정희의 취향이라는 말 밖에는 답이 안 나온다. 그 위스키가 부유층의 사치와 상관없는 박정희만의 취향이었다는 뜻이다. 경제적이라는 이유보다는 그만의 입맛이 그렇게 만들어 졌다는 것이다. 그와 시바스리갈에는 뭔가 깊은 인연이 있었으리라고 추측해 봐야 할 대목이다. 덕후라서 이런 의문을 가지고 추적해 보았다.

먼저, 70년대 당시 가장 유행하던 조니 워커Johnnie Walker를 놔두고 왜 시바스리갈이었고, 왜 로얄 살루트였던가 하고 물을 필요가 있다. 인간이 맛과 향을 느끼는 감각은 보수적이다. 그리고 맛과 향은 종종 우리를 딴 세상, 처음 그 맛과 향을 느낀 곳으로 데려가곤 한다. 그런 면에서 박정희와 시바스리갈을 연결할 수 있는 다리가 있다. 이 장소가 바로 만주의 일본군이라고 추측해 본다.

시바스리갈은 초창기 발매 이후 뉴욕에서 크게 인기를 누렸다. 심지어 1930년대 미국의 금주법 이후에도 여전히 인기 있었다. 이런 인기를 타고 이후 일본에도 수입돼 많은 사랑을 받는다. 특유의 알싸한 느낌과 저렴한 가격으로 일본군 장성과 고급 장교의 술로 각광받았다. 그렇게 시바스리갈은 일본군 고급 장교를 상징하던 오브제로 자리 매김한다. 박정희가 시바스리갈로 바란 건 바로 이 시점 이 장소로 돌아가는 것이라고 추측해 볼 수 있다.

하급 장교 박정희는 아마도 추운 만주벌판 PX에서 고급 장교가 어렵게 구한 시바스리갈을 옆에서 한 모금 마셔 보았을 것이다. 당시 그 술은 성은을 입으면 한 모금 받을 수 있는 술이었을 것이다. 그러니 그에게 시바스리갈은 고급 장교에 대한 동경이었고, 급이 다른 고급 술 로얄 살루트는 장성將星을 희망하는 장교의 꿈이었을 것이다.

그렇게 박정희에게 시바스리갈은 검소함이라기보다는 일본 장교로서의 자의식이자 환상이었다고 할 수 있다. 마치 우리나라 군대 PX에서 판매하던 '베리나인 골드'나 '스카치블루'를 제대 후에도 종종 즐겨 찾는 것과 다를 바 없는 일이 바로 박정희의 시바스리갈이라고 추측해 볼 수 있다.

박정희 하면 유명한 술이 또 하나 있다. 그가 선생님이었을 적에 기린 맥주에 막걸리를 탄 폭탄주에 감동하였다고 한다. 이게 그의 서민친화의 상징이었다면 시바스리갈은 일본 장교라는 권력과 출세와 닿아있는 듯하다. 이 두 술로 박정희의 두 얼굴이 드러난다.

입맛이란 그렇다. 종종 우리를 추억 속, 마음의 고향으로 데려가기도 하고 자의식을 만들어 주기도 한다. 그 역시 기린맥주나 시바스리갈을 통해 아련하게 그 시절 그 공간의 향기를 다시 맛보았을지도 모르는 일이다.

박정희는 즐겨 차던 오래된 세이코 시계에 크게 애착을 가졌었다고 한다. 5·16 이전부터 차던 아주 오래된 기계식 시계로서 시계가 고장이 나면 수리하여 다시 사용했을 정도라 한다. 이 시계 역시 그의 검소한 생활의 증거로 대표적인 찬양의 대상이다. 하지만 이도 시바스리갈과 유사한 맥락을 갖는다고 볼 수 있다. 그저 그가 검소하기에 차는 단순히 오래된 고물 시계라고 보기에는 다른 검소한 시계가 너무 많다. 검소로 따지자면 당시 청와대에서 주는 기념시계를 차고 다녀도 다를 바 없다. 꼭 고물 세이코일 필요는 없다는 말이다.

그의 위치라면 다른 좋은 시계도 많이 찰 수 있었다. 하지만 그가 고집했다는 건 그에게 개인적으로 특별한 의미를 지녔다는 뜻이다. 즉 이 시계가 그에게 주는 정서적 가치는 여타 시계가 품고 있는 의미와는 하늘과 땅 차이라는 말이다. 그런데 그 고물 기계식 시계는 그냥 시계가 아닌 세이코였다.

세이코는 절대 싼 시계가 아니라는 것을 시계 수집가라면 다 안다. 세이코는 60년대 당시 국교가 단절되었던 일본을 대표하는 고급 시계였다. 다른 더 중요한 맥락이 있다. 장교가 된 독일군이나 영국군, 미군에게는 시계가 지급된다. 일본군 역시 장교에게 시계를 제공하였다.

　이 정도 말했으면 예상하였을 것이다. 군수 보급품이 바로 세이코였다. 육군이나 해군과 공군에 지급되었던 시계 가운데 몇 종은 지금도 수집 가치가 높아 가격도 무척 비싸다. 박정희가 차고 있던 세이코에 대해서는 자세한 설명이 달려있지 않지만 신문에 나온 생김새만 보자면 영락없이 일본 육군 시계와 유사하다. 그의 세이코는 결혼 예물이었을 수도 있지만 일본군이라는 맥락에서 추측해 볼 가능성도 있다. 즉 박정희라는 개인의 자의식을 만드는 소품인 시계 세이코 역시 일본군과 연관이 깊을 가능성이 높다는 말이다.

　그 외에 오래된 허리띠나 금박이 벗겨진 넥타이핀도 그의 소박함을 증명하는 물건이라고 한다. 참으로 각박하고 상징을 이해하지 못하는 무식한 견해다. 남자들은 흔히 출신 학교나 군대 마크가 새겨진 허리띠나 타이핀을 고집한다. 돈이 없어 보석 박힌 타이핀을 못 사는 게 아니고 돈이 없어 듀퐁 라이터가 아닌 냄새나는 지포를 가지고 다니는 게 아니다. 부대 마크가 박힌 지포에는 비싼 명품 듀퐁보다 더 큰 심정적 가치와 의미가 있어서다. 이런 것들이 바로 자의식을 만들어 주는 것이라서 그렇다. 술이나 시계와 마찬가지로 오래된 허리띠 또한 개인적인 의미를 지닌 것으로 봐야 마땅하다.

　몸에 지니던 물건을 통해 박정희 전 대통령의 근검절약 정신만 말하고 찬양하는 건 너무나 틀에 박힌 일차원적인 판단이다. 대신 애용하던 물건을 통해 박정희가 지니는 인간적인 의미, 자아를 생성해 가던 청년 시기의 박정희의 마음을 지배했던 여러 요인과 사상을 알아보는 게 더 문화적이고 덕후적이다.

　박정희 역시 단순히 무자비한 독재자나 완전무결한 신이 아닌 일제의 지배 아래에서 자라나며 영욕의 세월을 통해 자신을 만들어 온 풍화된 한 권의 책이다. 우리는 그동안 그저 무턱대고 그를 숭배하거나 매도 하였지 그를 텍스트로 읽지는 않았다. 그 책에 묻은 얼룩, 찢어진 페이지를 통해 그가 건너온 세월의 의미를 짐작할 수 있다. 그의 물건은 텍스트이고 이를 통해 지금껏 알려지지 않았던 그의 생각과 감정 및 자의식을 읽을 수도 있을 것이다.

우리는 이제 비로소 그를 벗기 시작했다. 벗어나야 보인다고 했던가? 이제는 그를 둘러싼 텍스트를 틀에 박힌 자세가 아닌 보다 열린 덕후의 눈으로 찬찬히 읽어볼 필요가 있다고 생각한다.

난 아직 지구가 좋다

온난화의 영향으로 해수면이 상승하고 환경오염은 더 극심해져서 이제 우리나라도 아열대에 속한다고 한다. 이 모두 우리 인간이 초래한 재앙이란다. 위기가 닥친다고 한다. 우리야 이미 다 살았기에 죽을 때만 기다리지만 정작 걱정은 자녀들이다. 이에 대해 덕후의 소감을 말해 본다.

몇 년 전 어느 날, 아들은 초등학생이 참가하는 우주 캠프를 다녀와서는 소위 우주 식량이라는 것을 사왔다. 애들이 좋아할 만한 말린 딸기 같은 식품이었다. 쌉쌀한 딸기가 바삭하게 씹히니 재미있었나보다. 캠프가 어땠냐고 묻는 내게 아들은 말린 과일 조각을 내밀며 묻는다.

"아빠도 우주에 가고 싶지?"

그러나 준비된 타락하고 퇴폐적인 현실주의자인 아빠는 자상한 미소를 머금으며 이렇게 답했다.

"그래, 우리 아들은 우주에 가고 싶구나! 아빠는 나이가 좀 있어서 힘들 것 같으니까 너는 '말린' 딸기, '말린' 사과, 무엇이든 말린 것 먹으며 넓은 우주로 나가렴! 아빠는 친구들과 국물 넘치는 '부대찌개'를 보글 보글 끓이며 '라면 사리'를 하나 넣고는 소주를 곁들여 먹고 마시며 아들의 무사귀환을 빌게!" "우리 아들은 우주에서 신나게 지내렴. '마른 과일'이나 '누룽지' 씹으면서."

이런 평을 듣자 아들의 얼굴이 일그러지며 머뭇거리더니 과감하게 우주를 포기한다고 고백한다. 아들이 가장 좋아하는 음식이 '부대찌개' 라는 것을 파고든 아빠의 전략이 먹힌 것이다.

10년이 흐르고, 화성에서 감자를 심어 감자만 먹고 생존한다는 〈마션Martian〉이라는 영화가 유행했다. 나이 터울이 있던 둘째도 역시나 우주 캠프를 다녀오고 영화도 보았다. 화성을 가고 싶다는 아들의 말에 이번에 아빠는 감자 드립을 날렸다.

"너는 화성에 태극기를 꽂고 아침 점심 저녁으로 화성의 토양에서 땀 흘려 수확한 방사능 감자를 한 일 년 맛있게 먹으려무나. 나는 돌판에 삼겹살이나 구우며 소주 한 잔으로 너의 건강과 무사귀환을 기원할게!"

이런 아빠의 고춧가루 뿌리기에 작은놈의 반응은 큰놈과 그리도 판박이였다.

나쁜 아빠다. 자라나는 아동의 우주를 향한 부푼 꿈을 키워주지는 못할망정 의도적으로 고춧가루를 뿌린다. 하지만 이제는 아니다. 아빠도 회개를 하고 새 시대의 새 우주인이 되기로 결심한다.

보통 공상과학Si-Fi 영화를 보면 이미 지구는 엉망이다. 원래 공상과학 영화란 대체로 폐허가 된 지구에 멸종에 가까운 비참한 삶을 영위하는 인간을 기본으로 상정한다. 따라서 공상과학 영화란 대부분 디스토피아를 말하는 것이다. 새 식민지 화성으로 이주를 할 수밖에 없을 정도로 오염된 지구는 더 이상 인간이 살아가기 힘든 곳이다. 대부분의 공상과학 영화란 그렇게 무너진 미래를 이야기한다.

지구 온난화 주장도 공상과학 영화나 매한가지다. 온난화로 북극 빙하가 녹아 해수면이 상승하고 사막화할지도 모르니 탄소 연료를 줄여야 한다고 주장한다. 얼음이 녹으면 수면이 낮아진다는 기본적인 과학 상식도 갖추지 못한 억지다. 전기 차가 답이다, 유로6 클린 디젤이다 하며 호들갑을 떨다가 끝내 자동차 값을 올린다.

지구 온난화의 담론을 따라가다 보면 세상은 뭔가 이전과는 다른 분위기로 흐르는 듯싶다. 세계 각국은 마치 열심히 과일을 말리고 화성에서 감자를 키울 준비에 여념이 없는 듯 보인다. 모두들 기어코 지구를 버리고 화성으로 이주할 태세다. 이런데도 서울에 살면서 산소마스크를 쓰지 않는 나는 도대체 뭐하는 인간인가를 종종 고민할 수밖에 없다.

다른 한쪽에서는, 생전 가본 적도 만나본 적도 없는 북극에 사는 백곰의 복지 걱정에 여념이 없다. 백곰을 죽인 건 온난화가 아니라 사냥이었다는 사실은 꺼내지도 않는다. 사냥 금지 이후 백곰의 숫자가 2배로 늘었다는 사실과는 상관없이 환경 단체는 빙산이 녹아 서식지가 줄어 백곰이 멸종할 것이라고 징징거린다.

혹자는 아침 일찍 일어나지도 않고 출근 도장도 안 찍고 땀 흘려 일 안하며, 의료보험이나 연금도 안 붓는 백곰의 노후를 걱정해야 양심적이고 도덕적인 사람이라고 주장한다. 마치 모든 잘못은 화석 연료를 사용한 인간 탓이라고 질책하며 우리의 양심을 마구 후벼 판다. 숨을 내쉴 때 이산화탄소를 뿜는 일조차 양심 없는 행위로 느껴질 지경이다. 심지어는 식용으로 목축하는 소, 돼지 그리고 닭의 복지까지 들먹이며 고기를 구워 먹은 사람의 죄를 묻는다. 그러면서 소들이 내뿜는 트림과 방구에 대한 비난을 잊지 않는다. 이제는 대단한 삼겹살 〈옥자〉라는 영화까지 나와 돼지의 복지까지 신경을 써야 할 판이다. 하지만 내 삼겹살은 양보할 맘이 없다!

현재 대부분의 인간들은 야생 동물보다 못한 생활을 하고 있다. 사람들은 밀림을 누비고 설원을 가르는 자유도 없이 비좁은 공간에서 극심한 스트레스를 받으며 일해 겨우 자기 식구를 먹여 살리려고 아등 바등한다.

서식 환경도 극악하다. 사육을 위한 동물을 제외한 어느 자연 속 야생 척추동물도 사람처럼 층층이 쌓아올린 벌집에 살지 않는다. 군대의 평상침대가 소, 돼지 농장과 크기 면에서 얼마나 다를까는 묻지도 않으면서 나라에 대한 충성만 노래한다. 질적으로 보자면 먹거리도 고양이 사료만 못하다. 인간의 삶에 대한 관심도 마찬가지다.

그런데도 동물애호가나 환경론자들은 생존을 위한 서민들의 몸부림을 이기심이라고 매도한다. 동물들에게는 허리띠를 조르라고 하지 않으면서 우리에게는 허리띠를 졸라매고 주머니를 털어 동물 복지에 신경을 쓰라고 한다. 내 눈에는 동물 복지를 외치는 이들이나 일부 환경주의자들의 주장이 그저 자기들의 복지를 위한 호소로 들린다. 온난화주의자들의 주장은 새로운 연료를 사용하는 자동차를 사라는 말로 들린다는 말이다. 하여간, 이럴 때는 말하면 알아들어야 하는 인간이 말 못하는 짐승보다 더 불쌍하다.

아들에게 부대찌개 드립을 치고 삼겹살 타령을 할 때는 그저 우릴 키워 준 이 하늘과 이 땅이 내가 좋아하듯 나를 좋아할 것이라고 믿었다. 우주를 가고 싶다는 아들이 나처럼 이 하늘과 이 땅 안에서 함께 즐기기를 바랐다. 하지만 이제는 아니라는 생각이 강하게 다가온다. 모두가 입을 모아 지구는 인간을 싫어한다고 말한다. 인간은 지구로 보자면 바이러스에 해당한다는 것이다. 지구에서 인간으로 살아간다는 일이 건강한 양심을 가진 사람으로 할 짓이 아니란다.

왜 공상과학 영화나 소설에서 그토록 지구를 떠나라고 하는지 알겠다. 이제는 알았으니 고개를 숙이고 지구를 떠나 주는 게 마땅한 도리다. 그들 말대로라면 나는 자식을 둘이나 키우는 동안 지구에 씻지 못할 죄를 지은 것이다. 비록 시켜서 한 일이라지만 산을 부수고 강을 막았으며 공기를 오염시켰다. 아니, 숨을 쉬어 이산화탄소를 방출했으며 방구를 껴 암모니아 가스를 생산했다. 이렇게 씻을 수 없는 죄를 위대한 어머니 지구에게 무릎 꿇고 뉘우친다.

죄스러울 뿐이다. 그리고 자식에게는 이 죄를 물려주고 싶지 않다. 그러니 아들들만이라도 화성으로 보내야 할 듯싶다. 오늘부터라도 떠날 자식들에게 바리바리 싸줄 딸기도 말리고 사과도 말리고 감자의 씨도 마련하며 소일할 예정이다.

LP, 왕의 귀환

영화 〈라라랜드La La Land〉에서 재즈피아니스트 세바스찬은 LP로만 음악을 듣고, LP의 음을 따서 피아노로 친다. 아카데미를 7개나 수상한, 잘나가는 상업 영화가 재즈와 LP를 들고 나온 건 그만큼 시장에서 LP와 재즈가 잘 팔린다는 점을 간파했기 때문일 것이다. 게다가 요즘 데이비드 색스가 쓴 『아날로그의 반격』이 베스트셀러다. 아날로그에 뭔일이 일어난 거다.

아날로그? 사람 몸은 겉으로는 아날로그고 속으로는 디지털이다. 눈, 코, 입은 모두 아날로그로 작동한다. 디지털로 밥 먹는 사람은 아직 본 적이 없다. 하지만 두뇌와 신경의 전기 시스템 작동은 꺼졌다/켜졌다on/off 하는 디지털이다.

어려울 것 없다. 우리가 보고 듣는 모든 건 아날로그다. CD로 듣건, mp3로 듣건, Digital TV로 보건 우리 귀와 눈은 아날로그로 받아들인다. 그러나 신경에서는 이걸 디지털로 처리한다. 한마디로 디지털이란 소비가 아닌 처리과정이다. 은행 통장만 봐도 그렇다. 돈을 들고 주머니에서 꺼내서 쓸 때는 아날로그지만 통장에서 숫자가 왔다 갔다 하는 건 디지털이다. 아날로그는 '반격'이나 '복수'를 하는 게 아니라 그냥 우리가 보고 듣는 모든 거다.

그러나 영미권에서 LP가 CD의 판매량을 넘어선 지 이미 오래고 작년엔 음원 다운로드 판매액보다 높았다. 본격적으로 LP가 다시 귀환한 것이라고 한다. 하지만 이해하기 힘들다. 어떻게 LP처럼 번거롭고 성가시며 한계가 확실한 물건이 다시 대세로 뜰 수 있는가? 디지털을 중심으로 4차 산업으로 접어드는 세계에 LP의 귀환이란 전혀 자연스럽지 못한 이상 현상이다.

사실을 보자면 LP는 귀환한 왕이라고 보기 보다는 새로운 패션이다. LP가 왕이던 1970년대에는 건널목 신호를 기다리며 음악사에서 흘러나오는 아바ABBA를 듣다가 길을 건너가면 카페에서 비틀즈The Beatles가 들렸다. LP 독재시대였다. '어디서나' '누구나' LP를 틀었다. 하지만 지금 LP는 절대 '어디서나' '누구나'가 틀 수 있는 게 아니다. 하이패션의 트렌드다. 명품백과 마찬가지다. 앨범 재킷만 들고 다녀도 문화적 스타일을 완성해 낼 수 있는 패션 아이콘이다. 현대카드에서 만든 컬쳐스테이션을 가 보면 이런 현상을 볼 수 있다. 한마디로 LP를 들어야 폼이 난다는 말이다.

모든 면에서 LP는 디지털보다 열악하다. 모든 측정 자료는 CD나 고음질 디지털 음원이 월등하다고 말한다. 하지만 열악한 측정값과 달리 듣기는 LP가 더 낫다고들 한다. 디지털 기술자들이 통탄해 마지않지만 왜 그런지 모른다고 한다. 하지만 청취자의 입장에서 보자면 음악이 측정값도 아니고 그걸 알아야 음악을 들을 수 있는 것도 아니다. 판매하는 제작자의 입장에서 LP는 값도 더 나가고 특히 중고는 소리가 나빠져

값이 떨어진다. 반면에 중고 CD는 새 것과 소리가 완전히 같아서 중고도 유통이 가능하지만 LP는 비교적 불리하다. 매체 자체가 CD와 달리 개인적인 컬렉션 위주라는 말이다.

LP는 불편하다. 한 면이 길어야 30분이다. 심지어 끝까지 가서 '틱틱'거리니 다시 틀거나 뒤집어주거나 갈아줘야 한다. 리모컨이 있어서 트랙을 건너뛰거나 다시 듣기를 할 수 있는 것도 아니다. 손 편지와 마찬가지로 번거로워도 직접 손을 움직여서 다뤄야 한다. 그뿐 아니다. 탈도 많고 예민하다. 잠시 잘못 다루면 비싼 바늘이 부러지거나 소중한 LP에 깊은 상처가 나기도 한다. 조금만 스쳐도 스피커는 굉음으로 비명을 지르거나 신음한다.

야전(야외 전축)이라는 게 있다. 야외로 가져가 틀 수 있는 포터블 LP 플레이어인 턴테이블이다. 포터블이라고 들고 다니며 틀 수 있는 게 아니라 한 자리에 고정한 뒤 플레이 한다. 헤드폰이나 이어폰을 끼고 돌아다니며 들을 수 있는 게 아니다. LP는 아무리 포터블이라도 아무데에서나 들을 수 없다는 말이다.

이 불편함에 LP의 특징이 있다. LP는 걷거나 차를 타고 이동하며 듣는 음악 매체가 아니다. 턴테이블과 오디오가 갖춰진 거실이나 방 혹은 리스닝 룸이 제격일 수밖에 없다. 즉, 공간적 제약이 크기에 이동이 기본인 현대인에 맞지 않는 매체라고 할 수 있다.

또, LP란 직접적으로 손이 많이 가는 아날로그다. 플라스틱이 좋아져서 음질이 나아졌다고는 하지만 그리 대단하게 멋져진 건 아니다. 그런데도 다시 왕으로 귀환한단다. 황당한 현상으로 보이지만 알고 보면 그리 의아한 모습만은 아니다. 단지 아날로그 감성으로서 LP가 뜬 것뿐만은 아니라는 말이다. 뭔가 조금 더 있다.

턴테이블 돌리기는 의례적Ritual 행위이다. 앞에서 쭉 이야기한 그런 거다. 턴테이블 가지고 돌아다니지 못하고 신경 쓰고 손봐주면서 앞에서 들어야 한다는 거다. 이 모든 과정이 바로 의례다. 그리고 무엇보다 의례는 인간의 본능이다. 음악도 인간의 본능이자 가장 의례적인 행위 가운데 하나다. 원시인들이 의례를 행할 때 입 다물고 춤만 춘다고 상상해 보라. 뭔가 아니다.

음악이 가지는 의례적 성격은 음악이 시간적이고 공간적일 때 가장 잘 드러난다. 그러니 음악을 mp3나 다운로드로 들으면 소리야 마찬가지지만 의례적인 측면이 급격히 감소한다. 의례가 빠지니 폼도 안 난다. 어느 면에서 LP는 음악의 이동성에 대한 인간의 본능에 의거한 의례와 격조의 반격이다.

음악은 단지 귀로 듣는 것보다 언제, 어디서, 어떻게 듣느냐가 상당히 중요하다. 헤드폰이나 이어폰 소리로 만족한다면 굳이 힘들게 콘서트장을 찾거나 록페스티벌에 참여해야 할 이유가 없다는 말이다. 좋은 헤드폰이나 콘서트장이나 소리는 거기서 거기다. 하지만 우리는 번거로운 방식으로 음악을 듣고, 심지어는 음악에 함께 참여하는 걸 선호한다. 그게 신경생리학 의사인 올리버 색스가 말하는 음악애호본능Musicophilia 으로서 인간이다. 인간은 본성적으로 음악을 좋아한다는 말이다.

제사 지낼 때는 특정 장소와 시간에 향을 피우고 축문을 읽어야 한다. 꼭 정해진 시간에 정해진 형식으로 행동해야 한다는 말이다. 그렇듯 의례는 일상과는 다른 시간과 공간에서 노래나 춤, 의상으로 독특한 분위기를 만든다. 또는 결혼이나 죽음이 갖는 사회적 의미를 드러내는 일에도 우리는 의례적인 행위를 한다. 음악을 들을 때 역시 그렇다. 오늘날 이런 음악 듣기를 잘 보여주는 게 LP라는 말이다. LP 돌리기는 참으로 개인적이고 의례적이라 그렇다. 이런 면에서 LP와 아날로그는 상당히 컬트Cult적인 측면을 지닌다. 우리는 턴테이블과 오디오 공간을 중심으로 음악적 의례에 참여해 자기만의 분위기를 만든다는 것이다.

어두운 부분 조명이 켜진 리스닝 룸에서 조심스레 판을 꺼내 턴테이블에 올리고 세심하게 바늘을 올린 뒤 앰프의 볼륨을 조절하고는 자리에 앉아 앨범 재킷을 보며 상상의 나래를 펼친다. 손이 많이 가서 정교하고 번거로운 일이기에 더 개인적인 은밀함과 의례적인 과정을 지닌다. 이런 의례적 행위를 통하면 음악과 나를 잇는 정서와 의미에 더 쉽게 닿을 수 있다고 할 수 있다. 때문에 LP는 하이패션의 문화적 트렌드일 뿐 아니라 음악을 개인화하고 의미를 부여하는 음악 감상의 왕이기도 한 것이다.

복귀한 왕은 이전과는 사뭇 다르다. LP는 이전과 달리 군림하지만 다스리려고 하지 않는다. 디지털 세상에서 디지털과 경쟁해 봐야 승산도 없고, 다스리려고 해 봐야 가능하지도 않다.

듣는다는 행위는 디지털 매체와 별 차이 없다. 하지만 LP만이 지니는 장점이 있다. 모두가 완벽하게 동일한 디지털 카피 속에서 나만의 음악, 나만이 만지며 보는 앨범 재킷 그리고 이를 통해 나만의 감성을 컬트적인 의례로 완성하기에 LP가 유리하다. 한마디로 폼 나는 인간, 뭔가 더 있을 것 같은 비밀스러운 느낌을 주는 인간이 즐기는 문화적 음악 생활의 상징이 LP라는 말이다.

왕이 귀환했다. 기쁜 일이니 즐길 뿐이다.

차와 오디오, 그리고 나

자기 자신을 찾아 떠나는 길은 고통스럽고 지난하다. 원래부터 있지도 않은 것을 찾으려하기 때문이다. 하지만 적극적으로 자기 자신을 만들어 나가는 여행은 확실히는 모르지만 잘하면 즐겁고 행복할 수도 있지만 보장은 못한다.

어느 날 일면식도 없는 오디오 동호회 동호인에게 문자가 온다. 자기는 이러저러한 사람으로 음악을 좋아하는데 오디오를 추천해 달라고 주문한다. 믿거나 말거나지만, 동호회 관리 차원에서 '상냥하게' 답변해 준다. 몇 번의 문자가 왕래할 즈음이면 답이 나온다. 그 동호인이 꿈에 그리는 그런 오디오는 없다는 것이다. 그렇더라도 삶의 많은 부분을 만들어 가는 일이기에 맘 상하지 않도록 깨우쳐 드리려고 애쓴다. 이역시 믿거나 말거나다.

책방에 가면 '자기를 찾으라'는 식의 조언을 주는 자기개발서나 종교 서적이 득실거린다. 문제는 자기란 원래 없는데도 책마다 없는 것을 찾으로고 윽박지르니 드는 느낌은 황당함이다. 순진한 독자는 '없는 것'을 찾아 헤매다 지쳐 환상의 섬 하나를 만들고는 자기라고 우기는 지경까지 이른다. 너와 나 사이에 섬이 있으니 가고 싶다며 망상의 바다를 헤엄친다. 하지만 이런 망상은 즐겁다기보다는 건강에 해로운 착각이 아닐 수 없다.

자기란 없다고 말한 대표 주자는 누가 뭐라 해도 석가모니 부처가 챔피언이었다. 그는 자기란 눈과 코, 입 같은 감각 기관이 모여 만들어 낸 덩어리라고 설파했다. 따라서 감각이 변하고 자기에 대한 생각이 변하면 자기도 변한다고 주장한다. 감동적인 영화를 보기 전과 후, 맛있는 음식을 먹기 전과 후의 자기가 다르다는 말이다. 그렇다. 자기란 끊임없이 생기면서 변한다. 종종 개량도 필요하고 가끔 개악도 필요하다. 따라서 이왕이면 더 멋진 영화를 보고 더 맛있는 음식을 먹으며 행복한 자기를 만들어도 나쁜 일은 아니다.

무릇, 자기를 알아서 만들기 위해서는 적어도 자신이 무엇인지, 어떻게 생겼는지는 알아야 할 것이다. 거울이 필요한 순간이다. 그런데 옛날 구리거울은 성능과 해상도가 떨어져 얼굴을 자세히 보기 힘들었다. 대충 누렇게 조금씩 일그러져서 나오는 게 구리거울이다. 형편이 그러니 얼굴 인식은 포기하고 『명심보감明心寶鑑』에서 말하듯 행실이나 인간관계를 거울로 삼았다. 사람들이 나를 대하는 태도가 바로 나라는 것이다. 신하가 나를 보고 "폐하!"를 외치면 내 신분이 왕이니 왕의 행실을 하라는 식이다. 요즘에도 정치가나 폼 잡는 사람들 사이에서 이런 거울이 중요하다. 찾아보면 갑질의 거울도 있음을 알 수 있다.

취미도 마찬가지다. 절대 "누가 뭐래도 나는 나"가 아니다. "나는 나다"는 신神이나 할 말이다. 우리 인간에게 주어진 건 그저 '누가 뭐래도'까지다. 자기만의 18번, 자기만의 고유한 무엇이 있다고 생각하는 건 착각이고 망상이다. 단지 내가 나라고 우길 뿐이다. 그런 취지에서 친구들이 내게 듣기를 원하는 노래나, 그들이 나를 부르는 별명은 중요하다. 내가 말하는 나보다는 주변에서 생각하는 내가 진짜에 가깝다는 말이다. 그렇다. 우리는 '누가 뭐래도'를 '진짜'인 것처럼 만들어 가야 하는 책무를 타고 태어났다고 할 수 있다.

지금의 자신을 만들어 낸 것들은 어릴 적 자라난 시대나 동네 혹은 집이다. 다닌 학교의 늘 앉던 구석진 자리이자, 친구들과 놀러 다니며 만들어 놓았던 아지트다. 특히, 들었던 음악은 자신을 이루는 큰 기둥 가운데 하나이다. 항상 큰 울림으로 귓전을 맴돌기 때문이다. 그래서 누구든 오디오를 새로 장만하면 젊을 적 즐겨 듣던 음악을 먼저 틀기 마련이다. 대부분의 비교 대상은 기억도 희미한 전파사에서 나오던 라디오나 폼 잡고 허리에 차던 워크맨 소리다. 그런 소리의 기억은 절대 정확할 수 없고 그저 분위기만은 남았다. 그리고 나도, 음악도 변했다. 지금 듣는 음악이 음악의 인상보다 더 정확하다.

오디오로는 음악만 듣지 않기 때문에 막상 고급 오디오를 장만하면 음악과 사진 사이에 놓인다. 자기를 꾸미고자 하는 물질적인 상징에는 여러 수준이 있다. 자동차가 대외적인 외양을 드러낸다면 오디오는 개인적인 내면을 드러내는 상징이다. 누군가를 칭찬할 때 "의복은 남루하지만 가슴 속에 옥을 품었다懷玉"고 하는데, 오디오가 바로 현대에 품어야 할 '옥玉'의 역할을 한다. 사람들은 오디오란 가슴에 품은 문화생활과 예술을 바라보는 안목을 드러낸다고 여긴다. 듣는 음악보다 페이스북에 '찍어 올리는' 음악적 분위기가 내 내면을 보여 주기에 더 적합할 때가 많다는 말이다.

우리는 모두 같은 옷을 입고 다닌다. 아무리 회장님의 고급 슈트라도 겉만 봐서는 평사원의 정장과 구별이 힘들다. 회장님과 다른 나만의 옷이 나를 만들어 주기에 취미에 맞는 나만의 전문 복장을 만들어 나가야 차이가 생긴다. 하지만 복장만으로는 내면의 공간을 완전히 드러낼 수 없다. 내면이란 알기도 힘들고 보여 주기도 힘든 공간이다. 복장이나 자동차가 비록 내면을 일정 부분 정리해 주지만 복장만으로 완전히 정리할 수 없는 내가 있다. 그래서 뭔가 감추고 싶은 게 갑자기 툭 튀어나올 수도 있기에 관리에 만전을 기해야 한다.

내면의 괴물이 두렵지만 길이 없는 것은 아니다. 책이 있고 음악이 흐르면 그곳이 바로 내면의 질서를 드러내기 좋은 장소다. TV에 등장하는 '명사의 서재' 같은 코너에서 보여 주는 것이 그가 읽는 책이 아니라 그의 내면을 드러내는 질서를 과시하는 일이다. 따라서 나를 표현하기 적합한 음악과 책을 정리한 공간이야말로 어지러운 내면을 비추는 빛이요 상징이다.

우스운 일이지만 사람들은 SNS에 올린 사진을 보고는 그 안의 음악을 듣거나, 그윽한 커피 향을 평하기도 한다. 들리지도 냄새 맡을 수도 없는 사진만 가지고 그런다. 차는 고물을 타도 오디오는 이미지에 적합하게 갖추어야 인격적인 문명인으로 '좋아요'를 많이 받을 수 있다는 말이다.

오디오로 동호회 사이트나, 페이스북 혹은 트위터에 올릴 준비를 완벽하게 갖추었는가? 그렇다면 그게 바로 내가 원하는 소리이자 진정한 자신의 내면이다. 하느님조차도 동산을 만들고 실재 동산에서 살아가는 생물들 사이에서 벌어지는 살벌한 경쟁과는 상관없이 그저 보기 좋더라고 했다고 하지 않던가.

즐겁지 아니한가? 아름답지 아니한가? 그렇다면 이제 자신 있게 자신의 내면의 공간을 동호회 게시판이나 인스타그램 또는 페이스북에 사진을 올리고 '좋아요'를 기다릴 차례다. 하느님도 그때 저녁녘이면 동산을 걸으며 '좋아요'를 기다리며 신神스타그램 같은 신들 네트워크에 사진을 올리곤 했을지도 모를 일이다. 신의 형상으로 창조되었다니 우리는 인스타그램에다 그렇게 해야 할 일이다.

이런 모습이 덕후로서의 자신이다. 어디에도 그렇게 하지 않아야 할 이유를 찾을 수 없기에 더 그렇다.

序

싱글몰트위스키 시대

1인당 국민소득이 1만 달러를 넘어설 때 와인이 눈에 띄고 1만 5,000달러면 골프가 대중화하며 2만 달러를 넘어서면 싱글몰트위스키와 재즈, 그리고 캠핑이 유행한다고 한다. 재미있는 이론이다. 이에 따르면 지금은 싱글몰트위스키 시대다.

소득 2만 달러 이전에도 위스키는 없어서 못 마셨다. 그리 본다면, "위스키면 위스키지 싱글몰트위스키는 금테를 둘렀을까?"라고 반문할 수 있다. 이런 딴죽은 마치 자동차를 국산과 외제만 있다는 듯 나누는 것이나 다를 바 없는 무식의 소치다. 국산차도 외제 마크를 다는 시대다. 더 이상 국산과 외제의 구분은 달리 의미가 없다는 말이다. 자동차는 메이커, 유형, 엔진 형태 그리고 구동 방식에 따른 차이가 메이커보다 크다. 2만 달러 시대에 어디 시골에서나 겨우 통할 촌스럽고 구태의연한 이분법으로는 명함 내밀기 힘들다는 말이다.

같은 외국차라도 영국의 고급 승용차 롤스로이스와 이탈리아의 스포츠카 페라리가 다르듯 술도 다 다르다. 이제는 무조건 깡소주나 폭탄주가 아니라 취향에 따라 술도 고르는 시대에 돌입했다. 2만 달러 시대의 애호가의 문화적 개성을 가장 잘 드러내 주기에 개성 넘치는 술의 대표적인 표상이 싱글몰트위스키라고 하는 것이다.

변화는 비단 위스키뿐 아니다. 와인, 코냑, 칼바도스, 사케, 고량주, 버번의 소비 역시 질적으로 탈바꿈했다. 이전에는 단지 호기심으로 마셔 보았지만 이제는 자신의 취향에 맞는 술을 찾는다는 것이다. 대표적인 미국 술인 버번도 짐 빔Jim beam이나 잭 다니엘Jack Daniel's만 있는 것이 아니다. 지역에 따라 맛도 향도 다 다르다. 수많은 버번을 마셔 가며 자기만의 취향을 찾는 여정을 거쳐야 비로소 진정한 자신만의 기호를 만들어 낼 수 있다. 모두가 오디세우스가 되어야 한다는 것이다.

맥주도 그렇다. 오비와 하이트만 있던 시절은 갔다. 아니 북한의 대동강 맥주만 못하다는 오비와 하이트를 마시는 건 수치로 여기는 시대다. 수없이 많은 마이크로 브로워리에서 애일Ale을 비롯해 세계 각지의 맥주를 입맛에 따라 현지화하고 있다. 와인이라면 맛이 쌉쌀하면서 시큼털털하다고 여겨 왔지만 더 이상 그런 선입견은 통하지 않는다. 소득 2만 달러 시대에 와인 애호가는 품종, 숙성, 연도 또는 신맛, 떫은 맛, 바디body에 따라 기호를 달리한다. 와인이라면 무조건 좋다고 받아 마시던 때는 지났다는 말이다.

더 이상 술은 자살이나 테러를 위한 폭탄이 아니다. 술을 전술무기로 사용하여 자살하던 시대는 지났다는 말이다. 이제는 가려 마시는 시대다. 그래서 나를 보여 주는 술, 자기만의 이야기를 가진 술 문화로 변화한다고 한다. 2만 달러 시대에 싱글몰트위스키란 이런 자기표현의 변화를 가장 잘 드러내는 대표 선수다.

술만이 아니다. 2만 달러 시대는 다른 취미나 기호품도 취향에 따라 차별화한다. 베스트셀러라고 무조건 남 따라 구매할 이유는 없다. 골프 유행도 한풀 꺾여 많은 골프장이 어려움을 겪고 있다지만 실질적으로 골퍼의 질은 고급화했다. 요즘 골퍼는 골프장이나 장비를 더 가린다. 명필은 붓을 가리지 않는다고? 헛소리다. 2만 달러 시대의 명필은 붓을 더 잘 가린다. 아니 붓마다 가진 가능성과 개성을 더 잘 드러내야 명필이라는 칭호를 받는다. 마찬가지로 클럽마다의 개성과 의미를 더 정확히 알아야 한다는 뜻이다.

안타깝게도 캠핑은 크게 유행하려다 말았다. 대신 아웃도어는 시장이 포화 상태다. 캠핑과 달리 우리 등산 문화는 실업 문제 등 시대적인 여러 요인과 함께 보아야 할 것이다. 하지만 캠핑의 경우 나라는 좁고, 캠핑장 시설은 빈약한 데다 규제도 심하다보니 정착하지 못한 것이다. 상황이 그렇다 보니 꿩 대신 닭이라고 아웃도어가 뜬 것이라고도 할 수 있다. 못 다 핀 캠핑이 아쉬울 뿐이다.

재즈는 이미 뉴욕의 명문 재즈 클럽 블루노트Blue note 서울점이 경영 악화로 철수하면서 "아니다!"란 답이 나왔다. 좋은 연주가 많았는데 아쉬운 일이었다. 반면 일본에서는 소득과 상관없이 재즈에 대한 선호도가 높았다. 재즈에 대한 사랑이나 앨범 발매도 일본은 세계적이다. 일본과 달리 60년대 한국에서 한 때 유행한 적이 있지만 재즈는 그리 와 닿는 음악이 아닌 듯하다. 체질이 아니다 보니 국악과 재즈의 접목을 시도한 퓨전 국악도 풀이 죽었다. 어쩌면 재즈보다는 끈적끈적한 감성을 들려주는 블루스를 기대하는 것이 빠를지도 모르지만 사실상 재즈와 마찬가지로 이도 아니라는 게 이미 증명되었다.

술은 저마다 제 목소리로 말을 건다. 좋아하는 싱글몰트위스키를 앞에 두면 술은 특유의 악센트로 자기 말도 하고 내가 하고픈 말까지 한다.

홀로 잔을 들어도 대화는 즐겁기만 하다. 좋은 술에는 더 이상 말이 필요 없는 것이다. 다른 취미도 다를 바 없다. 각기 자기만의 억양으로 말을 건다. 국민소득 2만 달러 시대의 요구가 바로 나를 만들어 내고, 나를 드러내는 나만의 취향, 나만의 얼굴인 것이다.

스코틀랜드 격언에는 '좋은 술이 있으면 그 위에 더 좋은 술이 있다'고 한다. 술꾼의 나라다운 속담이다. 21세기 2만 달러 시대의 싱글몰트 위스키 유행이 말하는 바는 진정한 자기만의 문화적인 색채를 만들어 내야 한다는 것이다. 더 이상 무미건조한 명함만으로는 내 개성을 보여 줄 수 없다는 의미이기도 하다.

자동차는 외적으로 드러내고픈 인상을 만들고, 재즈란 문화적 감성을 의미한다. 캠핑은 자연 친화적 삶의 여유를 말하고 싱글몰트위스키는 그 사람의 성격을 드러낸다. 모든 개인적 취향도 마찬가지다.

그렇게 문명국의 문화인으로서 자기만의 색을 만들어 내서 자기의 삶을 채워야 한다고 한다. 문화인 되기가 그리 쉬운 일은 결코 아니다. 2만 달러 시대에 자기만의 색채를 그리지 못하면 3만 달러가 되어도 그 삶은 공허할 것이다.

序

먹방 포르노

식당을 소개하거나 음식을 조리해 먹는 소위 먹방이 대세다. TV 어느 채널을 돌려도 온통 먹방이다. 프랑스 평론가는 이런 먹방을 포르노와 다를 바 없다고 비꼬았다.

보통 포르노라 함은 남녀의 정사와 육체적 욕망을 적나라하게 표현한 소설이나 그림 혹은 동영상을 말한다. 직접 하지는 않지만 읽거나 보기만 한다. 먹방 역시 먹지는 않지만 육체적인 욕망을 시각적으로 여과 없이 드러내 관찰하기에 포르노와 다를 바 없다는 것이다.

'포르노그래피Pornography'라는 단어는 재미있는 역사를 가지고 있다. 익히 들어서 쉬워 보이지만 원래 고전 그리스어의 '창녀'를 뜻하는 포르노와 '그리다'는 그래피를 합쳐서 만든 조어다. 서양문화에서는 무척이나 거창한 문자다.

보통 서양에서는 그리스와 로마를 근엄한 규범의 원천이라 생각했었다. 그러다 서기 79년에 베수비오 화산 분화로 통째로 묻힌 폼페이라는 도시를 발굴하면서 사태는 심각해졌다. 화산으로 그대로 얼어붙은 로마가 포르노 왕국이었던 것이다.

문고리는 남근 모양이요, 집안의 벽화는 온통 섹스 장면이었다. 근엄한 '고전'을 기대하던 유럽인들은 당황했다. 출토된 유물들을 공개할 수 없어 나폴리 박물관에 비밀 방을 만들어 감추어야 했다. 하지만 유물이 쌓여감에 따라 유물에 대한 연구의 필요가 생겨 꽁꽁 숨겨 뒀던 유물을 제한적으로 공개할 수밖에 없었다. 이를 연구한 학자들은 유물의 정밀한 그림을 그린 뒤 모여서 토론을 하고 해설을 붙였다. 포르노그래피란 바로 이런 고전을 묘사하는 학문이었던 것이다.

학문 연구와 더불어 신기한 물건에 사람들의 관심이 집중되자 평민들에게 포르노그래피를 금지하는 법이 생긴다. '포르노그래피'라는 말이 처음 등장한 곳이 바로 이 법령이다. 하지만 처음 들어보는 신조어라 평민들이 호기심을 강하게 느꼈다. 도대체 포르노그래피가 뭐냐는 것이다. '포르노'라는 말로 금지는 했는데, 내용은 전혀 알 수 없으니 호기심만 더해 간다. 법과 말을 사용하면 사용할수록 궁금증은 더해 갔다. 즉 포르노는 포르노그래피 금지법 때문에 유행을 탄 단어인 것이다.

영국과 달리 프랑스는 이전부터 프랑스다운 문학적인 포르노를 만들었다. 바로 소설, 쌕쌕이다. 프랑스 혁명 당시, 그들은 루이 16세라는 타도의 대상이던 왕과 왕비의 섹스 스캔들을 포르노 소설로 각색했다. 하늘처럼 높았던 존재, 왕과 왕비는 빨간 마분지를 두른 쌕쌕이 책 속에서 헐떡거리는 개로 변하고 말았다. 포르노의 등장인물인 이상 신으로부터 왕권을 받은 신성한 존재가 아니었다. 소설은 백성이 우러러 마지않았던 고귀한 왕과 왕비가 사실은 발정난 개라고 말한다. 왕권 타도를 외친 프랑스 혁명의 뒤에는 바로 헉헉대며 교미하는 개들이 주연한 포르노 소설이 있었던 것이다.

우리나라도 유구한 포르노 전통을 갖는 문화 강국이었다. 역사적 자료는 부족하지만 삼국시대부터 상당했던 듯하다. 『삼국유사三國遺事』는 많은 부분을 포르노로 각색해도 좋을 만큼 노골적이고 환상적이다. 김만중金萬重이 지은 고전소설 『구운몽九雲夢』도 8명의 선녀와 희롱하는 판타지 하렘Harem 장르물이다. 『춘향전』에서 이몽룡과 춘향이 노는 장면은 청소년 포르노다. 소설뿐 아니다. 그림에서 한국 포르노를 집대성하고 완성한 화가는 혜원蕙園 신윤복이다. 그는 조선의 춘화春畵를 예술의 경지로 승화시킨 거장이었다.

포르노를 말할 때 대부분은 비도덕적이고 동물적이며 말초적이어서 문화적이지 못하다고 비난한다. 이렇게 무식한 가짜 뉴스와 모함이 난무하는 찌라시 사회가 바로 인륜을 빙자한 야만적인 대한민국이다.

포르노가 반문화적이고 비도덕적이라고 할 근거는 어디에도 없다. 그리고 인간의 감각 세포는 중추신경만 모인 뇌가 아닌 한, 숨을 쉬건, 책을 읽건, 악수를 하건 모두 말초 감각이 아닌 것이 없다. 따라서 '말초적'이라는 비난은 인간을 모르는 무식의 폭로다. 문화적인 비판 역시 온당치 못하다. 프랑스 포르노 역사에서 알 수 있듯 포르노는 글을 읽고 미술품을 감상하는 일과 마찬가지다. 포르노 자체로 문화다. 단순히 옷을 벗었다고 동물적 욕망이라는 주장은 일고의 가치도 없다.

동물적이라고 욕하지만 안타깝게도 실상 동물은 포르노를 즐기지 못한다. 유명한 일화로 황소가 암소와의 관계를 게을리하는 것을 개탄한 농부가 황소에게 포르노를 보여준 적이 있었다. 황소는 포르노에 꿈쩍도 안하더란다. 왜냐면 포르노란 지극히 상징적이고 인간적인 문화행위이기 때문이다.

음식이 맛없기로 유명한 영국은 공교롭게도 요리책과 레시피의 나라다.

먹방도 영국이 대세를 리드한다. 세계적으로 유명한 스타 셰프이자 진행자인 제이미 올리버, 고든 램지 모두 영국인이다. 먹방을 포르노라고 한 프랑스 평론가의 의중에는 끔찍하게 맛없는 음식을 먹고 살면서 눈으로만 TV에 나오는 음식을 게걸스럽게 탐닉하는 영국인을 향한 비아냥거림이 담겨 있다. 먹방 포르노란 실체는 없지만 보기만 하는 욕망이라는 견해다.

영국 먹방뿐 아니라 우리 먹방이나 예능도 포르노와 상당히 유사하다. 평소의 식생활과 상관없이 TV에 등장하는 욕망의 대상을 눈으로만 게걸스럽게 좇는다. 모든 요리 과정과 먹는 모습 역시 포르노와 다를 바 없다. 현란한 색채, 침을 삼키는 소리, 그리고 입으로 내뱉는 감탄 역시 포르노와 마찬가지다.

육체적인 욕망을 시각적으로 여과 없이 드러낸다는 면에서 포르노 속 남녀의 섹스와 그리 다를 바도 없다. 이렇게 우리는 모든 감각을 포르노化한 시대를 살고 있는 셈이다. 포르노가 홍수를 이룬 세상이고, 포르노의 승리다. 심지어 포르노를 반가워하지 않는 아내조차 아이들과 함께 오늘도 즐겁게 '먹방'에 열중하고 있다.

序

의심하기에 음모를 본다

미국 댈러스의 케네디 대통령 박물관 맞은편에는 공교롭게도 음모박물관Conspiracy Museum이 있었다. 박물관이 문을 닫은 지 10여 년이 흘렀지만 박물관과는 상관없이 음모론은 더더욱 번성하고 있다. 여전히 케네디의 죽음을 둘러싼 음모론은 증권가의 찌라시 같아 우리 주변을 서성댄다. 케네디뿐 아니라 UFO가 추락하고 외계인을 해부했다는 로스웰사건, 프리메이슨과 연관이 있다는 달러에 새겨진 피라미드, 세계를 움직이는 그림자 정부, 최근에 불거진 달 착륙 음모까지 음모론은 덕후들의 눈길이 머무는 무궁무진한 보물창고다.

사람들은 원인이 있으면 결과가 있다고 믿으려 한다. 음모론의 얼개가 바로 '원인-결과'의 과정에 대한 의문에서 시작한다. 정부나 사건 주체가 사회적으로 큰 반향을 일으킬만한 일의 원인과 과정을 명확하게 설명하지 못할 때, 배후에 우리가 모르는 거대한 권력 조직이나 비밀스런 단체가 있다고 유추하는 것이다. 따라서 사건에 비해 원인이 턱없이 작거나 허무맹랑한 답변을 한다면 우리는 거의 자동적으로 의심을 하게 된다. 또는 사실을 호도하거나 그런 인상을 주는 행위도 음모론을 불러온다. 그러니까 의심은 본능이고 음모는 그 결과다.

출처는 불분명하지만 나치의 괴벨스는 "선전·선동은 한 문장으로 가능하지만 사실을 확인하기 위해서는 수백 장의 문서가 필요하다. 하지만 확인했을 때에는 이미 선동에 당해 있다"고 말했다고 한다. 이 말에 답이 있다. 한 문장과 수백 장의 문서 사이에는 메울 수 없는 간극이 있다. 한 문장은 '인과Cause-effect'를 뜻하고 수백 장의 문서란 '논리Logic'를 의미한다.

인과와 논리 사이에는 '시간'이 있다. 사람은 0.3초 이내에 두 일이 순차적으로 일어나면 이를 원인과 결과의 관계로 여긴다고 한다. 반면 수학이나 논리에는 시간이나 우연은 없다. 수학 문제를 풀다 조금 놀고 와서 다시 푼다고 문제나 답이 변하지 않는다. 논리로는 시간이 만들어 낸 그림을 설명할 수 없다는 말이다. 그렇다. 의심은 바로 둘 사이의 간극에서 생긴다. 건널 수 없는 강이다.

의심은 본능이다. 국회의원 최초로 안민석이 본능적인 의심을 따라 파고드니 최순실이 나왔다. 하지만 그는 최순실이 원인이 아닌 깃털로 보았다. 최순실로는 충분치 못하다고 생각한 것이었다. 몸통이 박근혜 전 대통령이라 보았다. 이를 따라가니 세월호와 대통령의 7시간이 나온다. 그렇지만 이런 원인-결과의 추론은 멀리 청와대에서 벌어진 일遠因이지 천 리나 떨어진 팽목항에서 어린아이들이 수장된 직접 원인近因은 아니다.

대통령이 7시간 동안 무슨 짓을 했던 그저 혐오스러울 뿐이다. 그와 상관없이 아직 배의 침몰과 구조 실패에 대한 수긍할 만한 해설은 없었다. 어린 학생들이 차디찬 바닷물에서 익사해야 했던 이유와 과정을 제대로 대지 못한 것이다. 자로라는 인터넷의 음모론 오타쿠가 제기한 잠수함 충돌설도 바로 이 의심의 원인-결과를 이해하기 위한 본능적인 대응이다. 그가 맞았건 틀렸건 상관없이 수많은 의심의 힘으로 세월호가 뭍으로 올라왔다.

의심을 제기하면 이에 대한 반발로 해군은 잠수함이 지날 수 없는 수심이라거나, 밝힐 수 없는 군사 비밀이라고 논박한다. 발끈한 해군은 고발로 대응한다고 으름장이다. 하지만 고발은 의심이 가장 좋아하는 밥이다. 고발을 하면 내용을 증명해야 하기 때문이다. 괴벨스의 선동 한마디를 반박하기 위해서는 수많은 A4가 필요하듯 말이다. 우리가 밥을 먹으면 기력을 차리듯, 의심으로 세력이 커진 의심은 만방에 힘을 퍼트리며 자기를 과시한다. 논리만으로는 결코 원인-결과가 만들어 내는 의혹을 넘어설 수 없다는 말이다.

음모란 불확실성을 먹고 산다. 일부 국정 농단이 최순실을 통해 밝혀지면서 의심에 신빙성이 더해지면 사람들은 고개를 갸웃거리면서도 믿기 시작한다. 우리가 보지 못하던 거대 권력이 있다는 가정이 먹히는 순간이다. 그래서 사람들은 비선 실세가 바로 거대 권력의 일부라고 의심하기 시작한다. 세월호 사건조차 박근혜, 최순실, 새누리당을 위에서 지배하는 보이지 않는 손의 작품이라는 주장이 고개를 든다. 그들은 구원파와 유병언을 미끼로 1993년 서해 페리호처럼 덮으려 했지만 실패한다는 주장이다. 세월호에 음모론이 많은 건 불꽃을 피워 올릴 연료가 다른 것보다 더 많아서다. 아니, 세월호에는 풀리지 않는 슬픔이 가득해서다.

의심은 힘이 세다. 세월호는 낚시배 서해 페리호가 아니다. 겉으로야 동일한 구조의 해상 교통사고지만 세월호의 본질은 교통사고가 아니라 국가의 존재 이유에 대한 질문이었다.

세월호를 통해 모두가 직접 두 눈으로 지켜보았다. 시민들은 TV로 배가 침몰하는 모습을 본 게 아니다. 대한민국이라는 문명의 침몰을 본 것이다. 꽃다운 자식들의 생명이 차가운 바닷물 속에서 스러져 가는데 국가는 구경만 하고 언론은 중계만 한다. 이런 건 더 이상 우리가 생각하는 국가가 아니라 TV 중계 국가일 뿐이다. 그렇게 세월호를 통해 어떤 이는 교통사고라고 우기고, 어떤 이는 국가가 지닌 존립 이유가 붕괴하는 모습을 본 것이다.

국가가 의미를 잃었는데 해경이고 해군은 뭐에 쓸 것인가? 세월호는 국가 존립에 대한 질문이므로 국체보다 우선하고 안보보다 우선한다. 군사 비밀이고 뭐고 없다. 세월호 참사를 게으름 피우며 탱자탱자 거리면서 구경한 값으로 정부는 어떤 논리로도 벗어날 수 없는 의심의 덫에 걸린 것이다. 이제는 의심이 너무 커져서 다 밝힐 수밖에 없고, 중도 하차도 불가능하다. 건져내는 수밖에 다른 길이 없다. 세월호가 목적지에 도착하면 이미 의심이 의도하던 세상으로 변해 있을 수밖에 없다.

음모론 오타쿠들은 사건의 배후에 사건을 은폐하거나 호도하는 거대한 권력 조직이 있다고 가정한다. 그리고는 막후에서 국가를 통제한다는 가상의 거대 권력을 중심으로 세상을 재구성해 본다. 변명과 꼼수로 일관하며 끝까지 버티는 대통령, 이합집산하는 여당, 우후죽순으로 일어나는 야당. 모두 알고 보면 숨은 권력의 꼭두각시라고 의심한다. 이 세상이 그림자 권력의 농간으로 자기들끼리 짜고 치는 고스톱이라 보는 거다.

그럴 수도 아닐 수도 있다. 하지만 의심은 본능이기에 우리는 의심한다. 의심하기에 우리는 존재하고 의심하기에 음모론도 생긴다. 따라서 어느 사회건 음모론은 있다. 문제는 그 정도다. 건강한 사회의 음모는 실제적 삶과 멀고 실체도 모호하여 견딜 만하다. 하지만 우리가 맞닥뜨린 세월호는 견딜 수 없을 정도이기에 의심의 병증이 중하다.

마음속 의심이 만든 음모론은 병이다. 마음이 치료돼야만 병증이 가라앉는다. 마음을 치료해 주는 건 사실이 아니라 진실이다. 사고가 아니라 아이들의 고통이다. 우리 모두 치료의 끝에 활짝 웃는 그날까지 음모론 오덕들의 건투를 빈다.

序

개미의 창조 경제

'창조 경제'가 화두였다. 하지만 아무리 봐도 도무지 모르겠다. 정부도 선전을 했지만 약발이 안 먹히니 쓰다 버린 '창조 한국'까지 재활용한다. 문제는 창조를 강조하면서도 창조에 필요하고 어울리는 미덕은 무시한다는 데 있다. 아니 절대 창조와는 어울리기 힘든 노력, 질서, 건전, 성실 같은 씨알도 안 먹힐 '개미 윤리'만 중시한다.

하나만 말하자. 명심하라. 창조는 절대 성실과 노력 따위에서 나오지 않는다!

창조란 혼돈, 놀기, 쓸데없는 베짱이 짓거리에서 나온다. 따라서 부지런히 일만 하는 개미에게는 창조가 아니라 집짓기나 아파트 건설만 가능하다. 집도 개미집이다. 하지만 21세기는 창조의 시대이기에 대안 없으면 남 밑 닦다 종칠 운명이다. 우리에게는 상자 같은 아파트만 필요한 게 아니라면 창조에 이를 방도가 시급하다는 얘기다. 노라리의 다른 말이 바로 창조다.

에디슨은 천재란 1%의 영감과 99%의 노력으로 이루어진다 했다.

하찮은 99%의 노력이 아니라 1%의 영감이 소중하다는 얘기다. 영감은 99%의 노력에 빛을 비추고, 색을 입히고, 목적과 의미를 부여한다. 성실 성도 중요하지만 안타깝게도 성실에서는 영감이 나오지 않는다. 영감은 성실한 노력이 아니기 때문이다.

창조의 영감은 혼돈混沌에서 온다. 혼돈의 세계에서는 모든 것이 뒤 집히고 섞인다. 전혀 다른 것들이 결합하고 새로운 생각이 떠오르기도 하며 기존의 생각을 해체하기도 한다. 따라서 일상의 혼돈, 정신적 혼돈, 인간적 혼돈, 사회적 혼돈은 영감의 원천을 이룬다. 창조의 빛은 혼돈 안에서 뒹굴어야 떠오른다고 할 수 있다.

힘들게 1%의 영감을 만들어 내는 사람이 천재다. 천재에게 힘겨운 노고란 겉보기에는 놈팽이 베짱이다. 쓸데없는 데 관심을 보인다. 이게 문제다. 전구를 발명한 천재나, 아이폰을 만들어 낸 영감도 성실이 아닌 관심에서 나왔다. 스티브 잡스가 주장하던 "기술과 인문의 결합"은 쉽게 말해 일단 쓸데없는 짓과 공상이나 즐기며 놀아 보라는 얘기다.

문제는 일당백의 영감을 뿜어내야 할 우리네 천재는 편의점 알바, 택배 기사, 대리운전을 하느라 영감을 고갈했다. 창조의 가치를 인정받 지 못해서다. 진정으로 창조를 바란다면 이들에게 '모이' 좀 주자. 공짜 사료가 아니다.

다시 말하건대, 일만 하는 개미는 창조적이지 못하다. 개미 짓으로는 절대 창조에 이르지 못하기에 할 수 있는 게 노력밖에 없다. 성실하라 한다. 99%가 더 중요하다 한다. 오직 노력과 성실 그리고 건설밖에는 할 줄 아는 게 없기에 그렇다. 그렇게 세상은 천편일률적인 콘크리트 개미굴 아파트뿐이다.

개미는 자기밖에 모르고 자기만 옳다 한다. 자기가 노력해서 돈 벌었다고 모두 자기 것이라 한다. 이솝 우화에서 개미는 뜨거운 여름 힘겨운 노동에 음악으로 활력을 준 베짱이에게 가혹했다. 그렇다고 개미 잘못이 아니다. 개미의 사전에는 '예술'이란 없다. 머리에 예술이라는 개념이 없으니 음악을 감상할 귀도, 동감할 가슴도, 이해할 두뇌도 없었던 것이다. 예술이 주는 영감이 뭔지 모르는 개미는 베짱이를 하찮다고 여겼다. 인정하자. 우리도 마찬가지다. 영감도 없고 창조도 없는 개미나 다를 바 없다. 우리는 그저 존재의 의미도 지니지 못하는 하찮은 미물이다.

창조의 맥락에서 여가가 뜬다. 뭐 대단한 게 아니라 노는 것이다. 그런데 우리의 여가에 문제가 많다. 여가의 대표 선수는 뭐니 뭐니 해도 관광이다. 돈 이야기는 빼려고 했지만 돈을 말해야 알아들으니 예를 들어 보자.

여가나 놀기의 대표 선수인 관광이다. 우스워 보이는가? 관광은 자동차, 항공, 유통 그리고 문화를 총망라하는 거대 산업이다. 관광 산업은 21세기를 리드하는 대세다. 이제는 베짱이 짓만으로도 개미보다 훨씬 더 많이 버는 세상이 온 것이다.

문제는 한국인의 관광은 무더운 땡볕을 채워 줄 베짱이의 노래도 없고 단지 개미들만 사는 개미굴 관광이라는 것이다. 머리가 없으니 볼 것도 없고, 할 것도, 놀 것은 더욱 없다. 그저 부지런히 움직이는 개미들의 찌질한 행렬뿐이다. 개미굴의 장관을 보자면 놀라운 모습이기는 하다. 하지만 개미라 놀지도 못하니 관광을 통해 창조적 영감이 새 나올 틈도 없다. 그렇다면 비교적 자유로움과 여유를 상징하는 해외 관광은 어떤가를 알아보자.

패키지 관광을 하건 개별 관광을 하건 한국 개미들은 게걸스럽다.

놀러 와서 아침부터 밤까지 성실하고 부지런하게 보고 또 보고 또 본다. 지겹게 돌아다니고 쪽팔릴 정도로 사진을 찍어 댄다. 더 구제불능인 건 이런 변태적인 행위를 한 치의 부끄럼도 없다는 듯 자랑한다. 심지어는 관광 갈 때는 외국 가서 많이 배우고 오라며 충고하기도 한다. 그러면 기가 차게도 해외에 나가서 정말로 배우려 한다. 구제불능 개미들이여!

놀러 가서는 놀아야 한다. 그런데 놀러 가서도 자기를 갈고 닦고 조인다. 놀러 온 것이니 그냥 놀라고 하면 죄의식을 느낀다며 본전을 뽑아야 한다며 성실하게 여기저기를 둘러본다. 구제불능이다. 마치 물 좋은 여탕에 들어가 실내 장식만 품평하는 꼴이다.

안타깝게도 이런 탐욕스럽고 성실한 여가로썬 절대 영감을 느낄 수 없다. 여탕에서 장식만 본다면 여탕만이 제공할 수 있는 환상과 영감이 나오겠는가? 노력과 성실이 미덕이 아니라 탐욕일 뿐이라는 걸 개미 관광이 잘 보여 준다. 우리네 해외 관광의 실체가 바로 이것이다.

다시 말하지만 우리의 문화는 노력과 성실만 강조하는 개미 문화 속을 살아왔다. 하지만 창조 없는 앞날은 암울하다. 구제불능 개미라서 창조는 불가능하더라도 우회적인 대안을 생각해 볼 수 있다. 개미로 할 수 있는 제3의 길을 찾자는 말이다.

먼저 권장할 사항으로는 진딧물농장 가꾸다. 진딧물은 개미가 관리하기 편하다. 많은 개미들도 하는 일이니 어렵지도 않다. 그저 개미굴이 아니라 나무나 풀에 진딧물을 풀어 놓고 관리만 좀 하면 새로운 먹거리가 나온다. 장점으로는 하던 짓만 하면 된다는 것이고, 단점으로는 먹거리가 전혀 예술적이지 못하고 단조로우며 식물에게 해롭다는 것이다. 즉 쉽게 할 수 있는 일이니 나오는 것도 헐렁하다는 말이다. 재미는 없어도 아파트 건설보다는 발전적이다.

좀 더 고차원적인 생산을 원한다면 꿀벌의 길을 생각해 볼 수 있다. '꿀벌'이란 이름표를 달고 꿀벌이라 우기는 코스프레가 아니라, 진짜 꿀벌의 입장이 되어 보기다. 꿀벌은 개미처럼 성실하게 노력하지만 남에게 퍼줄 줄 안다. 하지만 개미에게는 이 부분이 가장 지난하다. 개미는 도무지 왜 퍼줘야 하는지 이해를 하지 못한다. 그렇지만 흉내란 다른 사람 되기다. 이해할 수 없는 짓이라도 꾹 참고 조그만 나눠 주기 연기를 해 보자. 주는 흉내를 내면 받는 흉내도 내게 된다. 흉내란 참으로 인간다운 예술이다.

베짱이나 매미는 예술가. 이들은 진딧물과 달리 덩치도 크고 날아다니기에 관리가 용이치 않다. 자기들 꼴리는 대로 살아가는 치들이 많다. 하지만 이들은 진딧물과 달리 질적으로 탁월한 1%의 예술적 가치를 창출하기도 한다. 개미답게 베짱이나 매미에게 쓴 돈을 영수증으로 모아 오라고 하면 아무리 밥을 줘도 다 날아가 버린다. 그러니 눈꼴이 시리더라도 영수증 처리 없이 그냥 퍼주고 먹여 보자.

이들을 먹여 1%를 얻는 게 꿀벌 흉내의 최종 목표다. 잘 먹이면 열에 하나, 아니 백의 하나만 좋은 보답으로 돌아와도 1%니 남는 장사다. 베짱이와 매미가 먹으면 얼마나 먹을까? 달리 말해 천재들이 먹으면 얼마나 먹을까? 그러니 천재 먹여 주고, 놀려 주고, 영감으로 돌려받기가 꿀벌 흉내 내기의 요체라 하겠다.

타고난 개미라서 개미의 본성을 벗어날 수 없다면, 개미가 진딧물 기르듯, 그리고 베짱이와 매미를 먹이듯 창조를 사육할 일이다. 역사적으로 베니스의 유명한 메디치 가문이 아마 대표적인 예일 것이다. 이태리 유명 화가가 그린 그림의 예수 얼굴은 다 메디치 가문 인물들이다. 돈 얼마 안 들이고 남는 장사한 거다. 개미로 할 수 있는 가장 수익성 높은 창조 산업이 바로 이것이다.

序

이세돌에게 노벨상을

이세돌이 알파고를 한 차례 꺾었다. 누구에게도 지지 않던 알파고의 완벽한 우승에 흠집이다. 매스컴은 호들갑이다. 액면 그대로의, 1승만을 볼 일은 아니다. 컴퓨터에게 게임 한 번 이겼다고 노벨상을 주자는 말도 아니다. 하지만 이기기 위한 이세돌의 생각의 변화가 바로 노벨상 감이라는 점이다. 그의 업적은 바둑이라는 '고전적인 사고'로 디지털의 마음을 이해한 일이다. 이 세계를 만들어 낸 프레임을 넘어선 것이다.

이세돌과 알파고의 대결이 있었고 승부도 있었다. 하지만 이건 게임도 아니고 바둑은 더더욱 아니었다. 바둑이라기에 충분치 못한 것이었다. 바둑이란 둘이 앉아 술이나 차를 홀짝이며 한 수 물리자 우기고, 상대 얼굴에 담배 연기도 뿜고, 가끔은 애처로운 마음에 져 주기도 하는 즐거운 '놀이'다. 아무리 냉혹한 프로라도 자갈밭에 구루마 구르듯 눈알 굴리며 서로를 탐색하는 인간적 놀이다. 반상 갖다 놓고 돌은 올려놨다 해도, 주고받는 즐거운 인간적인 교감이 없으면 진정한 바둑은 아닌 것이다.

'프로' 대국이니 백 번 양보해 일종의 바둑이라 하자. 이세돌이 대전료를 받는 만큼 알파고는 더 순도 높은 전기를 공급 받는가? 영국의 천체 물리학자 스티븐 호킹은 두려운 건 인공지능AI이 아니라 자본주의라고 했다. '재주는 곰이 넘고 돈은 되놈이 받는다'고, 재롱 피우는 알파고 뒤에 돈주머니를 열고 있는 것은 구글Google이다.

프로란 어떤 일의 전문가로 그 일로 밥을 먹고사는 사람이다. 즉 알파고도 프로면 프로답게 돈을 받고 그것으로 자기의 삶을 영위해야 한다는 것이다. 이런 의미에서 알파고는 프로가 아니라 그냥 기계다. 포클레인하고의 팔씨름이나 별 다름없는 짓이다. 기계하고 힘겨루기 한 이세돌도 미련하기는 매한가지였다.

잠시 바둑이 지니는 문화적 위치를 생각해 보자. 사회자는 대전을 해설한다. 바둑 게임 해석이 무슨 동양 고전古典 풀이 같다. 돌 한 점 한 점이 구구절절 사자성어에 고전 인용이다. 우습지 않은가? 무슨 삽질인지, 컴퓨터가 계산한 바둑돌을 사람들은 동양 고전으로 이해한다. 둘이 이렇게 보는 눈이 다르다.

계산은 계산일뿐이다. 컴퓨터는 격언이나 의미로 바둑을 두지 않았다. 하지만 인간은 깨달음을 들고 나와 난리친다. 그러니 진다. 4차 산업이 어쩌니 호들갑 떨던 인간들이 바둑 앞에선 1차 산업 세계로 돌아가 동도서기東道西器니 서도동기書道東器니 하며 삽질한 거다. 알파고는 자체로 4차 산업으로 계산하는 동안 1차 산업 세계로 농부의 마음農心을 외치며 대응한 꼴이다. 우습기 짝이 없다. 컴퓨터 앞에 쟁기를 들었으니 당연히 질 수밖에 없는 거다.

고전을 전공한 입장에서 동양 고전 해설은 눈이 크게 뜨이는 대목이다. 쉬운 예로 바둑 만화와 드라마로 유명해진 바둑 용어 '미생未生'은

도가 계열의 고전 『열자列子』에서 처음 등장한다. 『열자』에서 미생이란 '살지 못한' 즉 '죽음'을 일컫는다. 바둑도 마찬가지지만 지금껏 고전에 길이 있다고 생각한 것이다.

요즘 고전 읽기가 유행하며 떠오르는 곳이 시카고대학교다. 이 대학 교는 당초 별 볼 일 없는 삼류였다. 하지만 총장 로버트 허친스가 도입 한 시카고 플랜을 통해 노벨상 수상자를 80명이나 배출한 명문 중에도 왕 명문 대학으로 발돋움했다. 그의 방법이란 간단한 교칙에서 출발한 다. 고전을 달달 외우지 못하면 졸업을 못한다는 것이다. 여기서 바로 100권의 고전 목록인 '그레이트북스The Great Books'가 탄생하여 심지어 우리까지 괴롭히고 있다.

시카고대학의 예로 보듯 고전에 노벨상으로 가는 길이 있다고 한다. 시카고가 날아오를 때 하버드, 옥스퍼드도 놀고 있지는 않았다. 공부 더 잘하는 그들이 외우는 건 더 잘했을 것이다. 즉, 단순히 외우는 것만 으로 노벨상은 힘들다는 뜻이다. 고전이 약발을 발휘하려면 단순히 암기를 넘어선 뭔가가 더 있어야 한다는 말이다. 이걸 불교에서는 백척 간두百尺竿頭에서 한발 더 나아가야 한다고 말한다.

하지만 오늘날의 관점으로 보자면 고전이라는 게 상당히 문제가 많은 책들이다. 한국의 고전인 『춘향전』은 청소년 성교이고, 심청전은 인신매매와 인신공양이라서가 아니다. 우리가 읽는 대부분의 중국 고전 은 일본 번역을 다시 한국어로 번역한 것이다. 한국 번역이라도 도무지 맥락을 알 수 없는 아리송한 문장이다. 게다가 원래 언어인 고대 중국어 가 일본어로 구르고 중국어로 포복하다 보니 내용만 남고 의미나 맥락 은 다 놓쳐 기름 빠진 뼈다귀 꼴이다. 우려낼 사골도 옆에 붙은 살점도 다 빠졌다. 우리나라의 『성경』조차 처음에는 중국어에서 온 번역에서 시작하였기에 아직까지 웃지 못할 한자 오해가 생기기도 했다.

고전古典은 글자 그대로 옛날 책이다. 영어로는 클래식Classic이라 하는데 클래식은 그리스와 로마가 만들어 낸 '문화 형식'을 의미한다. 또 클래스class는 '나눈다'는 말로 '계급'과 '교실'이라는 뜻도 있다. 그리고 고전이란 '이야기로 꾸며진 사전辭典'의 기능을 수행하기도 한다. 사전은 언어 해석인데 이야기가 있다. 즉 말은 맥락이 중요하다는 의미다. 따라서 고전은 당시의 시대적 상황과 언어에 상당히 민감하다.

동아시아의 고전 『대학大學』에도 "사물에는 본말本末이 있고 일에는 시종始終이 있다. 일의 선후先後를 아는 것은 도道에 가깝다"라고 하듯 고전이란 신분의 위아래, 행동이나 일의 길을 알려 주는 것이다. 즉 언어 맥락의 틀 안에서 세상을 바라보라고 고전은 말한다. 고전의 본래 용도가 이것이다.

얼마 전 고고도미사일 사드 배치와 관련해 중국 외교부장 왕이王毅는 "항장의 칼춤은 유방을 겨누고자 함項莊舞劍, 意在沛公"이라는 사마천의 『사기史記』 중 '항우본기項羽本紀'를 인용했다. 이 역시 기본적인 수준의 고전 이용을 보여준 것이다. 이세돌이 진 바둑처럼 한발 더 나아가지 못한 정치적 비유일 뿐이다.

바둑은 시작과 끝, 한 수 한 수마다 고전에 근거한 이름이 있고 사연이 있으며 길道도 있다. 본말과 시종을 말하는 『대학』과 다를 바 없다. 이세돌도 그렇게 전통적인 방법으로 고전을 통해 길을 배우고 익혔을 것이다. 고전으로 훈련된 눈으로 세상과 바둑판을 바라보았을 것이다.

바둑 기사가 그렇게 배웠다고 알파고까지 고전의 언어와 의미로 바둑을 배웠다고는 생각할 수 없다. 알파고는 고전에는 관심도 없이 그냥 계산만 했다. 컴퓨터 계산에는 의미도 사연도 없다는 말이다. 컴퓨터는 바둑으로 인생 따위를 배우지 않았다. 대신 지금껏 축적된 모든 바둑의 기보를 가지고 몬테카를로 시뮬레이션 프로그램에 따라 인생이나 직관이 아닌 승률이 가장 높은 곳에 바둑알을 놓았을 뿐이다.

고전의 의미가 계산과 승률로 바뀐 것이다. 때문에 만약 정해진 길, 고전에서 지목한 고정된 사고만 한다면 지금까지와 마찬가지로 이세돌은 절대 알파고를 이길 수 없었을 것이다. 손뜨개질 명인이 방직 기계를 이길 수 없는 것과 마찬가지다.

이세돌은 내리 지다가 알파고에게 일승을 거두었을 때, 모든 해설자는 그가 파행적인 바둑을 두었다고 한다. 그는 3패를 통해 고전이라는 막다른 길로써는 가능성을 찾을 수 없었을 것이다. 때문에 그의 승리는 고전의 길을 넘어서는 법을 모색한 것이다. 이 부분이 바로 그가 지닌 진정한 의의라고 평가하고 싶다. 고전에서 말하는 고정된 사고방식을 벗어나 이전과는 다른 사고방식으로 세상을 포석했기 때문이다.

알파고는 수천 년간의 기보道를 숫자 데이터로 변환하였다. 도道를 숫자로 만들어 계산한 것이다. 하지만 이세돌은 도를 숫자로 계산하는 기계가 아니라 인간이다. 계속된 패배로 몰린 그는 지금껏 생각지 못한 새로운 의미의 세계를 열어야 했다. 알파고의 마음을 이해하고 그 틈새를 공략하는 일을 한 것이다. 이게 바로 수천 년간 고전의 한계를 뛰어넘는 일이 아닐 수 없다. 그렇다. 이세돌의 의미는 고전이 만든 인간의 도라는 프레임을 넘어선 것이다.

일본에는 많은 노벨상 수상자가 있다. 중국에서도 전통 의학에 대한 이해를 바탕으로 신약을 개발해 노벨상을 거머쥐었다. 불행히도 우리에게는 없다. 그들 모두 처음에는 고전에서 길을 물었지만 종래에는 그 길에 머물지 않고 넘어섰다고 말한다. 우리가 그런 혁신을 이루지 못한 것은 고전이 정해준 프레임을 벗어나지도 못했기 때문이다.

알파고를 이긴 이세돌이 그들 노벨 수상자와 마찬가지로 크고 새로운 길을 열었다. 새로운 세계로 나아갈 가능성을 보여 주었다. 그가 그 길을 더 걸을 수 있을지 모르지만, 어쨌든 우리는 그가 보여준 새로운 길道을 걸어야 한다.

고전이 막혔기에 길을 넘어서 컴퓨터의 마음까지 이해한 이세돌에게 노벨상을 수여해야 한다고 생각한 것이다.

序

타향도 정이 들면 고향이다

고향을 예찬하는 대중가요 가수의 솔직함은 대단하다. 김상진이라는 가수였던 것으로 기억한다. 그는 TV에서나, 라디오에서 "타향도 정이 들면 고향이라고, 아니야! 그것은 거짓말! 향수를 달래려고 술에 취해 하는 말이야! 타향은 싫어 고향이 좋아~"라고 외쳤다. 서울 태생도 그 노래가 지니는 메시지를 알아듣는 귀는 있다.

김상진이 전한 노래에는 서울은 삭막한 '타향'이고 어딘가 푸르른 '고향'이 있다고 말한다. 도시에 살지만 진정으로 내가 가야 할 곳, 속한 곳이라는 플라톤의 이상주의인 이데아론과 유사한 결론에 도달하는 가사라고 생각했다.

〈고향이 좋아〉는 대체로 고향이 시골인 사람들이 좋아하는 곡이다. 술만 마시면 꼭 이 곡을 18번으로 부르는 사람도 종종 보았다. 누구든 오랜 타지 생활을 하다 보면 고향이 그리운 것은 인지상정일 것이다. 서울 사람 대부분이 '타지인'이고 서울은 고향을 떠나온 사람에게는 영원한 '타지'이기 때문이리라. 서울은 바로 타자의 장소다.

하지만 서울에서 태어나 자란 사람에게 이 노래가 주는 뉘앙스는 불편하기 그지없다. 하지만 서울 사람은 김상진처럼 아찔할 정도로 무례하지 못해서 직접적으로 촌놈들이 싫다고 노골적으로 말할 수 없다. 노래대로 한다면, 서울에 태어나고 살아가는 서울 사람은 시골 출신에게는 차가운 타인이다. 그 노래를 듣고 부르는 한 서울에서 태어났더라도 자기 고향이 자기에게 타지라고 노래하는 격이다. 서울 사람은 스스로가 타자他者라고 고백하는 꼴이다. 때문에 그와 유사한 이야기나 노래를 들으면 겉으로는 웃지만 "서울이 꼬우면 가!"를 맘속으로 되뇌곤 한다.

그럼 타지에 사는 타자의 심정을 알아보자.

서울에서 태어난 사람은 다른 사람들이 '타향他鄕'이라고 하는 곳을 고향으로 살아간다. 서울이 고향이라면 본의 아니게 실향민이 되는 셈이다. 자기 부모는 서울이 고향이 아니며, 시골 출신들은 서울에 타향이라는 이름표를 붙여 놓았기 때문이다. 따라서 서울 출신은 고향인 서울 안에서 고향을 잃은 사람이고 고향이 없는 서울 사람에게 향수란 낯선 감정이다.

패티 김 누님은 〈서울의 노래〉를 통해 "종이 울리네, 꽃이 피네 새들의 노래 웃는 그 얼굴"이라 노래함으로써 고향을 잃은 사람의 마음을 달래주려고 하였다. 안타깝게도 그 노래는 서울을 담지 못해 서울 출신에게 실감을 주지 못했다. 우리는 고향 서울을 "꽃이 피거나 새들의 노래" 같은 그림과 일치시켜 본 적이 없었기 때문이다.

잃어버린 고향을 그리워하고 타향에 대한 원망의 노래가 많을수록 서울이 고향일 수 없다는 생각은 더 짙어진다. 게다가 서울은 눈 감으면 코 베가는 사기꾼과 깍쟁이만 사는 곳이라고 한다. 서울에 사는 대부분이 타지 사람이니 코 베가는 사기꾼도 찔러도 바늘도 안 들어갈 깍쟁이

조차도 실상은 서울 출신이라기보다는 아름다운 고향을 가진 따스한 마음의 사람들일 것이다.

타지에서 온 사람은 자기의 고향을 서울과 일치시키지 않고, 자신을 서울 사람과 일치시키지 않기에 온갖 나쁜 짓을 다 해도 욕은 서울 사람이 먹는다. 서울 사람으로서는 고향이 지닌 의미를 빼앗긴 것도 억울한데 욕까지 먹으니 부아가 치민다. 하지만 인내하고 포용하는 모습에서 서울 사람은 깍쟁이라기보다는 너그럽다고 할 수 있다. 아니. 정확히는 시크해서 촌에는 관심이 없다.

미국의 생물학자 에드워드 윌슨Edward Wilson은 인간은 근본적으로 생명체와 함께하는 것을 좋아하는 생명 사랑Biophilia을 본성으로 한다고 인간에 대한 정의를 새롭게 했다.

우리는 숲을 걸으면 기분이 좋고, 좋아하는 사람과 함께하면 행복하고, 동물을 기르면서 왠지 마음의 안정을 얻는다. 그래서 숲이 있고 개울이 있으며 정붙일 생명이 함께하는 시골을 마음의 고향으로 그린다. 진짜 고향이 있건 없건, 마음속 고향은 이런 것이다. 여기서 시선을 돌려 보면 진정한 윌슨의 업적이 드러난다. 그는 고향의 실체를 밝힌 것이다. 고향이란 바로 자연이고, 같이하는 사람이 있는 곳이다.

문제는 서울에서 태어나 지금은 콘크리트로 복개한 똥물 개천에서만 놀던 사람은 푸르름을 고향으로 상상하기 힘들다. 푸르름이나 따스한 이웃의 정이란 놀다가 그냥 떠나야 할 휴양지의 민박집 할머니 인심으로 여긴다. 이런 도시민들은 공기 좋은 곳에 갔다 공기가 답답한 서울로 복귀하면 크게 기지개를 켜고는 산뜻하다는 듯 공해를 만끽한다. 그리고 쌀쌀한 도시민을 지나치며 자유로움을 느낀다. 도시의 콘크리트 속에서 태어나 쌀쌀한 태도와 공해 속에서 성장한 공해 체질의 태생적 한계다.

이런 서울 태생들의 명절 풍경을 잠시 엿보자. 아침에 차례 모시고 일찌감치 비비 꼬며 친지 어르신에게 인사를 드리러 한 바퀴 돌다 해질 무렵에 귀가한다. 이때부터 명절 수금업무에서 벗어나 친구들과 오락실에서 만나거나 그것도 힘들면 새우깡 들고 명절특집 예능 TV 프로나 보며 키득거린다. 혹은 아버지 몰래 차 몰고 나와 텅 빈 서울 거리를 질주하며 뻥 뚫린 '고향의 맛'을 만끽하기도 한다. 이게 바로 서울 태생이 느끼는 고향의 참맛이다.

1977년 여름이었다. 빼앗긴 고향 서울에도 진정한 '봄'의 노래가 태어났다. 바로 산울림의 〈아니 벌써〉다. 이 노래는 배신당하지 않는 서울의 아름다운 '나'를 현실적으로 보여 주었기에 기념비적이다.

산울림이 노래한 고향은 "아니 벌써 해가 솟았나? 창문 밖이 훤하게 밝았네!"로 시작한다. 잿빛의 회한이 아닌 밝은 도시가 주는 즐거움은 "아침 발걸음"과 "콧노래"로 이어진다. 즐거울 뿐 아니라 기쁨에 대한 "부푼 마음 가슴에 가득"한 곳이다. 특히 "정다운 눈길 거리에 찼네!"는 서울 태생만의 느낌을 잘 잡은 소절이다. 이런 감성을 프랑스 소설가 알베르 카뮈Abert Camus는 "따스한 무관심"이라고 표현한 것이리라.

타지인의 서울에 대한 정서적인 반감으로 만들어진 '무심하다'거나 '냉정하다'는 평가를 완전히 뒤집은 가사가 아닐 수 없다. 노래가 전하는 서울의 정서는 점점 아름다워만 간다. 너무나 즐거워 "정말 시간 가는 줄 몰랐네"로 고백을 한다. 결국에는 도시의 아름다움은 꽃이 아니라 "거릴 비추는 가로등"이 되어 "하얗게 피었네"로 정절에 이른다.

〈아니 벌써〉와 패티 김 누나가 노래한 서울을 비교해 보자. 누나의 노래는 사실 진정한 서울이 아니기에 찜찜했다. 서울에 무슨 종이 울리고 꽃이 피고 새들이 노래하는가? 이는 서울의 탈을 쓴 유럽의 소도시나 전원마을 같은 곳이다. 하지만 산울림은 패티 김이 노래한 "웃는 얼굴"이 아니라 현실적인 서울 사람의 표정인 "지나치는 얼굴"의 삭막함을 정겹게 바라보고 즐긴다. 이런 점에서 산울림은 패티 김과 서울에 대한 본질적인 이해를 완전히 달리한 것이다.

신중현의 〈미인〉도 그렇다. "한 번 보고 두 번 보고 자꾸만 보고 싶네, 그 누구도 넋을 잃고 자꾸만 보고 있네" 같이 서울이라는 도시가 주는 번잡함과 아름다움의 표현이다. 전형적인 뉴요커인 빌리 조엘Billy Joel도 〈마음속 뉴욕New York State Of Mind〉에서 "사람들은 휴가로 할리우드나 마이애미비치를 가지만 나는 뉴욕 일주 버스를 타고 한 바퀴 돈다" "데일리메일, 차이나타운이 주는 편함과 즐거움으로 떠날 이유를 못 느끼기 때문이다"라고 고백한다. 이런 느낌을 사는 이가 바로 도시인이다.

오늘날 도시가 주는 흥분은 더욱 더 짜릿해만 간다. 게다가 이제는 시골에 있던 '고향'을 찾아도 덩그러니 아파트 몇 채 서 있다. 그토록 찬양하던 고향도 이제는 자기를 배신한 것이다. 몇 시간씩 차가 막히는데도 불구하고 그저 할머니 할아버지가 사시는 조금 한산한 아파트가 있다는 차이 뿐이니 이제 시골도 더 이상 자연과 이웃의 정이 아니다.

하지만 윌슨의 말대로 우리에게 생명 사랑은 본성이고, 고향을 그리워하는 수구초심首丘初心이 있다. 이런 삭막한 콘크리트 도시에만 살 수는 없다는 말이다. 시골이 있을 때는 돌아갈 자연이 있었지만 시골 사람에게는 이제 그것도 쉽지 않다. 게다가 예전의 자연과 오늘날의 자연은 다르다. 예전의 자연은 지나가며 반갑게 손 흔드는 논 갈고 밭 갈던 고향 산천이었다면 이제 자연은 자연 보호를 위한 입산 금지 지역과 등산로만 있다. 아웃도어가 새로이 각광받는 여가 종목으로 떠오르는 이유도 그렇다.

말이 길어졌다. 도시는 활기에 차고 즐겁지만 마음속 갈망을 완전히 채워 주지 못한다. 더 즐겁고 편안하고 아름답기 위해서는 자연과 사람이 필요한 것이다. 그럼 자연과 사람을 어디서 찾아야 하는가. 가장 좋은 방법은 바로 도시 안에서 자연을 회복하는 것이다.

서울을 고향으로 만들고 서울 가는 길을 가슴 설레는 귀향길로 만들려면 서울에서 자연과 사람을 찾아야 한다는 말이다. 만약 서울에서 자연과 사람을 찾는다면 더 이상 서울 사람은 실향민이 아니리라. 더 이상 타지도 타자도 없다는 말이다. 이제는 도시 위에 다시 사람과 자연을 세우고 자연과 사람 위에 도시를 세울 지혜가 필요하다는 얘기다.

우리가 인간인 한 도시는 짜릿함이지만 자연과 사람은 몸과 마음의 안정이다. 인간의 본성에 기초한 평안함 없는 짜릿함은 그저 사상누각일 뿐이다. 그렇다고 짜릿함마저 뭉개는 고향으로의 회귀 또한 바람직하지도 가능하지도 않다.

도시에서 도시가 싫다고 징징대기만 해도 좋은 일이 아니지만 자연 속에서 느긋함만을 뽐낼 수도 없다. 고향에서 도시의 현대성을 생각하고, 동시에 도시에서 고향의 푸근함을 함께 추구해야 타자他者와 일자一者를 모두 잡는 '일타쌍피'가 아닌가 한다.

序

포켓몬 고Pokémon Go와 떠돌이 혼령들

덥다. 이글거리는 태양이 밉다. 그렇다고 에어컨을 시원하게 틀 수도 없다. 전기 요금 누진제 폭탄이 무서워서다. 그렇다. 옛날에는 호환, 마마가 무서웠지만 지금은 전기 요금이 불법, 불량 비디오만큼 무섭다. 누진제 공포는 소름이 아닌 짜증나는 땀띠로 보답한다. 이럴 땐 그저 더위를 이길 소름 돋는 귀신 이야기가 최고다. 더우니 잠시 심령덕후스러운 상상을 해 본다.

포켓몬 고는 핸드폰을 가지고 하는 증강현실Augmented Reality, AR 게임이다. 어플리케이션을 실행하고 카메라를 켜면 핸드폰 화면에 일상적인 사물과 더불어 곳곳에 포켓몬이 나타난다. 포켓몬 고는 이런 포켓몬스터를 사냥하고 키우면서 진화시키는 게임이다. 어쩌면 이 게임이 증강현실이라서 더 현실성이 느껴진다. 맨눈으로는 보이지 않더라도 누군가 보고, 듣고, 잡는다. 혹은 게임에 집착해 우연히 포켓몬 지도에 속하게 된 속초로 몰려가고 심지어는 가택 침입으로 고발당한다. 대중에게는 가상이지만 포켓몬은 '보는 자'에게 강렬한 현실이다.

포켓몬은 일본의 풍부한 요괴妖怪의 이미지를 재료로 탄생하였다. 원래 몬스터를 사냥해 주머니에 들어가는 구슬에 봉인하고 조련하며 대결하는 닌텐도 게임이었다. 최근에 유행했던 '요괴워치'도 구슬대신 시계에 봉인한다는 그림만 다를 뿐 포켓몬과 유사하게 괴물이나 요괴 혹은 귀신을 재료로 삼는 게임이다. 요괴가 재료이어서인지 포켓몬은 게임 출시 초기부터 게임과 관련한 황당한 괴담 여럿을 몰고 다녔다.

일본의 괴물이나 요괴가 다는 아니다. 포켓몬 고에 자극을 받은 중국도 유사한 게임에 도전장을 냈다. 중국이 작심하고 괴물, 요괴 그리고 귀신 이야기를 풀어내면 여기도 한도 끝도 없을 터이다. 가장 오래된 『산해경山海經』부터 시작하여 『요재지이聊齋志異』, 『서유기西遊記』, 『봉신연의封神衍義』에 나오는 괴물 요괴만 잘 포장해서 증강현실을 통해 길거리에 풀어 놓는다면 한동안 핸드폰을 손에서 떼어낼 수 없을 것이다. 이러면 길거리는 귀신과 요괴의 전쟁터가 될 터이다.

상상해 보라. 편의점 천장을 날아다니는 천녀유혼倩女幽魂의 섭소천聶小倩이나 길거리에서 꼬리를 살랑살랑 흔들며 그대를 막아서는 구미호九尾狐. 그리고 예쁘게 변신하는 청사靑蛇가 신호등 앞에서 우리를 기다릴 날이 머지않았다. 한 가지 안타까운 것은 한국에는 이토록 강력한 흡인력을 지닌 괴물이나 요괴에 대한 전통적 자료가 부족한 형편이다. 달리 말하자면 일본과 중국의 요괴 경쟁에 집어넣어 석권할 한류가 부족하다는 것이다. 요괴를 크게 인정하지 않던 문화적 특색이 아쉽기 짝이 없다.

꼭 요괴가 아니라면 달리 가능성을 타진해 볼만한 것이 없는 것은 아니다. 어찌 보면 증강현실인 포켓몬 고 게임과 우리가 생각하는 귀신이나 혼령과 상당히 유사 구석이 많다고 할 수 있다. 일본이나 중국에서는 사라졌지만 우리에게는 귀신과 혼령에 관련한 샤머니즘이라는 대단한 전통이 끈질기게 이어져 오고 있다.

샤머니즘이 가진 문화적 콘텐츠를 즐거운 놀이로 만들어 낼 가능성을 상상해 보았다. 먼저 우리 문화가 지닌 특징을 스마트폰 환경으로 눈을 돌려볼 필요가 있다. 포켓몬을 보려면 맨눈이 아닌 스마트폰이라는 장비와 어플리케이션이 필요하다. 마찬가지로 평범한 사람은 볼 수 없는 신령한 것을 보는 사람들이 있다.

이들이 바로 무당이다. 이들의 눈이 보통 사람의 안구眼球와 다르다는 아무런 근거는 없다. 안과를 데리고 가도 다른 사람과 같다고 진단할 것이다. 하지만 무엇인가는 다른 점이 있기에 '못 볼 것'을 본다고 할 수 있다. 그렇다. 바로 프로그램이다. 아마도 그들의 두뇌 혹은 시각을 담당하는 후두엽이나 이를 처리하는 측두엽에 포켓몬 고와 같이 귀신을 증강현실로 볼 수 있는 어플리케이션이 깔려 있을 것이라고 가정해야 옳다. 귀신도 포켓몬과 마찬가지로 문화적으로 익히거나 타고난 프로그램 또는 어플리케이션이 있어야 보인다는 말이다. 정리하자면 모든 사람의 눈과 뇌는 스마트폰과 마찬가지인 기기인데 무당은 평범한 사람과 달리 귀신을 보는 어플리케이션을 다운 받은 사람이라고 가정해 볼 수 있다.

포켓몬 고 어플리케이션은 길거리 여기저기에 포켓몬이 널렸다는 것을 알려 준다. 마찬가지로 귀신을 보는 자들도 귀신이 여기저기에 있다고 한다. 귀신이나 포켓몬이나 서식지에 별 차이가 없다는 말이다. 단지 귀신은 확인할 수 있는 두뇌 회로라는 어플리케이션이 보급되지 않았을 뿐이다.

둘 모두 길거리 여기저기 있지만 평범한 눈으로는 볼 수 없다. 어떤 대상은 어플리케이션을 통해서만 볼 수 있고, 어떤 대상은 특정 능력을 지녀야 볼 수 있다. 그리고 특정한 방법을 통해서만 잡거나 제어할 수 있다고 한단다. 그러니까 우리는 지금 유사한 대상을 하나는 스마트폰의 증강현실 어플리케이션으로, 다른 한쪽은 두뇌의 신경 회로를 통해 만나고 있는 것이다.

보통 귀신이라 하면 돌아가신 분의 혼령이라 여기지만 반드시 그런 것만은 아니다. 돌아가신 분이 귀신이 되지만 직접적인 혈연적 관련이 없는 귀신은 떠돌이 잡귀일 뿐이다. 수준도 다르다. 영험한 신부터 악귀까지 하는 일과 종류도 다양하다. 포켓몬도 그렇다. 때문에 대상도 귀신과 상당히 유사하다고 하겠다. 따라서 게임상의 포켓몬이나 실제적인 귀신이나 실체적으로는 별 다를 바 없다고 가정할 수 있다. 포켓몬과 귀신에는 온갖 성격의 괴물 요괴가 다 섞여 있다. 영웅도 있고 악당도 있고 평범한 귀신도 있을 것이다.

포켓몬은 게임 회사가 인공적으로 만들어 낸 허상이고 귀신은 자연적 산물이기에 증강현실이 아니라고 생각한다면 이를 현미경의 예로 반박할 수 있다. 증강현실은 단순한 핸드폰 기술 발전의 산물이라고만 말할 수 있는 게 아니다. 증강현실로 세상의 이면을 들여다보게 된 것도 오늘날의 일만은 아니다. 증강현실은 종종 사물이나 세상의 이면을 들여다보는 계기를 마련해 준다. 그리고 이 발견은 신의 의미조차 뒤바꿨다.

현미경의 발명으로 병균을 발견하기 전에 치료 불가능한 전염병이던 마마麻麻는 수명을 관장하는 자연신인 칠성과 동일시하며 어찌 할 수 없는 무서운 역신疫神이었다. 하지만 현미경을 통해 천연두Smallpox가 그 병균임을 발견하면서 이야기는 달라진다. 과학자들은 귀신이 아닌 현미경 속 천연두 균을 현실로 끄집어내어 예방과 치료를 할 수 있게

됐다. 심지어는 퇴치 프로젝트를 통해 지구상에서 천연두는 완전히 멸절되었다.

현미경은 귀신을 병균이라고 바꾸어 만들어 준 증강현실이었다. 즉, 증강현실 속 포켓몬이나 현미경이라는 증강현실 속 천연두 즉 마마가 다를 바 없다는 말이다. 아직도 무당들은 마마를 신으로 모시고 있지만 신의 성격은 변했다. 더 이상 역병을 일으키는 무서운 신이 아닌 질병의 신이다. 마마의 운명도 증강현실에 바뀌는 뒤웅박 신세였던 것이다.

다시 확인해 보자. 포켓몬 고와 귀신은 모두 괴물 요괴로서 우리 주변 도처에 널려 있다. 단지 각기 다른 어플리케이션을 적용해야 파악하거나 조정할 수 있다. 어느 날 몸에 심어 뇌로 바로 연결하는 스마트폰이 개발되었다고 상상해 보자. 그렇게 둘 사이의 차이를 뛰어 넘게 만들어 주는 어플리케이션이 개발된다면 어떤 일이 일어날까?

생각만으로도 짜릿하다. 귀신도 포켓몬 고와 같은 게임으로 만들어 낼 수 있지 않을까? 아니 반대로 포켓몬이 귀신과 같은 오싹한 존재로 바뀔 수도 있을 것이다. 혹 현미경에서 보듯 귀신조차 현실로 꺼내 실생활에 여러모로 이용하는 건 아닐지 궁금해진다. 귀신이 나타나면 추워지니 이를 한 여름용 에어컨으로 이용하는 등의 새로운 아이디어 말이다.

중음신中陰身이 구천을 맴돌 듯 이제는 이승을 떠도는 포켓몬 고를 통해 괴물 요괴들이 우리 주변을 돌아다니고 있다. 구글이 지도를 넘겼기에 한반도 세상은 요괴들이 들어올 문이 이미 열린 것이다. 포켓몬 고와 마찬가지로 귀신도 GPS를 통해 사냥하고 키워서 대결하는 게임을 하는 세상을 은근히 기대해 본다. 이 여름 상상만으로 으스스하다.

그런데 포켓몬 고를 위한 구글 지도를 귀신에게도 쓸 수 있나? 그것도 궁금하다.

序

'무당'과 '굿'의 눈물

박근혜 전 대통령과 비선실세 문제로 한국의 라스푸틴, 신정神政, 무당, 사이비 종교, "점괘로 정치를 하네", "청와대에서 굿판을 벌였다"는 등 온갖 비난이 쏟아졌었다. 진위나 치죄治罪의 문제를 떠나 아직까지 그런 것들을 비난하는 데 '무당'이나 '굿' 같은 단어를 사용하는 데 분개했다. 조선도, 일제도, 박정희 유신시절도 아닌데 아직까지 이따위 비뚤어진 시선으로 샤머니즘을 보고 있다는 데 소름이 돋는다.

무속(샤머니즘을 무속이라고 하니 이 용어를 잠시 쓰자)이 미신이라고 한다. 미신은 일제와 박정희 그리고 기독교가 정성 들여 가꾸어 놓은 프레임이다. 무속이나 다를 바 없었던 일본의 신토神道는 그대로 놔둔 채 무속만 잡았다. 아직까지 무당에 대해 미신 프레임을 가슴 속에 지키고 있는 우리는 박정희가 키워 놓은 소중한 자녀, 박근혜의 형제자매임에 틀림없다.

SNS를 떠도는 엉터리 논자들은 무시하더라도 시대의 지성이라는 도올 김용옥조차 "무당 굿"이라는 표현을 여과 없이 사용한다. 우리 문화계에 깊이 발을 담고 있기에 그는 '무당'과 '굿'의 의미를 잘 알 것이다. 하지만 알면서 무지와 무고의 죄를 범한다. 만약 모른다면 무식한 것이니 무식을 깨닫고 다시는 어디 가서 아는 체하지 말 일이다. 알면서도 그리 썼으니 사기다. 슬프게도 사기꾼은 비단 도올뿐 아니다. 입 다물고 있는 종교 전문가 역시 암묵적 사기죄를 벗지 못할 것이다. 이런 치들을 나는 지레기(지식인+쓰레기)라고 부르고 싶다.

우리나라, 우리 민족이란 무엇인가. 유전자? 애당초 짬뽕이다. 그저 남는 건 언어와 문화다. 종교는 문화의 상당히 큰 부분, 아니 문화 그 자체다. 그중 불교, 유교, 그리스도교 모두 수입품이다. 민물고기로 따지면 우리 생태계에 자리를 튼 배스나 블루길이나 다름없다. 이런 배스나 블루길도 오랜 세월 같이 살며 우리 어종이 되었다. 참붕어격인 우리 고유 종교도 이에 맞추어 진화한다. 무속巫俗도 이렇게 진화한다는 말이다. 역사의 원류니, 단군을 이야기하자는 것도 아니고, "우리 것이 좋다"는 헛소리를 내지르려는 것도 아니다. 그보다는 우리 문화의 생존과 경쟁의 모습을 보고자 한다.

외래종이 들어오면 먼저 토착종을 핍박하고 없앤 뒤 자기가 그 자리를 차지하려 한다. 생태계의 주도권과 정치적 헤게모니를 장악하려는 속셈이다. 조선시대 내내 무당을 천대한 유교가 바로 외래종 육식 물고기 배스였다. 심지어 그들은 헤게모니를 완전히 장악하고도 탄압의 만행을 그치지 않는다.

다음에는 근대화에 목을 매던 일본이 이 태도를 이어받는다. 성리학도 이성의 종교지만 근대 이성과 조금 다르다. 성리학은 종교적인 이성이라면 근대가 지향한 것은 과학적인 이성이다. 돌려서 보면 근대성에 결핍된 부분이 바로 종교다. 때문에 근대에는 개신교가 곁들어서 세트로 함께 다닌다.

한국에서도 일제의 근대성과 개신교가 합세해 무속에 '미신迷信'이란 굴레를 씌운다. 이승만이 개신교의 태도를 잘 보여 주었다면 일본의 민족주의적 근대성을 맹신한 박정희는 신토를 중심으로 일어난 일본의 메이지유신의 충실한 신자였다. 그는 한국 민족주의를 이용하면서도 정작 한국 문화의 핵심에 위치한 무속을 말살하려 했다. 즉 자기에게 유리한 민족적 정서만이 진정한 한국의 민족문화라고 우긴 것이다. 아니 일제가 이루려던 민족문화 말살 정책을 완수하려 하였다.

이 때문에 웃지 못할 코미디가 벌어졌다. 잘난 체하며 박정희 싫다고 난리치는 민족주의나 민주주의 지식인들이 박정희가 설치해 놓은 반민족 목욕탕을 벗어나지 못하고 허덕였다. 일제 때 지식인인 이광수가 빠졌던 함정과 동일한 민족 개조의 덫에 걸린 것이다. 도올이라고 용빼는 재주를 가진 건 아니었다. 그가 그랬듯 이런 '지레기'들이 가장 앞장서서 무당과 굿을 미신이라 손가락질을 하고 있는 모습에서 잘 드러난다.

잠시 곁다리를 쳐 보자. 박정희 때 교과서에는 고유문화, 아니 우리가 좋아하였기에 고수했던 전통문화를 거침없이 미신으로 매도하며 없애려고 혈안이 되었다. 설날이 대표적이다. 설날을 구정舊正이라는 말도 아닌 용어로 폄하하고, 신상품 같아 보이는 신정新正으로 대체하려 하였다. 이건 태음력에 대한 태양력의 우위가 아니라 우리 삶의 리듬에 대한 메이지유신의 도전이었다. 대체로 위에서 시키면 아무 생각 없이 따르는 게 한민족이지만 어찌된 일인지 설날에 대해서는 죽어라고 개겠다. 결국 '민속의 날'이라는 황당한 이름을 획득한 이후 '설날'을 되찾았다.

반대로 현재 교과서에서는 신토불이身土不二니 어쩌니 하며 우리 문화가 좋다고 떠들어 댄다. 우리 문화가 다 좋다는 건 아니지만 대하는 태도나 시선은 두 교과서가 확연히 다르다. 유신과 현대의 두 교과서의 비교를 통해 간단히 관점의 차이를 발견할 수 있다. 아마도 박근혜의 국정교과서도 이 맥락에 서 있는 것이었다.

쉽고 무식하게 보자. 우리 문화가 나쁘다는 건 우리를 먹으려는 타문화의 관점을 지녔기 때문이다. 반대로 좋다고 말하는 건 자기를 지키려는 자국 문화의 관점이라고 할 수 있다. 즉 박정희는 우리 문화를 일본 문화의 관점에서 바라보려 하던 사람이라는 말이다. 덩달아 민족개조라는 언어의 파리통에 갇혀 헤매던 파리 떼 같은 지식인들 역시 타문화의 관점으로 우리 문화를 보려 했다고 할 수 있다. 일본이라는 타자 말이다.

종교라는 현상을 불교, 그리스도교 같은 '집단'으로만 보면 곤란하다. 종교를 교단으로 보는 건 종교를 정당政黨이라고 하는 것과 다를 바 없다. 종교를 교단으로 인식하면 자기와 다른 자를 이단異端이라고 매도하며 정치 투쟁을 벌인다. 중세 유럽의 종교사가 바로 그렇다.

예를 들어 보자. 불교도의 입장에서 보자면, 개신교나 신천지는 별 차이 없다. 보기에 둘이 하는 짓은 그저 세력 싸움, 밥그릇 싸움일 뿐이다. 동시에 타종교에서 보자면 조계종이나 태고종이나 별 다를 바 없다. 무종교의 입장에선, 대표적인 사이비 종교라는 신천지가 이단인 건 아직 세력이 충분히 크지 못했기 때문이라고 생각한다. 아니 신천지건 기독교건 종교가 없는 사람에겐 별 관심거리가 아니다. 가톨릭조차 초기 로마에선 사이비였고 마르틴 루터도 이단이었다. 순복음교회도 초기에는 이단으로 몰리다가 이제는 커지니까 제일 큰 교회니 어쩌니 하며 인정을 한다.

이렇게 종교를 집단으로 보면 세력만 남고 정치만 남는다. 그렇게 신도가 많아지면서 정치화하면 이단도 사이비도 다 해결 난다. 종교 교단이란 결국 정치적인 다구리주의나 다를 바 없다. 다른 측면도 있을 수 있지만 정통과 이단은 기본적으로 다구리로 결정하는 정치적인 문제라는 말이다.

종교란 생물이다. 시대와 환경에 따라 끊임없이 진화한다. 그리고 종교는 정치적 세력인 집단보다는 그것을 믿는 자들의 신앙이나 문화가 생물을 유지하는 몸통이다. 종교 문화란 이런 것이다. 밥을 먹을 때는 젓가락이 아닌 숟가락으로 먹겠다. 똥은 왼손으로 닦겠다. 아무리 신정을 지키라고 목을 졸라도 설날을 세겠다는 고집이 종교다. 따라서 종교의 반대말은 미신이 아니라 '계산적 합리성'이다.

합리성이나 이성의 눈으로 보자면 그리스도교를 비롯해 종교란 대부분 전근대적 사고를 기초로 한 미신이기는 매한가지다. 이성은 사회적 합의를 침해하면 사교라고 본다. 이성은 종교를 병원의 마약이 그렇듯 순기능 또는 역기능으로만 바라보는 것이다. 그렇게 이성으로 보자면, 박근혜가 불교를 믿든 가톨릭을 믿든 개신교를 믿든 전혀 문제될 일이 아니다. 그가 최태민을 믿건 최순실을 믿건 간에 그에게도 자신의 종교는 절실한 진실이었을 것이다. 민주주의는 종교의 자유를 보장하니 그의 종교적 행위를 뭐라 할 일은 아니다.

달리 보자. 역대 대통령 중에 그리스도인이 많았다. 심지어 청와대에서 예배를 본 대통령도 여럿 있다. 청와대에서 예배를 보았다면, 누군가 그곳에서 '조찬 푸닥거리'를 했어도 달래 비난할 이유가 없다. 과학과 합리의 눈에는 기독교나 무속이나 모두 미신인건 매한가지인데 누구 손을 들어줄 이유가 없다. 그저 그 종교가 지닌 정치적 세력의 눈치를 볼 뿐이다.

불교나 기독교나 무속이나 평등하다. 어느 종교가 우월하다는 주장은 각 교단의 선전 문구일 뿐이다. 종종 나라에 긴박한 일이 생기면 스님, 목사, 추기경이나 성균관 관장을 청와대로 부른다. 이들 종교가 옳아서가 아니라 그들이 가진 집단이 사실상 정당과 마찬가지의 힘을 지니기 때문이다. 종교 지도자를 부르는 건 종교적 정치집단에 호소하려는 정치 행위인 것이다. 따라서 국무國巫라는 김금화나 이지산 같은 박수 무당을 부르지 않은 건 그들이 지닌 정치 집단이 원내 정당을 이루지 못한 모호한 세력이기 때문이다.

다시 확인하건데, 대통령이 청와대에서 예배를 보건, 굿을 하건, 성직자를 불러 의견을 듣건, 민주주의 국가에서는 이를 신정神政이라 하지 않는다. 국가의 일은 국무회의에서 공식적인 논의를 거쳐 결정하는 것이다. 성직자의 의견으로 국가적 사안을 결정하지 않는다는 말이다. 종교는 참고 사항일 뿐이다. 그러니 그가 무엇을 믿건 무슨 종교 행위를 하건 대통령으로서 업무를 충실히 한다면 하등 문제가 없다. 자기 직무에 충실하지 않고 국무회의보다 종교 집단의 의견에 더 귀를 기울인다면 그게 미친 거다.

최태민이 '무당'도 아니고 그가 한 짓이 '굿'도 아니다. 종교라는 게 그렇다. 다 같은 미신 믿으면서 속한 갱단이 크다고 다른 곳을 조폭이라고 욕하는 건 별로 바람직하지 않다. 미신이란 말은 거대한 규모의 일본 야쿠자가 소규모의 한국 조폭을 무식한 폭력조직이라 하는 것이나 다름없는 짓이다. 맘에 안 든다고 상대를 '미신'이라 손가락질하고 '무당'이나 '굿'이라고 갖다 붙여서는 곤란하다는 말이다. 그런 물타기가 못마땅하다. 비록 서로의 종교가 달라도 모두 같이 '미신' 믿는 사람들이니 '미신으로 대동단결'하여 서로 보듬어 주어야 하는 거 아니겠는가?

아무나 무당 하는 거 아니다. 무당은 혹세무민하는 사기꾼이 아니라 해당 분야 전문가다. 무당은 목사와 사제나 다를 바 없는 신도들을 보살피는 성직자다. 사기꾼 목사나 사기꾼 스님도 사기꾼 무당(선무당) 만큼 많지만 무당만큼 손가락질 당하지는 않을 것이다.

무당들도 다른 사제 못지않게 자기 수련을 위해 용맹정진勇猛精進 한다. 목사나 신부는 존경하면서 무당은 천시할 이유가 없다는 말이다. 굿이나 예배나 미사나 법회나 모두 고귀한 종교의례. 굿을 제대로 거행하기 위해서 무당은 춥고 어두운 산에 올라가 몇날 며칠을 기도하고 몸과 마음을 정갈히 한다. 그리고 신앙 공동체의 안녕을 위해 자기의 생활을 희생하며 노력한다. 단지 매주 일요일 아침 광화문에서 주일 굿판을 벌이지 않을 뿐이다.

오랜 세월 진화해 왔지만 무당이란 신이 선택한 사람임에 변함없다. 무당은 거부하려 해도 할 수 없어 타인을 위하여 천대받는 성직자의 삶을 받아들인다. 다른 사람이 보고 듣지 못하는 신神을 듣고 보기에 고통도 크고 번민도 많은 자기희생의 삶이다. 하지만 보라. 보통 패거리 큰 종교 집단의 성직자는 명예라도 얻지만 무당은 손가락질만 당한다. 그리스도교에서 신에게 선택받으면 기름 부음 받았다고 감사드리지만 무당은 회피하려다 신병神病에 걸려 가족과 자기의 목숨을 걸기도 한다.

이렇게 보듬어 안고 존중해도 될까 말까 할 우리 문화의 진국인 샤머니즘을 수백 년간 천시해 왔다. 도대체 이런 지식인이나 교과서는 어느 나라 문화의 입장에 서 있는 것인지 묻지 않을 수 없다.

국민 의식의 변화에 따라 교과서도 바뀐 지 오래다. 그런데도 아직도 '무당'이라는 전문 사제의 의례인 '굿'이 모욕당하고 있다. 정권이나 타 종교가 아니라 한국 국민과 한국 지식인이 난도질한다는 게 더 비극이다.

배반의 칼을 맞으면서도 바보 같이 골빈 무당들은 이들을 받들어 모시侍려고 캄캄하고 칼바람 몰아치는 추운 바위에 엎드려 치성을 드린다.

누가 우리네 할머니, 어머니와 희로애락을 같이한 삶의 느낌을 벌레 보듯 수치스럽게 만들었을까? 외래 민족 종교인 유교, 기독교 그리고 일제와 그를 추종한 박정희 정권이다. 통탄스럽게도 그들이 만들어 낸 잘못을 떨쳐 버려야 할 지식인조차 머릿속은 유교와 유신의 언어로 가득차서 무속을 난도질하고 있다. 자기의식을 반성하지 않는 지식인을 진정한 지레기라 해야 할 것이다.

어디 감히 최순실, 박근혜가 저지른 광란을 신성한 신앙이자 의례인 '무당 굿'이라 매도하는가? 지식인들이여, 그 정도 수준의 지성밖에 못 된다면 솔직하게 유신惟新을 신神으로 모셔라. 박정희 버전의 짝퉁 메이지 유신이 싫다면 남산 밑에 메이지明治 텐노의 오리지널 신당을 다시 복원하라. 그게 더 솔직한 지레기다운 모습일 것이다.

4장

정치, 남녀 그리고 덕후

序 러브호텔, 카섹스 그리고 경찰

'러브호텔' 이름만으로도 끈적끈적한 퇴폐와 불륜의 내음이 물씬하다. 인기를 구가하고 있는 유명 심리학자 김정운은 여가를 즐기지 못하는 한국 사회에 "남는 것은 상업주의적인 쾌락뿐"이라고 질타한다. 그는 바로 "변두리에 가득 찬 경마오락실, 러브호텔"이 상업주의적 쾌락이라고 지적하고 있다. 하지만 이는 오랫동안 해외에서 '문화심리학'을 공부한 책임 있는 '지성인'이 입에 담을 수 있는 말은 아니다.

'경마'는 신분 상승이 불가능한 절망적 사회의 반영이고 '러브호텔'은 머물 곳 없어 방황하는 사랑의 표상이다. 이 둘이 갖는 의미를 단순히 상업주의적 쾌락으로만 폄하할 수 없다. 결국 심리학자가 한 일은 책이나 언론에 대고 쓸 데 없는 '나팔'을 불어대 결국 잘 놀던 사람들이 경찰의 특별 단속 같은 날벼락을 맞게 만든 것이다. 짜증나고 몰지각한 행각이었다.

대학가에 있는 러브호텔은 생각하는 것 같이 불륜의 장소는 아니다. 갈 데 없는 불타는 연인들이 건강하고 생산적인 용도로 사용함은 물론이고, 시험 때는 기말고사 준비 방으로 이용하기도 하고 생일 때는 파티장으로 변하는 다목적 시설이다. 심지어 지방의 러브호텔은 군대의 막사로 이용하기도 하고 기밀을 요하는 시험 출제를 위한 시설로 탈바꿈하는 가히 국가적 '기간 시설'이나 마찬가지다.

간혹 외국 영화를 볼 때 좋은 '러브호텔' 놔두고 '여자 집'에서 불륜을 저지르다 남편이 들이닥쳐 창문으로 뛰어내리는 장면이 등장한다. 참 이상한 녀석들이다. 하지만 외국에 나가 보니 참담하게도 그들은 그 좋은 국가 기간 시설인 러브호텔을 구비하지 못했다. 참으로 도입이 시급하다는 생각이 들어 쓴 위스키 한 잔을 털어 넣으며 외국 친구들에게 답답함을 토로했다. 하지만 외국 녀석들의 반응은 영 시원치 않았다. 자기네들은 그냥 애인과 '집'에 가서 '한다'고 당당하게 말하는 것이다.

헉! 집에서 한다니! 지금껏 나를 지탱하던 '인륜人倫'과 문명에 대한 기대감이 무너지는 순간이었다. 이런 천하에 무도한 놈들! 정식으로 혼인도 하지 않은 것들이 어찌 부모님께서 시퍼렇게 두 눈을 뜨고 계시는 집에서 운우지락雲雨之樂을 나눈다는 말인가!

하지만 곰곰이 생각해 보면 그림이 다르다. 비교적 나이든 녀석들조차 결혼은 생각 없고 '마누라' 아닌 '여친'만 노래하는 놈들이다. 아무리 인륜人倫의 대사大事인 성스런 가정과 혼인을 완고하게 외치며 광분해 봐야 쇠귀에 경 읽기다. 그날 동방예의지국의 후예는 '절망'을 맛봐야 했다.

그들과 달리 우리네 가정은 부적절한 유교적인 가족애와 군기만 차고 넘쳐난다. 부적절한 유교 때문에 집에서 연인과 맘 놓고 사랑을 나눌 수 없는 유교적 가족주의하에서 유일하게 벗어날 수 있는 해방구가 러브호텔이다. 이곳이 바로 사랑과 욕망이 이루어지는 개인적인 공간이다.

러브호텔이 제공하는 개인적 공간은 사랑을 나누는 연인에게도, 집단 자살하려고 모인 사람들에게도 절박한 것이다. 결코 단순히 퇴폐나 상업주의적인 쾌락으로 매도할 수는 없는 '절실함'이 있는 곳이다.

러브호텔 이야기가 나오니 예전의 아픈 기억이 떠오른다. 어느 날 깜깜한 공원 뒤편에서 여친과 열렬하게 키스를 나누고 있었다. 키스 도중 차창을 두드리는 소리가 들렸다. 밖을 보니, 경찰이 빤히 차 안을 들여다보며 "여기서 이러시면 안 됩니다"라고 경고를 한다. 확 짜증이 밀려왔다. 그날 이후로 우리는 러브호텔만 이용했다.

반대 상황도 있다. 한국의 코엑스 전시장과 유사한 런던의 알렉산더 팔레스Alexander Palace의 주차장에서 겪은 일이다. 우연히 밤중에 그곳에 갔을 때 그 넓은 야외 주차장에 차가 가득하고 카섹스로 흔들리는 모든 차의 차창마다 뿌옇게 김이 서려 있었다. 거대하고 장엄한 행사에 온 몸에 전율이 일면서 벌어진 입을 다물지 못했다. 그 장엄함을 호위하듯 경찰차가 주차장 주변을 조용히 순회하며 마약 딜러나 폭력배들을 단속하고 있었다. 절대 무례하게 창문이나 두드리는 야만은 없었다. 유교의 이상인 진실하고 아름다운 국가 본연의 대업大業이 펼쳐지는 장엄한 현장이었다.

동아시아 최고의 유교 경전인 『주역周易』 계사전繫辭傳에도 "사회적 관용仁은 드러내고, 공권력은 감추어 사용한다顯諸仁, 藏諸用."하였다. 이 정도는 해야 제대로 된 국가사업이고 제대로 된 유교다盛德大業至矣哉!

러브호텔이 없는 영국 사회에서는 눈감아 주어야 할 아름다운 불륜이나 순수한 연애 행위는 공권력이 조용히 지켜주고 있었던 것이다. 국가와 국민도 주고받는 관계다. 국가도 뭔가 해줘야 우리도 기쁘게 군대 가고 세금도 낼 마음이 솟아난다. 거꾸로 말해, 우리 국민도 받은 것만큼만 해야 국가도 정신 차릴 것이다. 러브호텔과 카섹스 역시 그렇다.

　과도한 업무와 스트레스에 시달리는 맘 둘 곳 없는 싱글, 잃어버린 가족에 대한 그리움만 쌓아놓은 서러운 돌아온 싱글, 그리고 갈 데 없는 기러기들에게 경마, 러브호텔, 당구장은 한국 사회에서 누릴 수 있는 건전하며 건강한 '삶'이다. 김정운은 단순히 "상업주의적 쾌락"이라 비난하기 이전에 우리 사회가 지닌 비인간적인 문제점을 비판해야 옳다.

　상업주의적 쾌락 비판자에게 부탁한다. 제발 결혼하지 않았어도 당당하게 여자 친구와 집에서 운우지락을 나눌 수 있게 우리들의 아버지나 여친 부모 좀 설득시켜주라. 스트레스에 파김치처럼 절어 경마장에 가지 않아도 삶의 짜릿함을 느낄 수 있게 직장 환경과 작업 구조를 바꾸도록 제언해 주라. 마지막으로 경찰에게는 무례한 짓 좀 그만하라고 충고해 주고, 국회의원들은 각 지역마다 카섹스를 위한 대단위 주차장 확보 및 그의 안전과 보안을 위한 '카섹스 특별법'을 시급하게 입안하고 통과시키라고 로비를 벌여다오.

　이 모든 것을 다 해 준다면 러브호텔과 경마라는 "상업적 쾌락주의"에 대한 비판을 겸허히 수용하겠다.

序 레밍의 자살

추운 툰드라 지역에 살고 있다는 쥐, 레밍은 개체 수 증가로 먹이가 줄어들면 집단 이동을 한다. 원래는 수영을 잘하는 동물이지만 눈이 나빠한 마리가 바다에 뛰어들면 집단 전체가 그를 따라 한다. 이걸 집단 자살로 오인한 것이다. 줄을 지어 높은 바다로 뛰어들어 죽는 레밍의 '장엄한 최후'는 그래서 퍽 유명하다. 레밍이 바다로 뛰어드는 걸 집단 자살로 오해한 건 인간 역시 존재로서의 불안을 극복하지 못하면 집단 자살을 선택하는 동물이라서 느낀 동감이었을 것이다. 전쟁이 그렇고 종교적 자살이 그러했다.

자녀 한 명을 키우려면 평균 2억 이상의 비용과 거의 무한한 시간이 든다. 주변 모두의 관심과 사랑을 쏟아부어야 아이를 비로소 건강한 성인으로 길러낼 수 있다. 하지만 현재 우리 사회에 이를 감내할 수 있는 부모는 그리 많지 않다.

부모가 나빠져서가 아니라 사회가 자녀 키우기를 허용하지 않기 때문이다. 이른바 '헬조선'의 자살률이 높다 하더라도 우리는 레밍이 아니기에 인구와 환경이 주는 스트레스로 무조건 이주나 집단 자살은 택하지 않는다. 하지만 불리한 환경에서 우리 종족이 내린 선택은 애를 낳지 않는 것이다. 그래서 노령화란 사회적으로 보자면 사실상 간접 자살이다.

『노는 만큼 성공한다』의 작가 김정운은 "독일의 경우 하루를 더 놀면 출산율이 급감한다"고 말한다. 너무도 친기업적인 시각이다. 아이를 낳으면 무지막지한 공적 자금을 폭격하듯 지원해 주는 독일은 병원비 폭탄에 이리저리 세금이나 잔뜩 물리는 한국과는 상황이 다르다. 독일에서야 하루 더 놀면 이혼율이 높아지고 애를 덜 낳을지 몰라도, 헬조선의 출산율 감소는 단순히 애 키우는 데 돈과 시간이 너무 많이 들어 감당할 수 없어서다.

게다가 우리 사회에서 애 키우기는 가정이란 울타리에서 보호가 아니라 경쟁이다. 아니, 투자금 회수 가망성이 거의 보이지 않는 돈만 버리는 도박投錢이다. 따라서 애를 낳지 않는 것은 사회 전체에서 벌어지는 무리한 애 키우기 경쟁에 투입해야 할 '판돈 2억'이 없어서다. 판돈이 없으니 아이 낳고 키우는 경쟁적 도박에 참여하기를 포기하겠다고 선언하는 것이다. 한마디로 오링(돈 떨어짐) 나서 판을 떠난다는 말이다. 때문에 출산율 감소로 위기감을 느낀다는 언론의 호들갑은 그저 딜러의 입장일 뿐이다. 도박꾼이 계속 오링 나서 빠지니까 판돈이 적어진다고 투덜거리는 것과 다름없다. 학교에 다닐 필요도 없는 열등생이 학교를 다녀야 하는 건 우등생의 등수를 유지해 주는 디딤돌이 필요하기 때문 아니겠는가?

애를 낳아 키우려면 결혼도 하고 집도 있어야 한다. 아울러 수입을 보장해 줄 안정된 직장도 있어야 할 뿐 아니라 애를 봐줄 안전한 보육 시설도 필요하다. 인간의 아이는 야생 동물과 달라서 부모와 사회의 지속적이고 안정적인 보호망이 있어야 건전하고 올바르게 클 수 있다. 따라서 애를 키우는 일은 결코 가벼운 작업이 아니다. 한마디로 수익성이 전혀 없는 노동집약 산업이다.

우리나라는 OECD에 가입하고는 '선진국'이라고 우긴다. 하지만 선진국先進國이란 말부터가 개판 발번역이다. 선진국은 '개발된 나라Developed Country', 후진국은 '개발 중인 나라Developing Country'가 제대로 된 번역이다. '개발된'이란 시민의 삶을 보장하기 위한 사회의 기본적인 시설과 제도 및 복지가 마련되었으며, 이를 안정적으로 운영한다는 뜻이다. 반대로 '개발 중'이란 이런 사항이 미비하다는 말이다. OECD에 속한 나라는 '앞서 나간'다기보다는 '마련된' 곳이다. 이렇게 보자면 우리나라는 선진국이라지만 실상 마련된 것이 별로 없기에 자격 미달이다.

별로 마련된 게 없는 사회에서 안정적인 직장과 수입, 사회적 시설 등을 제대로 갖추는 일은 쉽지 않고 아이를 낳아 기르며 가족이라는 테두리를 유지하기란 어렵다. 하지만 OECD 나라답게 산업은 고도화되어 있다. 할 일은 복잡하고 어렵지만 안정성도 떨어지고 보장도 별로라는 말이다. 개인적으로는 자녀를 정상적으로 키울 수 있는 보장도 없이 복잡하고 골치 아픈 사회에서 애를 낳는 일은 무책임한 짓이라 생각한다. 이런 환경에서는 애를 안 낳는 게 올바른 도덕적인 판단이다. 이런 사회에서 애 낳는 건 양식이 있는 인간으로서 차마 할 짓不忍人之心이 못된다.

나라가 잘 되려면 무릇 인구가 늘어야 한다. 출산율 증가를 위해서는 출산 환경 개선이 답이다. 그런데 헬조선에서는 아직도 애들 기저귀나 분유에도 부가세가 붙는다. 겨우 분유만 여성부가 아닌 어떤 의원의 발의로 한시적으로 면세 처분을 받았다. 심지어는 아동의 병원비와 약에도 부가세가 붙는다. 부가세란 모두에게 동일하게 세금을 매기는 가장 악랄한 간접세의 다른 이름이다. 그걸 아기한테 붙인다. 그러니까 이런 나라에서 아이 낳고 양육하는 사람은 돈 걱정 없는 금수저거나 뭘 모르는 철부지뿐일 것이다.

격노하여 박근혜 시절에 청와대 신문고에 절절한 사연을 올렸었다. 여성 단체의 압력으로 생리대에는 부가세를 감면하면서 어찌 아기 기저귀와 분유에 세금을 붙일 수 있다는 말인가! 하는 내용이다. 돌아온 답이 가관이었다. 할머니 할아버지 요실금 기저귀와 형평을 이루기 위해 아기 기저귀에 세금을 매긴다고 한다. 몰랐다. 노인 기저귀도 세금이었다. 열 받아 이민 가겠다고 으름장을 놓으니 아니꼬우면 떠나라고 답한다. 아이 낳기를 세금으로 바라보는 나라, 보태주지는 못할망정 쪽박까지 깨는 나라가 바로 헬조선 대한민국이다.

더 큰 문제는 아이와 여성을 바라보는 사회적 시선이다. 아기 한 명이 아쉬운 판에 우리나라에서는 일 년에 수십만 명이 낙태하고 있다. 미혼 여성이 임신하면 대부분 낙태를 당연한 해결책으로 여긴다. 아비 없는 아이는 받아들일 수 없다는 것이다. 가족이란 근본적으로 어미와 자식 이건만 여성과 아이가 아니라 아비만 중요하다고 한다. 가부장인 아비만 중요하고 여성이나 자녀는 가문의 재산으로 본다. 이러니 여성의 자궁조차도 사회적 재화로 여기는 것이다.

애를 낳으면 아비의 유무와 상관없이 엄청난 지원을 해 주는 독일이나 프랑스를 바라지는 않겠다. 적어도 개인에 대한 존중과 생명에 대한 순수한 긍정과 존중을 바라는 것이다. 생명과 인간에 대해 존중과 긍정으로 바라보아야만 낙태 문제도 앞이 보일 것이다.

우리 사회가 늙어가는 진정한 이유는 아마 나빠진 환경이 주는 스트레스에 적응하지 못하는 생명체의 자연선택일 것이다. 레밍에 동감하는 건 우리도 무의식적으로 집단 자살을 하고 있기 때문이다. 사회와 문화가 변하지 않는 한 어쩔 수 없다. 자살하라는 자연의 명령에 따라 자살 공화국 대한민국은 희미해지며 사라져 간다.

영화의 대사 한마디가 머리를 스친다.

"Let it go!"

노블레스 오블리주는 없다

전직 교육부 관리의 말대로 국민은 개돼지이고 신분 계급은 오늘도 살아 있다. 높은 신분의 귀족이 져야 할 노블레스 오블리주Noblesse Oblige가 작용한다면 신분 계급이 있어도 그리 나쁠 건 없다. 하지만 대한민국의 귀족에게 권리는 있지만 의무는 없다. 선비의 고고한 풍모는 자기만 깨끗했을 뿐이다. 우리 지배층에게 노블레스 오블리주는 눈곱만큼도 찾아볼 수 없는 건 역사적으로 당연한 일이었다.

　요즘은 사회에서 재벌에게 노블레스 오블리주를 요구하기도 한다. 재벌이란 조선으로 따지면 사농공상士農工商의 계급 체계에서 상商으로 가장 천시 받던 '쌍놈Humble'에 해당한다. 즉 쌍놈에게 양반의 의무를 요구하는 격이다. 천한 놈에게 양반에나 소용될 고귀한 행위를 요구하면 못 알아듣는다. 물론 현대의 사실상 노블은 재벌이지만 역사와 언어적 맥락으로 보자면 그들은 비천한 '험블'일 뿐이다. 그러니 재벌은 노블의 의무를 요구받아도 못 알아듣거나 못 들은 척하며 해오던 대로 비천 하게 군다.

자랑스럽다고 떠받드는 조선의 역사는 우리에겐 노블레스 오블리주 같은 건 없다고 말하고 있다. 신라나 고려는 귀족제였으니 자기 기반을 끔찍이 여겼다. 유럽과 마찬가지로 지역을 잃으면 끈 떨어진 연 신세라 목숨을 걸고 영토와 자기 사람을 지켰다. 노블레스 오블리주의 기반이 자기 영토와 자기 사람이다. 하지만 중앙 집권 관리제를 채용한 조선은 달랐다. 과거에 급제하고 높은 관직에 오른 사람이라도 그저 쥐꼬리만 한 월급을 받는 '중앙관료'가 된다. 쥐꼬리만 한 월급을 받으면 쥐꼬리만큼만 일하고 책임도 쥐꼬리만큼만 진다.

조선에서 관리란 신분상 귀족이 아니다. 하지만 고위 관료 대부분이 한반도를 천 년 이상 지배해 온 50~60개 명문가 출신이다. 서울서는 쥐꼬리 월급을 받아도 본가에서는 노비 수백을 거느린 만석지기 재벌가의 자식이다. 부유한 유명 가문 출신이라 가진 게 많아 박봉임에도 청렴 결백을 유지하는 데 부족함이 없다. 뒷배가 빵빵하니 쩨쩨한 돈을 받아 몸을 더럽힐 이유가 없다. 가문에서 중앙에 보낸 대표 선수이니 푼돈에 몸 버릴 일 없다. 조선의 선비는 도덕군자라거나 위대한 인격이라서가 아니라 시골에 수만 평의 논밭을 가진 지방 토호라서 고고하고 청렴했다.

"짐이 곧 국가"라고 자처하는 왕에게는 공사公私의 구분이 없다. 모든 일이 공적인 업무다. 자기 일에 무한 책임을 질 수밖에 없다는 말이다. 심지어 왕의 섹스房事조차 공무로 여겨 방사 시작을 알리는 종을 쳤을 정도다. 하지만 과거에 급제하여 벼슬자리에 올라 출퇴근하는 공무원 관리에게 공사는 확실했다. 관할이나 책임 한계 또한 명확했다. 관료라서 전문성도 있었던 만큼 책임도 확실했다. 공사의 구분이 없던 왕이나 귀족과 달리 공무원은 직급의 범위에 따라 받은 만큼만 일하는 월급쟁이 전문 직업인이었다.

조선의 비극이 여기에 있다. 실상은 지역에서 무한 책임을 져야 할 귀족이지만 겉보기엔 박봉으로 근근이 생활하는 공무원이다. 연고지에서는 무한 책임을 져야 할 토호지만 서울에서는 출퇴근하는 공무원이다. 주어진 책임이나 권한도 명확하다. 퇴근하면 끝이다. 서울서야 학처럼 고고한 척하지만 터전인 지방에서는 대감님의 관직 높이에 따라 본가의 세도가 달라진다. 이들이 서울서 당파 싸움에만 목을 매는 이유가 여기에 있다. 결국 중앙 관리란 지방 토호의 정치적, 경제적 이익을 위해 중앙 무대에 출전한 선수다.

형편이 이러니 난亂이 닥쳐 중앙 관료를 찾아가면 공무원 명함 내놓고 자기 권한 밖이라고 오리발을 내민다. 마치 이런 것이다. 청사로 찾아가면 6층의 방재과에 들러 정식으로 서류 접수하고 3층의 도시계획과에 승인을 받으라 한다. 물론 가 보면 딴 양반이 딴 소리하며 딴 서류를 요구한다. 행정 착오니 미안하다란 말은 잊지 않는다. 겨우 서류를 모두 준비해 다시 찾으면 내 분야, 내 관할이 아니라고 나 몰라라 한다. 많이 당해 본 일이라 데자뷰를 느낄 것이다.

오늘날이나 다를 바 없이 조선의 관료 양반들은 얌생이처럼 단물만 쏙쏙 빼먹고 정작 책임질 일에는 선을 그었다는 것이다. 오늘의 개 같은 공무원 행태가 적어도 오백 년은 이어온 유구한 소중한 전통의 우리 유산인 것이다. 조선의 관료 세계에서는 노블레스 오블리주가 나올 수 없었던 이유가 이것이었다. 그들은 주인이 아닌 임명직 공무원이다. 지방에 가면 서울 대감 타령, 서울에 가면 공무원 신분 타령이다. 유럽과 달리 조선에서는 전적으로 책임질 자가 아무도 없었다는 말이다.

노블레스 오블리주라는 말을 뜯어보자. 고귀하게 떠받들어 주었으니 값을 하라는 말이다. 세상에 공짜는 없다. 대우를 받았으면 돈으로든 몸으로든 받은 만큼 갚아야 한다는 거다. 반대로 말하자면 고귀하지 않다면 의무를 지울 일도 없다. 즉 의무가 없다면 고귀한 자가 아니라는 말이다. 그렇게 본다면, 의무도 책임도 없었던 조선의 양반 관료들은 절대 고귀한 자일 수 없다. 그저 고귀한 행세만, 갑질만 한 것이다.

조선의 왕과 관료는 절대 고귀한 인물들이 아닌 사기꾼들이었다. 대부분 국난에서 왕과 문반文班 관료들은 의무는 고사하고 도망치기 바빴고 무능한 무반武班과 관병은 내내 작전상(?) 후퇴를 거듭하였다. 그저 천한 백성들로 조직된 의병들이 목숨을 걸고 앞장에 서서 싸웠다.

조선은 망해도 아주 더럽게 망한 나라다. 전직 관료와 선비들이 일본에게 나라 팔아먹고 일본이 지급한 물건 값인 은사금 받아 챙기느라 남대문 앞에 인산인해를 이루는 동안 왕가는 왕가대로 자기 재산 챙기기에 급급했다. 다만 내내 천시 당하던 상공인들은 기업을 일으켜 민족의 활로를 모색하느라 바빴다. 조선에서 그렇게 행세하던 유학자 출신 항일 의병은 가물에 콩 나듯 몇 있었다. 오블리주가 없으니 노블이 아니었다는 증거다. 이 점이 절대 조선을 폼 나는 선비 문화로 평가해서는 안 되는 이유이기도 하다.

사농공상士農工商은 조선시대 신분 체계다. 조선에서 만든 신분이기에 양반 선비가 지배한 조선을 마감하며 없애야 했다. 하지만 아직도 유교적인 모럴과 계급의식이 우리 주변 여기저기에 살아 있다. 그래서인지 상공인을 고귀하다고 여기지 않는다.

고귀하게 여기지 않는다면 고귀한 의무도 요구할 수 없다. 권리가 있어야 의무가 생기는 거다. 고귀하게 여기지도 않으니 삼성이나 현대에 노블레스 오블리주를 바라서는 안 된다는 말이다. 상인 재벌을 천하다고 손가락질해대 놓고는 궁하면 손 벌리는 일은 사람이 할 짓이 아니다.

우리네 부자들이 외국의 부호들과 달리 고귀하게 행동하지도 않고, 고귀한 의무를 지지도 않는다 해도 탓할 수 없다. 실컷 천시했고 천한 일을 했다면 그만큼 의무도 덜어 주어야 한다. 천시당하면서 삥까지 뜯기면 좋아할 사람 없다.

조선시대부터 정치나 공무원은 똑같다. 자기는 고귀하지만 월급이 적으니 정작 의무는 자기가 돌봐 준 기업가나 재벌에게 전가한다. 생색은 공무원이 잡고 돈은 기업가가 낸다. 이게 우리나라의 정경유착의 얼개다.

우리에게는 환란에 앞서서 우리를 지켜줄 왕이 없었고 귀족도 없었다. 왕이라도 천한 짓만 골라하면 천것이다. 천것을 천하게 대해 주는 것이 정의Justice다. 박근혜가 그렇고 그 많은 청와대 관리들이 그랬다. 자기에게 주어진 의무를 방기하고 고귀해지는 자는 고금에 없었다.

대통령이나 장관이 아무리 천하게 굴지라도 백성 중에서 고귀한 의무를 행하여 고귀해진 의인들이 있었다. 고귀한 사람이 고귀한 행위를 하는 게 아니다. 옥스퍼드대학의 윈체스터칼리지의 "고귀한 행위가 고귀한 사람을 만든다Manners maketh man"는 교훈이 바로 이를 말하는 것이리라.

序

'68 혁명과 바캉스

1968년 5월 혁명을 아는가? 프랑스 5월 혁명은 프랑스에서 권위적이던 대통령 샤를 드골Charles de Gaulle 정부의 실정과 사회의 모순에 대항한 일부 대학의 저항 운동으로 시작하였다. 이 시위가 전국 총파업투쟁으로 이어졌다. 처음에는 완고하고 권위적인 교육 체계의 항의였지만 사회·문화 질서에 저항하는 혁명으로 확산되었다. 이 5월 혁명이 제시한 이념은 전 세계로 퍼져나가 현대 세계 발전에 초석 역할을 한다.

처음에는 파리의 몇몇 대학교와 고등학교에서 학교에 불만을 품은 학생들의 시위였다. 당시 프랑스 대학의 형편은 전후 베이비 붐 세대들이 자라 진학하면서 급격하게 대학의 학생이 증가하였다. 대학 정원은 두 배 이상 늘었지만 강의실이나 편의 시설은 이전과 다를 바 없었다. 비좁은 건물, 낡은 기숙사, 구태의연한 강의 내용과 평가제도, 암기와 주입식 교수법까지 우리나라 대학 형편과 별반 다를 바 없었다. 게다가 인원이 많아지니 졸업 후 취업에 대한 불안감도 팽배했다. 취업 자리가 없으니 대학을 졸업한 고학력 실업자가 양산되었다. 여기까지도 우리와 다를 바 없는 현실이었다.

　드골 정부는 대학교 데모 초기에 경찰력을 동원해 진압하려고 했다. 하지만 진압은커녕 시위는 들불처럼 번져 전국적으로 확산되기에 이른다. 결국 프랑스 전역의 학생과 파리 전 노동자의 2/3에 해당하는 노동자가 참여하는 총파업으로 이어졌다. 드골 정부는 군사력을 동원해 의회를 해산하고 총선을 실시해서 이긴다. 하지만 오래가지 못하고 이듬해 물러나야 했다.

　보통 5월 혁명은 실패한 혁명이라 한다. 겉으로만 보면 하다가 만 혁명이라 실패다. 하지만 실속은 다 차린 혁명이었다. 5월 혁명은 정치적이라기보다는 진정한 문화 혁명으로서 전 세계적으로 엄청난 영향을 미쳤기 때문이다.

　이 혁명이 가져온 것은 정치적인 성과가 아니라 인종 간의 평등, 성해방, 인권, 공동체주의, 생태주의 등의 진보적인 가치였다. 동시에 종교, 애국, 권위나 복종을 반대하는 대부분의 현대적이고 진보적인 문화운동의 시발점이었다. 정치적으로만 흐지부지했다. 관점이 다른 혁명이었다는 말이다.

　5월 혁명 이야기를 꺼내는 건 프랑스 구좌파니 신좌파 노선 차이를 논하기 위해서가 아니다. 이 혁명이 지닌 아름다운 종결을 말하고자 하는 것이다. 혁명은 이미 언급한 대로 시작은 학생이 했지만 전국 총파업으로 이어져 프랑스가 마비되었다. 특이하게도 5월에 시작한 혁명이 6월 말에 그냥 맥없이 끝난다. 우리식으로 보자면 너무 짧았다. 생각 같아서는 확 몰아쳐서 완전한 혁명을 이루었어야 좋았을 텐데 총선 이후 흐지부지하게 해산한다.

　그들 프랑스 학생과 노동자들은 왜 혁명을 중지하고 총파업을 풀었을까?

이 부분이 이 혁명의 백미이자 진면목이자 이 글에서 강조하고자 하는 부분이다. 6월 말부터 방학이고 7월부터는 산과 들과 해변으로 떠나는 휴가, 즉 바캉스 시즌이었다. 혁명의 진정한 백미가 바로 바캉스에 있었던 것이다. 인간다운 삶을 외친 혁명이 인간적인 삶을 의미하는 여가인 바캉스를 외면한다면 혁명은 속빈 강정이고 울리는 꽹과리다. 이 대목에서 프랑스인들에게 존경을 보낼 수밖에 없다.

애초에 학생들 혁명의 목표는 정치가 아니었다. 학교생활이고 노동 환경이었다. 그래서 그들은 생활 속 민주주의를 주장했고 지겨운 애국타령이나 종교적 권위를 거부하고 모두가 평등한 세상을 원하고 주장했다. 사람 사는 세상, 인간다운 삶을 혁명의 중심 과제로 삼았다. 때문에 혁명은 자본주의로 허물어져 가는 인간성을 회복하고 인간적인 얼굴의 사회를 되찾고자 했다. 물신주의, 물질 숭배, 인간 소외에 저항의 초점이 맞춰졌다는 말이다. 혁명의 주장 역시 "억압 없는 현실 원칙"이 관철되는 이상 사회, "두려움 없는 최고의 평등한 자유"를 위한 "위대한 거부"였다.

이런 이념을 가진 혁명이었기에 그들은 찬란한 휴가를 위해 과감하게 파업을 풀 수 있었다. 아니 풀어야만 했다. 만약 휴가를 포기하고 파업과 혁명을 계속했다면 혁명이 지닌 인간적인 삶이라는 이념을 배신하는 격이다. 그들이 생각하는 노동의 목적은 돈도, 노동 자체도 아닌 인간적인 삶이었기 때문이다. 파업 역시 노동이기에 인간적인 삶이라는 목적을 구현하기 위해 도구라고 본 것이다. 노동은 사람다운 삶을 찾기 위한 도구이지 목적이 아니라는 말이다.

5월 혁명에서 주장한 이념은 단시간에 이룰 수 없는 것들이었다. 전 세계적으로 파급된 혁명은 미국의 반전 운동과 히피즘, 1969년 일본의 사회 운동을 비롯한 세계적 변화를 가져오는 원동력으로 작용했다. 심지어 오늘날까지 혁명이 외친 종교, 애국, 권위나 복종을 반대하고 인종 간의 평등, 성해방, 인권, 공동체주의, 생태 그리고 문화를 이룩하기 위한 투쟁은 계속되고 있다.

요즘 우리 사회에서도 파업을 하고 밤낮으로 농성을 하는 노동자들을 자주 본다. 시위를 하며 잠 못 자고 시위 장소를 지키는 시위대가 있다. 프랑스를 닮자. 파업 시간 역시 9~6시까지만이다. 그 이상은 야근이다.

시위 역시 다를 바 없다. 프랑스 학생과 노동자들은 이렇게 말한다. 인간다운 삶을 위한 파업이나 시위를 하면서 정작 인간다운 삶을 버린다면 그 파업이나 시위에 무슨 의미를 부여할 수 있을까?

파업도 시위도 좋다. 하지만 몸 버리진 말자는 말이다. 인간이라면 휴가도 다녀와서 자신의 삶을 추스르면서 하자는 말이다. 우리가 이루어 내야 할 이상은 많다. 단시간에 해결하려고 들이박아 머리 깨지 말자.

촛불을 보라. 일주일에 한 번 모여 놀이하듯 새로운 광장 민주주의를 이루어 내지 않았는가? 촛불의 힘은 바로 인간적인 삶을 인정하고 놀이와 문화를 긍정하는 데 있었다는 것이다. 일할 땐 일하고 쉴 땐 쉬자. 그게 혁명의 진면목이다.

국회 싸움꾼

남자가 여자보다 정치를 잘한다. 성차별적인 인식에서 하는 말이 아니다. 그저 남자 국회의원이 더 많다고 해서 하는 소리도 아니다. 근대 정치 자체가 마초의 스포츠라 하는 말이다.

근대 이전 남녀가 모여 정치와 살림을 논의할 때는 남녀가 정치적으로 동등했다. 하지만 아름다운 시절은 지났다. 현대 정치는 축구와 닮은꼴이다. 그것도 프로 축구 리그다. 때문에 어쩔 수 없이 남자가 더 잘한다. 정치가 축구라서 그렇다.

여자도 축구를 하지만 선수나 축구 인구 그리고 열광하는 팬을 보면 남자가 압도적이다. 축구와 마찬가지로 남자는 떼를 지어 하는 전투와 승부에 집착한다. 즉 현대 양당제 정치 체계에서 남자가 더 집단 전투에 능하고 더 집요하다. 즉 현대 정치는 아드레날린과 테스토스테론 사냥이자 남자들이 열광하는 최고의 오락이다. 게다가 남자는 여자보다 한 번 물면 안 놔주는 투견 같은 더러운 성품까지 겸비했다.

서양 중세에는 사적인 영역이 없었기에 남녀 모두가 공적 영역에서 비교적 평등하게 정치 활동을 했다. 사적 영역이 없었다는 건 한마디로 방에 문이 없었음을 뜻한다. 밖에서 다 보이고, 다 들리는 구멍 난 창호지 문을 생각해 보면 쉽게 이해할 수 있다. 근대 양당제로 정치 양상이 바뀌면서 비로소 공사公私가 나뉘고, 정치에서도 본격적으로 '프로'들이 등장하기 시작했다.

축구도 마찬가지다. 동네 조기 축구회에서 시작한 팀이 동네 간 리그를 벌이기 시작하면서 승부욕은 프로 선수를 부른다. 그러다 프로팀이 생겨나고 결국 전국적인 규모의 프리미엄 리그가 만들어지는 것이다. 그렇게 정치는 프로 축구와 닮아 간다.

각 구단에는 단장이 있고 감독과 코치가 있듯, 정치도 유사한 구성을 갖는다. 당 대표나 원내 총무가 바로 감독과 코치다. 그리고 각각의 포지션을 맡은 국회의원들이 포진한다. 구장은 국회이고 목표는 한국 시리즈, 즉 대선이나 총선의 승리다. 승리란 그냥 얻어지는 게 아니다. 승리를 위해서는 각 경기마다 이겨서 경쟁자를 물리치고 승점을 따야 한다.

각 팀은 작전을 짜고 포지션에 따라 상대의 약점을 집요하게 물고 늘어지는 동시에 자신의 장점을 강조한다. 간혹 효과적인 반칙은 게임의 재미를 주기도 한다. 작전이 성공하여 득점으로 이어지면 효과는 파급적이다. 술집, 조기 축구회, 응원단 등으로 짜인 서포터들은 언론과 SNS에 승리를 퍼 나르고 엄청난 굉음을 내면서 경기를 재현한다. 경기는 국회에서만 하는 게 아니라 전국적으로 벌어지고 있는 것이다.

축구는 두 팀이 가진 모든 것을 총동원하여 만들어 나가는 게임이다. 매번 경기마다 인원 배치와 작전이 다르기에 경기 내용도 완전히 천차만별이다. 지쳐 쓰러질 때쯤이면 게임이 지닌 가능성을 완전하게 드러낸다. 정치도 마찬가지다. 법안의 입안부터 두 팀의 입장이 다르기에 서로 물고 물리는 치열한 게임을 한다. 때로는 지루한 공방을 벌이기도 하고 치사하게 약점을 찌르기도 한다. 하지만 이런 과정을 거쳐야 법안이 가진 모든 장단점이 다 드러난다.

국회에서 치르는 경기란 올라온 법안을 얼마나 푹 고아 진한 사골을 뽑아내느냐에 달렸다. 그러니 대충 웃으며 합의하고 통과시키면 국민을 기만하는 분유 탄 사골이고, 다시다 국물 육수다.

축구에서 게임 승부 조작에 얼마나 가혹한 처벌이 따르는지 보라. 정치도 마찬가지다. 섣부른 타협은 세비를 낭비하고 국민의 기대를 저버리는 행위다. 피터지게 싸우라고 국회를 지어 놓았다. 절대 서로 다정하게 손잡고 쎄쎄쎄 하라고 국회의원들 월급 주는 것이 아니다. 국회란 법안을 사골로 끓이는 가마다. 오래 부글거릴수록 더 진국이 우러나온다.

각 법안마다 새로운 경기가 펼쳐지기에 팀마다 이에 맞는 작전을 구사한다. 작전에서 가장 유용한 도구는 '소음 제조기'인 언론이다. 언론을 동원해 여론 몰이를 한다. 먼저 "국민을 위한다"거나, "국민을 위험으로 몰아넣는다" 또는 "종북"이라고 떠든다. 혹은 '국가 안보'를 위해 국론의 일치를 주장한다. 다 게임에 유리한 포스트를 선점하기 위한 포석이다. 국회의원이란 대다수가 국가적 안전에는 별 관심이 없는 족속이다. 다 현재의 승리를 위한 작전일 뿐이다. 이 점은 야당이나 여당 모두 같다. 단지 각 당의 전술이 다를 뿐이다.

우리가 흔하게 듣는 말이 있다. 국회는 화해하고 장외 투쟁을 그치고 대통합이나 대승적 관점에서 바라보라는 말이다. 이건 일종의 개소리 작전이다. 대승적 관점이나 대통합은 그저 사진을 찍기 위해 셔츠를 바꾸어 입을 때거나 경기 끝나고 술잔 들고 하는 짓이다. 바르셀로나와 레알

마드리드에게 대통합을 위해 합의를 보아 승부를 결정하라고 말하는 것과 다름없다. 관중이 바라는 것은 두 팀이 머리 깨지게 싸우는 모습이다. 그렇다. 북한전이나 일본전에 국가대표로 출전하는 일이 아니라면 '국가 안보'나 '민생'이란 그저 각 팀의 전략적 선전문구일 뿐이다.

이렇게 보면 국회의 게임이 보인다. 민주당이 마이크를 잡고 안 놓았던 필리버스터는 경기 막바지 압박 축구에 맞서 실점을 막기 위한 시간 끌기였다. 여당은 골문이 막혔으니 다른 작전을 구사하여 득점 기회를 노려야 한다. 우회전술인 언론을 사용한다. 언론은 민주당에게는 '침대축구'라는 야유를 쏟아낸다. 운동장이 기울어지는 경우도 생긴다. 당시 여당에서는 여럿이 레드카드를 받고 퇴장하기도 한다. 하지만 절대 항복하면 안된다. 어느 경우에도 게임은 계속해야 한다. 대선에 되지도 않을 후보들이 줄줄이 늘어서는 것도 알고 보면 다 작전이다.

인품이나 인맥 혹은 재산을 보고 축구 선수를 뽑지 않는다. 메시나 호날두의 인품도 중요하겠지만 장식일 뿐 정작 그들의 몸값은 축구 실력이다. 그렇다. 축구장에서 놀면서 어슬렁거리는 선수는 방출 대상이다. 국회의원도 마찬가지로 인품은 꽃 장식일 뿐이다.

국회의원 자질로 눈여겨보아야 할 것은 싸움 실력과 싸움 경력이다. 박지성처럼 쉬지 않고 그라운드를 누비며 공간을 지배하는 능력을 보이거나 차두리처럼 저돌적으로 달려들어 상대팀의 선수를 질리게 만들어 경기의 희열을 안겨주는 선수가 진짜 국회의원이라는 말이다. 국민의 감시가 중요한 까닭도 여기에 있다.

국회의원은 지역과 국민을 대표해 싸우라고 뽑은 선수다. 그라운드는 국회다. 그러니 국회에서 싸워라. 화려한 경기를 펼쳐 찰진 정치를 보여주라. 국회가 안 싸우면 축구 선수가 경기는 안하고 술집에서 주먹질하는

거나 마찬가지다. 국민이 원하는 건 진한 사골과 맛깔 나는 육수 같은 법안이다. 그러니 법안을 놓고 치열하게 경기를 펼쳐 존경하는 국민에게 상정한 법안을 진한 국물로 식탁에 올리는 국회만이 진짜다.

국민은 개가 아니다. 둘이 협잡하여 알아서 씹어 먹으라고 뼈다귀 던져주는 협치 같은 건 개에게나 할 짓이다. 재미없는 건 국민이 더 잘 안다.

序

A급 시민의 F급 정치

입에 담기 힘든 짓을 저지르고 거짓말만 하는 수준 이하 정치가, 자발적
이고 질서 있는 시민의 촛불집회, 우리 앞에 놓인 현실은 이렇게 극단적
이다. 황당해 보이지만 F급 정치가는 다름 아닌 A급 시민이 18년간
지켜본 후 확신을 가지고 투표로 뽑은 자이다. 어떻게 A급 시민은 F급
정치가를 뽑을 수 있었을까? A급 시민이라지만 진면목은 A급이 아닌
까닭이다.

미국 영화에는 A, B, C급이 있다. 장르가 아닌 수준 이야기다. 인도의
발리우드나 중국의 메이드 인 차이나, 한국의 K무비도 있지만 메이저
영화를 생산하는 할리우드만 놓고 보자. A급 영화란 인력, 자금, 스토리,
개봉일, 홍보 그리고 상영관까지 모든 것을 완비한 영화다. 우리가 잘
아는 잘 만들어진Well-made 대부분의 할리우드 블록버스터가 여기 속한
다. 너무나 당연히 A를 투입해 A급이 나온 경우다.

하지만 A를 투자한다고 A급만 나오는 건 아니다. 재수 없으면 C급
이나 D급이 나오기도 하고 최고인 S급이 나올 수도 있다. S급은 실수라고

치자. 종종 저주받은 걸작으로 평가받고 하늘의 별이 된 작품도 있다. 반대로 돈을 돈 대로 들여도 중간에 뭔가 하자가 생겨서 A를 투자해 C급이 생기기도 한다. 소위 졸작이 바로 이거다. 이런 영화는 배우와 연기 그리고 배경이 따로 놀고, 스토리의 앞뒤는 삐꺼덕거리고 편집은 구리다. 이 모든 야로가 모이면 C급 졸작이 탄생한다. 아주 가끔 D급이 나오는데 이건 재앙이다.

F급은 쉽지 않다. 그런데 우리가 A를 투입해서 F급을 만들었다. 이해하기 힘든 못난 놈 대표다. 우리나라 국민 수준이나 정치 현실은 잘 나가는 한국 영화의 평균 수준에 훨씬 못 미친다.

할리우드에서는 F급은 절대 발생하지 않는다. 검증 시스템 때문이기도 하지만 더 중요한 이유는 B급이 단단히 받쳐 주고 있기 때문이다. 할리우드에서 B급이란 언제나 꺼내 쓸 수 있는 아이디어 뱅크이자 인재 풀이다.

보통 B급이란 저예산 영화의 다른 이름이기도 하다. 감독은 재능 있고, 스토리는 탁월하고, 아이디어는 반짝거리지만 아직 신인이라 투자에 검증이 필요할 경우에 비교적 적은 비용으로 만든 영화가 B급이다. 제작비가 부족하니 물량보다는 몸과 아이디어로 때운다. 형편이 이렇다 보니 저예산 B무비에는 졸작보다 명화가 많다. 소위 저주받은 명작들이나 숭배의 대상이나 열정적인 팬을 몰고 다니는 컬트Cult 영화를 가장 많이 생산한다.

B급의 특징이 가장 잘 드러나는 장르가 바로 컬트와 예술, 그리고 공포 분야인 것도 이 이유다. 특히 저예산에서 눈에 띄는 종목은 공포 영화다. 공포 영화는 무섭게 하려고 만들기도 하지만 자세히 들여다보면 기발함과 엉뚱한 아이디어로 승부를 건 영감의 저금통 같은 장르다.

공포는 원초적인 감정이다. 이성을 관장하는 대뇌피질이 아니라 공포에 반응하는 파충류의 뇌를 공략한다. 눈물이나 감동이나 두뇌 게임은 피해갈 수 있지만 공포는 피할 수 없다. 스토리는 엉성하고 분장이나 특수 효과는 수준 이하라도 영화의 결정적인 흠이 아니다. 원초적인 두려움이자 위험이기에 몰입감이 높다는 말이다. A급에서 이런 그림을 가장 효과적으로 이용하는 감독은 아마도 〈아바타〉의 제임스 카메룬일 것이다. 그는 영화에 쫓고 쫓기는 심장이 쫄깃해지는 긴박한 장면을 꼭 넣는다. B급 출신만이 갖는 향기다.

B급은 자금이 부족하기에 대부분 몸으로 때운다. 또 새로운 아이디어로 남들이 생각지도 못할 깜짝 놀랄 상황을 만들어 내야 공포가 산다. 공포란 원초적인 감성인데다 상황이 중요하다 보니 아이디어 운용이 관건인 것이다. 달리 말하면 아이디어만 있으면 투자 대비 수익을 크게 낼 수 있는 분야다. 그래서 B급 영화가 가장 빛나는 재능인 새로운 아이디어를 공급하는 근원이다. 요즘 강조하는 스타트업이나 벤처와 유사하다. 창조 경제가 있다면 바로 이것이고, 대박도 여기서 터진다.

B무비는 그냥 'B자'로 끝나지 않는다. 잘 만든 B무비는 주머니 속의 송곳囊中之錐이라 삐져나오거나 모난 돌이다. 까칠한 모난 돌은 애초에 정을 맞아 소멸하고 뛰어난 낭중지추는 크게 유명해질 수밖에 없다. 그렇게 거물이 된 감독이 바로 〈아바타〉와 〈타이타닉〉을 만든 제임스 카메룬이고 〈반지의 제왕〉을 제작한 피터 잭슨일 것이다. 미남 배우 조지 클루니는 아마 가장 유명한 B급 출신 배우일 것이다. 이들이 B무비에서 보여준 엉뚱한 아이디어, 천재성은 이후 위대한 A급 영화를 만들어 내는 자양분이다. A급 영화가 상업적이라도 작가 정신과 독창성을 유지해야만 성공할 수 있기 때문이다.

A급이라고 하늘에서 뚝 떨어진 것이 아니다. 이렇게 번득이는 아이디어로 무장한 열린 B가 받쳐 주고 있기에 A가 이를 자양분으로 하늘

높이 날아오르는 것이다. 달리 말하자. 영감의 원천인 B가 받쳐 주지 않는다면 A는 힘과 생명력을 잃고 추락할 수밖에 없는 처지에 놓일 것이다. 할리우드 A를 A로 만들어 주는 것은 돈과 인력도 무시할 수 없지만 정신적인 지주는 바로 B라는 말이다.

한국의 자랑스러운 A급 시민이 만든 모든 대통령은 불행히도 C나 D로 막을 내렸다. 심지어 F로 끝장을 보기까지 하였다. 그들이 못나서일까? 절대 그렇지 않다. 대통령이나 국회의원이나 공무원은 모두 시민으로는 A급이다. 그런데 자리에만 앉으면 C나 D로 타락한다. 제도나 시스템을 탓할 것도 아니다. 우리나라 법이나 제도는 일제 강점기 이래로 모두 가장 선진적인 것만 골라 잘 베껴 왔다. 그렇다고 권력 때문도 아니다. 공무원이라고 대단한 권력을 누리는 것도 아니다. 그럼 뭐가 문제라는 것인가?

한국 문화에 결함이 있다고 본다. 바로 B급을 인정하지도 만들어 내지도 못하는 결함이 그것이다. 한국에서는 교육도 사회도 1등이 아니면 인정해 주지 않는다. 오직 정해진 길만 있다. 어느 보험 회사는 '등'을 확인하라며 '등'까지 보여주는 병맛 CF까지 만들어 낼 지경이다. B가 지향하는 열린 생각, 반짝이는 아이디어, 새로운 담론을 어디서도 인정받지 못한다. 새로운 상상도 소용없고 딴짓도 받아들이지 않는다. 낭중지추건 튀어나온 돌이건 무조건 왕따다. 그저 오직 하나의 목적을 향하는 질서만 중시한다. 목적지는 A급이다. 깃발 따라 몰려가다가 길을 잃었다. 가이드가 없다. B가 없다. 그래서 F로 추락한다.

심지어 한국의 도덕적 덕목조차 문제투성이다. 한때 직장에서 직급이 아닌 이름을 부르자는 운동이 있었지만 헛수고였다. 사회가 지향하는 도덕 체계로 수평적 문화가 불가능해서다. 장유유서長幼有序는 사회적 위계질서이지 도덕이 아니다.

사회적 위계를 도덕으로 받아들여 경쟁적으로 금과옥조로 여긴다. 달리 설명하자면 성적, 위계적 줄서기는 도덕이 아니지만 강력하게 도덕 행세를 하는 사회가 한국이다. 도덕이 아닌 것을 도덕이라 우기려 하니 더 거창한 이름이 필요했다. 그게 바로 '인륜人倫'이다. 인륜이 바로 유사 도덕이라는 말이다.

한국은 ABC의 순서에서 B가 빠진 격이다. B는 영감과 아이디어의 원천이기에 튀는 송곳이자 모난 돌이다. 한국 같은 문화·도덕 체계에서는 용인받기 힘든 것들이 B다. 그러나 그런 B가 빠지니 A는 생명력을 잃고 방향을 잃고 타락한다. 받쳐 줄 B가 없으니 비록 A로 시작하더라도 졸작 C나 지저분한 D로 추락할 수밖에 없다. 삼성이라는 회사가 그렇다. 언제나 1등이자 A라고 자부한다. 하지만 국민은 삼성을 C나 D로 여긴다. 하는 짓도 절대 A급 1등 수준이 못된다.

이게 한국 문화가 짊어진 저주다. A의 꿈을 꾸지만 C나 D, 심지어는 F까지 타락하는 운명이다. 창의성과 반문화를 의미하는 삐져나온 B를 키우지 않는 한 방법은 없다. 아무리 A급 시민 정신으로 A급 제작비를 투입해 대통령을 뽑건, 헌법을 새로 만들건 우리 정치는 또 다시 타락할 수밖에는 없을 것이다.

쓰레기 잘 치우고 질서 잘 지키고 폭력 안 쓴다고 절대 A가 되는 건 아니다.

序

지도자를 계몽하라

우리는 도처에서 양심에 시커먼 털이 흉하게 숭숭 난 사람들을 본다. 전직 대통령부터 청문회 증인까지, 국회의원이나 대통령 후보까지 파렴치한 만행을 스스럼없이 저지른다. 심지어 신문에 잉크가 마르기도 전에 자기가 한 말을 뒤집고도 당당하다. 그런데 이들 대부분이 소위 내로라 하는 사회 지도층이다. 시민들만 바보 같이 양심적이다. 어찌하여 그들에게는 양심이 없을까? 이것이 궁금하다.

양심은 타고나는 게 아니다. 인간이 얼마나 잔혹하고 몰염치하며 비양심적인지를 역사는 잘 보여 준다. 역사가 말하는 인간의 얼굴은 야만인 게다. 멀리 갈 것도 없다. 20세기는 전쟁으로 가장 많은 사람을 죽인 세기다. 한국에서도 6·25전쟁으로 군인보다 민간인이 몇 배 더 많이 죽었다. 민간인 데려다 세워 놓고 쏴 죽였다. 오늘도 시리아에서 민간인 피난민들이 바다에 몸을 던지고 있고, 자국민을 향해 사린가스 미사일을 발사하고 있다. 양심이 밥 먹여 주지 않아서다.

인간은 난폭한 동물이다. 사람을 죽이던 칼로 음식을 잘라 식탁에 올리고 음식을 먹던 칼로 앞에 있는 사람을 죽이는 일이 다반사였다. 심지어 요리사도 믿을 것 못된다. 『사기史記』에도 자기 자식을 요리하여 왕의 식사로 올리던 요리사 역아易牙도 있었고, 또 다른 요리사는 물고기 요리 속에 어장魚腸이라는 칼을 숨겨 왕을 시해한다. 잔혹한 자객이나 도적 때도 수도 없이 많다. 근세에도 마적馬賊이나 해적海賊이 휩쓸고 간 처참한 몽골의 마을에서 인간이 지닌 야만적인 폭력성을 볼 수 있다. 인간이란 대립이 생기면 잔혹한 폭력과 집단적인 무력행사를 주저하지 않는 난폭한 동물이라는 말이다.

서양에서 윤리를 강조한 학자는 아리스토텔레스이고 동아시아에서는 맹자가 양심良心을 말했다. 인간을 인간으로 만들어 주는 것이 양심이라는 것이다. 야만에서 문명으로 옮겨가야 한다는 말이다. 입으로 떠든 문명의 싹이 야만을 이겨내는 데에만 2,000년 이상이 걸렸다.

'문명'이란 단어는 1760년 미라보Mirabeau가 처음 사용한다. 그는 문명을 의미하는 '예절Civilté'을 '미덕과 이성이 제자리를 찾음'이라 보았다. 이후 '불결'이나 '거친'의 반대말인 '길들여진다'는 의미가 더해진다. 결국 성행위, 육체 기능, 식습관, 식탁 예절, 대화 예절로 진화한다. 기준이 강화되면서 부끄러움, 당혹감, 혐오감으로 발전한다. 이렇게 본다면 양심이란 게 별거 아니다. '부끄러움'이나 '혐오감'이다.

문명과 예절이 자리 잡으면 폭력적이기보다는 내면적이다. 내면에 억압 장치가 생겨서다. 내면에서 야만과 본능을 억누르다 보니 전쟁터는 본격적으로 내면으로 옮겨 간다. 내 머리에 천사와 악마가 싸운다는 것이다. 내면의 전쟁에 승리하는 길은 교육과 성찰이라 한다. 격한 감정을 순화하고 문화, 예술로 고양하는 일이 바로 문명이자 양심이라는 것이다. 계몽의 목적도 바로 문명이자 양심이다.

모두가 문명화하고 양심적이 된다면 더 이상 바랄 게 없다. 하지만 인간은 모두가 같지 않다. 계급적으로는 '귀족과 사람人', 짐승과 다름없는 '노예와 민民' 두 부류가 있다. 공자孔子의 고민도 이것이었다. 전통적으로 귀족과 사람에게는 문명인 예禮를 적용하여 대했지만 민과 노예는 짐승과 다름없기에 폭력인 형벌로 다스렸다. 맹자가 사람이라면 갖추어야 하는 인의예지仁義禮智 역시 '짐승'이 아닌 '사람'에게나 해당하는 것이었다. 이런 세상에서 공자는 민에게도 부끄러움廉恥을 알게 해서 궁극적으로는 문명화하여야 한다고 주장했다. 어찌 보면 공자는 급진적인 사상가였다. 그도 폭력을 문명으로 바꾸자고 한 것이다.

하지만 역사는 언제나 그렇듯 민에게 너그럽지 못했다. 전통적으로 민이란 의무만 있고 권리는 없는 노예나 다를 바 없이 천한 것이었다. 통치자는 이들을 인간으로 대접해 주기 싫었다. 민에게 권리를 인정할 수 없었다는 말이다. 때문에 동양에서 민권 사상이 전혀 나타나지 않는다. 한마디로 말해, 동양에는 인격은 있지만 인권은 없고, 상하는 있지만 평등은 없으며, 관계는 있지만 자유는 없다.

하지만 통치자는 이익을 더 키우고 싶어 한다. 부국강병을 이루려면 인원이 더 필요했다. 농사나 짓던 무지렁이 민을 전쟁에 써먹으려면 나라의 주역이라는 명분으로 신분을 상승시켜 주고 교육의 기회를 주어야 했다. 짐승 같던 민이라도 배우고 생각하다 보니 저절로 문명화한다. 내적으로는 자기 성찰을 통해 양심적인 존재가 된 것이다. 민주적인 정치적 변혁과 참여를 통해 의무만이 아닌 권리도 지닌 주체적인 시민임을 자각한 것이다. 공자의 이상을 민이 스스로 깨우친 것이다.

시민이 치열하게 변모했지만 귀족들은 그럴 이유가 없었다. 어차피 그들은 위에서 지배하는 자들이다. 맘에 안 든다면 그대로 폭력을 행사하고

엄한 형벌로 다스린다. 그들에게 민이란 여전히 권리 따위는 인정해 줄 필요 없는 개돼지만 못한 노예들이었다. 그저 조상 때부터 해 오던 대로 민의 피를 뽑아 먹으며 궁중에서 온갖 거짓과 권모술수로 가득한 권력 게임을 즐길 뿐이었다.

귀족에게는 양심이란 불필요한 노예의 도덕일 뿐이었다. 달리 말해 귀족에게 고개 숙이는 개돼지의 마음 상태가 양심이다. 당연히 이런 귀족들에게 도덕적 자기 성찰이나 문화적 승화는 바랄 바가 아니다. 이제 보이는가? 우리네 사회 지도층은 양심의 필요를 느끼지도 못하고 양심을 행하지도 못한다.

이제 문명도, 도덕도, 양심도, 민의 차지다. 처지는 비천하더라도 마음속에는 빛나는 양심을 품었다. 단지 사회 지도층 또는 귀족들은 자기들이 얼마나 야만적이고 반문명적인지 아직 깨닫지 못하고 있다.

빛이 어둠을 비추지만 어둠이 깨닫지 못함과 같다. 깨닫지 못하기에 그들은 부끄러움도 양심도 없는 짐승이다. 우리를 지배하던 '귀족과 사람'은 폭력적이고 야만적이면서 교활한 짐승이다. 더 이상 그들에게는 배울 바가 없다. 공자가 지키고자 했던 귀족적인 문명 속의 윤리는 이제 오로지 민의 차지다.

공자 시대의 이념, 가치는 이미 흘러가 버린 강물이다. 이제는 귀족이 민을 문명의 빛으로 비추어 계몽을 하던 시대는 지났다. 민이 귀족에게 문명의 예를 주입할 차례다. 이게 바로 계몽啓蒙의 현재이다. 어둠은 결코 빛을 이길 수 없다.

序

개돼지의 역사

교육부 정책기획관이 "민중은 개돼지"라 했다. 이는 우리나라 교육이 개돼지 키우기와 마찬가지라는 선언이다. 이 말에 대해 일부 개돼지는 화를 내고 일부 개돼지는 찬성하는 분위기다. 하지만 찬성과 반대는 평범한 개돼지가 하는 일차원적 반응이다. 이를 넘어서는 이성적인 개돼지도 있다.

조지 오웰의 『동물농장』에 등장하는 캐릭터 모두가 개돼지다. 『이솝우화』도 우화라서 다 짐승이나 벌레에 빗댄다. 민중을 개돼지로 여겨 온 역사가 유구하다는 말이다. 역사를 읽을 때도 그렇다. 민중을 개돼지로 놓지 않으면 이해되지 않고 풀리지 않을 때가 많다. 역사란 엘리트가 엘리트의 입장에서 민중을 개돼지로 놓고 쓴 것이기 때문이다. 이제는 엘리트를 뛰어넘는 비판적인 개돼지의 눈깔이 필요한 때다.

국가란 힘을 결집한 권력 집단이다. 권력은 왕권과 시민권, 정부 및 국가 제도와 기관을 만들어 낸다. 왕이 권력의 최고점에 있을 때 온 백성은 신하이거나 개돼지臣民다. 이때 왕은 가족 같은 엘리트 귀족에게는 예절로 대하고, 개돼지나 다름없는 국민은 찢어 죽이는 등의 형벌로 다스렸다. 따라서 죽일 때조차 신하에게는 폼 나는 사약賜藥을 내리고 개돼지에게는 공개적으로 사지를 찢어 죽이는 형벌을 안겼다. 전근대적인 무식한 사고다. 그럼에도 아직도 학교 체벌이나 사형 제도를 옹호하는 선민 엘리트들이 즐비하다.

사약을 내리거나 목매다는 형벌로만 나라를 다스릴 수는 없다. 채찍이 있으면 당근도 있기 마련이다. 그래서 왕은 귀족이나 목민관牧民官이라는 엘리트를 파견하여 개돼지를 친다. 정약용의 『목민심서牧民心書』의 '친다牧'란 글자가 맘에 안 드는 이유다. 그가 아무리 백성을 위해 당근을 준다고 말해도 결국 그는 목자牧者고 자동적으로 우리는 개돼지였다. 엘리트치고 믿을 놈 하나 없다는 말이기도 하다.

"야훼는 나의 목자 내게 부족함이 없도다."는 시편에 나오는 구절이다. 개신교의 사제를 목사牧師라 한다. 정확하게 해석하자면 (개돼지나 양을) '치고 가르치는' 기름 부은(선택된) 사람이라는 말이다. 시편에서 말하는 건 야훼만 목자고 모두 개돼지다. 그런데 외람되게도 야훼의 자리를 목사가 슬쩍한 것이다.

따라서 일요일에 교회를 다니며 목사를 앞에 모셔 두고 설교를 듣는다면 그대는 양이거나 개돼지를 자처하는 짓이다. 목사는 교구의 신도들을 관리하고 신도들의 개인정보를 이용해 개돼지를 자기가 원하는 길로 이끈다. 왕과 달리 목사는 때리거나 사지를 찢어 죽이지는 않는 대신 때가 되면 양털 깎기를 하고 배고프면 한 마리씩 잡아먹는다. 목사가 양을 자선으로 키우는 건 아니라는 말이다.

세상이 다시 변했다. 쉴 만한 물가를 보장하던 교회의 천국 보험은 한물가고 이제는 의료 보험의 가축병원 시대다. 교회는 신도들의 영혼을 기르고 가르쳤다면 의사는 사람의 육체를 가지고 관리한다. 그렇다. 이제 의사야말로 우리를 쉴 만한 병실로 인도하는 현대판 목사다. 교회가 아니라 병원이 구원인 시대다.

의료 보험은 때 되면 정기적으로 건강 검진을 하라고 한다. 정보가 권력이라서 그렇다. 의료 보험에게 국민이란 바로 몸무게, 체질량이자 혈압이고 혈당이며 질병 기록이다. 개돼지에 대한 진정한 관리대장이 바로 이것이다. 근수가 관건인 개돼지에게 목사가 하듯 인성을 중심으로 관리할 필요가 없다. 의사는 붉은색 수치를 들이대며 정상과 비정상을 가르고 병명을 만들어서는 치료를 위해 입원토록 하거나 혹은 격리한다. 몸을 지배하겠다는 말이다.

병원 기록은 바로 생활 기록으로 변하면서 삶의 모든 부분에 참견한다. 몇 년 전 전염병 메르스의 확산에서도 중심은 의료 기관이었다. 오늘날 국민 모두의 신체-정신적 정보를 주관하는 기관도 의료 기관이다. 환자의 육체 정보를 통해 국민의 활동, 식생활, 성생활, 음주, 흡연 등의 생활까지 통제하고 관리한다. 육체뿐 아니라 정신까지 정상 수치를 들이댄다. 근수를 잘 유지하고 마블링을 관리해야 A+등급 고기의 값을 받기에 그렇다.

하지만 우리에게 의료만이 절대 권력이 아니다. 권력을 포함한 모든 것을 사고팔 수 있는 자본이라는 절대 권력이 있다. 사시나 행시 같은 국가고시를 봐야만 자격을 갖는 시대도 종쳤다. 이런 상황에서 고려의 귀족제, 조선의 과거제 그리고 공산당식 엘리트주의를 주장하는 교육부의 개돼지-엘리트 정책은 너무 천진난만하다 못해 조선朝鮮스럽다. 한마디로 하나의 상품일 뿐인 교육부의 엘리트 양반주의는 시대착오적 망발이다.

변호사가 필요하면 변호사를, 의사가 필요하면 의사를 사는 시대다. 지식인이나 지식은 널렸다. 엘리트나 정보나 그저 사고팔 수 있는 상품일 뿐이다. 사회 1%를 차지하는 엘리트가 필요하면 돈을 지불하면 그만이다. 소비자가 왕이라는 말이다.

엘리트가 개돼지를 치고 이끌던 시대는 끝났다. 이제는 개돼지가 엘리트를 사고팔고 고용한다.

박근혜의 언어

누구든지 사람마다 가슴에 와 닿는 말이 다르다. 같은 뜻이라도 자라
난 환경, 앉은 자리, 믿는 종교에 따라 가슴으로 실감하는 말이 다를 수
밖에 없다. 박근혜 전 대통령에게는 '혼'이나 '우주'가 그런 단어다.

박근혜/최순실 게이트를 대하는 언론 보도나 시위에 가장 많이 등장
하는 말이 '하야'나 '사퇴'다. 대다수의 국민이 그토록 외치는 데도 그는
꿈쩍도 안한다. 이런 중성적인 단어가 박근혜에게는 의미 없는 말이라
서 그렇다. 이런 단어가 그에게 절절한 느낌으로 다가오지 않기 때문일
것이다. '하야'나 '사퇴'로는 그의 마음을 움직일 수 없다는 말이다. 누구
든 그렇지만 상대의 상태에 따라 그에게 가장 적절한 말을 사용해야 알아
듣는다.

'하야下野'는 왕정의 단어다. 왕이 물러나는 일이 하야다. '사퇴辭退'는
공직에서 쓴다. 본인의 결단으로 과오를 책임지고 물러나는 일이다.
반대로 "모든 권력은 국민"에 있으므로 고용자인 국민은 피고용인인 대
통령을 '해고解雇'할 수 있다. 사퇴는 고용인을 인정하고 의사를 존중하는

것이므로 고용인이 싫다고 버틸 수 있지만 해고는 그냥 짐 싸서 나가라는 명령이다. 때문에 국민의 입장에서 사퇴하라고 부탁하는 것보다는 '해고'를 통보하는 게 더 명확한 의사 표시다. 이는 탄핵으로 증명한 바이다.

혹자는 현재의 사태를 '왕정王政과 민주民主'의 대결이라 한다. 짧은 견해다. '하야'나 '사퇴'를 주장하는 시민 입장에서는 수긍할 대목이나 박근혜/최순실 게이트의 본질은 아니다. 먼저 알아둘 것으로, 박근혜는 시민이 아니다. 그는 민주나 왕정이 아니라 신정神政을 꿈꾸는 신전의 사제다.

지식인들도 사용하는 언어를 반성해야 한다. 그토록 '무당'이니, '굿'이니, '민비'니 '요승 라스푸틴'을 빗대어 최순실을 비난하고서는 결론으로 '왕정 대對 민주'의 프레임을 내놓으면 힘 빠지는 노릇이다. 신정이라 욕하고는 왕정 대 민주 프레임으로 분석하는 건 헛다리 짚는 꼴이다. 현실을 보자. 그가 자주 쓰는 말이 바로 '혼'과 '우주'다. 이렇게 보면 박근혜가 바란 것은 왕이 아니라 '혼'과 '우주'다.

박근혜는 취업 경력이나 생업 걱정을 한 적이 없다. 때문에 그의 사전에 '사퇴'나 '해고'는 있어 본 적이 없다. 없는 말을 두려워하지 않는다. 어쩌면 국민이 "빵이 없다"하면 '명상'과 '기도'를 권할 사람이다. 그러니 머릿속 사전에도 없는 단어 '사퇴'나 '퇴진'을 백날 외쳐봐야 그의 폐부를 찌르지 못한다. 당해 본 적이 없어서다. 그는 왕이 아니라 왕의 자리에 앉은 공주다. 공주란 재벌 2세나 다를 바 없는 존재다 보니 아무런 공로도 걱정도 없다.

정유라 말대로 돈도 능력이니 부모 돈을 쓰며 즐기면 그만이다. 모든 것을 책임지던 부왕父王과는 다르게 공주에게는 책임이 없다. 그렇다.

'하야'는 왕에게나 소용될 말이다. 공주로 타고난 자는 하야할 방법도 없다. '하야' 역시 그의 사전에 없는 공염불이라는 말이다. 그에 이르면 우리에겐 절절하던 현실의 언어는 색깔을 잃는다.

최태민과 최순실이 부린 농간에 놀아난 정황이나 그의 수필과 연설로 보건대 박근혜는 정치인이라기보다는 종교인이다. 세속世俗적인 정치보다는 성聖의 세계를 살아가는 듯하다. 그가 사과문을 발표한 다음날 종교계 인사를 불러들인 것을 봐도 알 수 있다. 하늘에서 이루어지면 땅에서도 이루어지리라고 본 것일까? 그는 세속적인 정치에서 일어난 문제를 종교로 해결해 보려고 했다. 불통의 이미지 역시 이런 종교적인 태도에서 비롯한다. 아무리 기도해도 신은 대법원에 들어갈 수 없다는 걸 몰랐을 수도 있다.

그의 마음은 종교를 중심으로 돌아간다. 그의 사전 역시 종교 용어로 가득하다. 심지어 국민의 요구인 '하야'나 '사퇴'조차 종교적으로 받아들이는 듯하다. 돌아온 탕자蕩子가 신에게 죄를 회개함으로써 용서를 받듯 국민에게 사과하면 너그러이 받아줄 것이라 믿는다. 하지만 청와대 역시 신의 권능이 금지된 세속 권력의 영역이다.

정리하자면, 박근혜는 '퇴진'이나 '사퇴'라는 말을 실감하지 못한다. 말해도 모른다. 모든 것이 신에게서 비롯한다고 여기는 종교인에게는 이성적이고 합리적인 말을 백날 해 봐야 쇠귀에 경 읽기다. 그렇더라도 알려야 한다. 시민의 요구를 그의 폐부에 와 닿는 언어로 바꾸어야 한다. 그런 사람들에게 느낄 수 있는 언어로 '번역'이 필요하다. 방법은 지금까지의 세속적인 언어가 아닌 종교적이고 성스러운 언어를 사용하는 것이다.

그에게는 '하야'나 '사퇴'보다는 '사탄', '악마', '지옥 불', '파계', '파문破門', '무간지옥', '잡귀', '고독蠱毒', '축귀逐鬼', '신벌神罰'…. 이 같은 부정적인 종교 용어가 더 와 닿을 것이다. 또 종교는 부정不淨한 것에 민감하다. 따라서 '불결하다', '더럽다', '혐오', '구역질', '꺼리다', '추하다' 같은 감정적인 언어가 중성적인 법률 용어보다 더 효과적이다. 누구든 그가 믿는 종교에 근거해 적절한 부정적인 단어를 구사한다면 그에게 더 절절하게 와 닿을 것이다.

박근혜/최순실은 갔지만 그를 통해 효과적인 언어 사용법을 알 수 있었다. 상대가 쥐라면 고양이 소리를 내 줘야 알아듣는다. 내가 아니라 상대의 사전에서 말을 꺼내라는 말이다.

序

남녀 사이의 거리

브라질의 한 호텔 로비 2층에서 유럽인이 떨어져 죽는 일이 발생했다. 추락 사고가 빈번하고 호텔의 저주라는 루머가 돌자 결국 호텔 측은 전문가를 불러 과학적인 조사에 착수한다. 조사 결과 진범은 유령이나 주술사가 아니라 바로 사람 사이의 '거리'였다고 한다. 브라질인이 유지하고자 하는 간격과 유럽인이 지니는 사람 사이의 거리에 대한 감각이 달랐다는 것이다.

2층 로비에서 대화를 할 때 상대와 가까운 거리를 유지하려는 브라질인은 무의식적으로 상대에게 더 가까이 다가가려는 반면 유럽인은 상대와 간격을 두려고 물러선다. 난간 쪽에 있던 불행한 유럽인은 간격을 유지하려고 밀려나다 결국 난간에서 떨어졌다는 것이다.

사람의 몸은 육체이면서 동시에 자아가 거주하는 신성한 장소다. 사람이 그냥 육체뿐이라면 버스나 지하철에서 그냥 차곡차곡 쌓아 실으면 그만이다. 하지만 인격을 지닌 자아이기에 우리는 콩나물시루 같은 지옥철 안에서조차 서로의 거리를 유지하려고 애쓴다. 브라질의 호텔과 마찬가지로 우리네 남-남, 남-녀 간에도 개인적인 거리감의 차이가 있다. 통근 시간, 버스와 지하철이 바로 거리감의 비극이 일어나는 장소다.

그런데 가끔은 자아를 꺼버린off 육체도 가능하다. 군대에서 병력을 실어 나르는 트럭, 지붕까지 차곡차곡 사람을 실은 인도의 기차, 콩나물시루 같은 버스나 지하철이 그것이다. 여기에서는 인간이길 포기한 육체만이 빼꼭히 차 있다. 이런 상황에서도 여자와 남자는 다르다. 인격을 유지할 수 있는 공간적 여유가 사라지면 대부분의 남자는 순순히 인격을 꺼버린 순수 고깃덩어리가 된다. 하지만 여자는 그렇지 않다. 비극은 바로 여기서 시작한다.

인격을 포기하지 않는 여자는 자아의 범위 안으로 외부인의 침범을 허용하지 않기에 자기만의 공간을 지키려 한다. 하지만 근처 남자들은 이미 인격적 자아를 포기한 순수한 육체. 몸의 여기저기가 부닥치고 눌리고 떠밀려도 그들의 몸은 고깃덩어리라서 무감각하고 관심도 없다. 그저 아프지만 않다면 무신경에서 깨어나지 않는다.

만약 여기서 인격이 남아 있는 남자가 있다면 역설적으로 불순한 존재다. 의도를 지닌 몸이자 손발이다. 만원 버스나 발 디딜 틈 없는 지하철에서는 어떤 자세를 취해도 상대에게 닿는다. 문제는 바로 자아가 꺼진 육체와 인격이 켜져 있는 육체의 접촉이다. 꺼졌건 켜졌건 상대와 닿는 몸뚱이는 그 자체로 죄다. 잠재적 치한이 탄생하는 순간이다. 억울한 일이다. 그런데 만약 육체에 자아가 켜진 채 접촉한다면 이것은 의도가 다분한 실제적인 추행이다.

인격은 반대로 남녀 간의 거리를 없애기도 한다. 대표적으로 섹스를 들 수 있다. 섹스란 몸의 거리가 없어지는 일이다. 상대와 육체적 접촉을 통해 쾌락을 얻는 게 섹스다. 즉 상대의 몸을 섹스의 대상으로 삼아서 접촉하는 일이다. 다분히 의도적 접촉이다. 따라서 섹스에서는 무엇보다 상대의 몸이 지닌 성적 매력을 발견하는 게 중요하다. 때문에 남자나 여자나 상대의 얼굴이나 몸매 또는 능력을 따지면서 점수 매기기에 열중인 것이다. 하지만 매력적이라고 무조건 들이대서는 큰일 난다. 현재의 여성운동은 애착을 거부하고 의사 도덕으로 흐르고 있기 때문이다.

육체적 관찰을 마치고 본격적으로 맘에 드는 이성에게 접근하려는 순간부터 상황은 급변한다. 사랑의 모든 관계는 인격적이다. 남녀 관계의 비결 역시 육체가 아니라 인격이다. 섹스가 육체적인 관계라고 무조건 육체적 어필로 이룰 수 없다는 말이다. 맘에 든다고 상대방에게 팔뚝을 까서 알통을 보여주는 건 미련한 방법이고 바지를 내려 섹스어필 하면 은팔찌 차기 딱 적당하다.

서로가 상대의 몸을 쾌락의 대상으로 여길수록 인격이 더 강조되기에 남녀 사이에는 육체가 아닌 인격적인 애착을 만드는 것이 중요하다. 서로의 육체적 거리를 허락하는 것은 인격이기 때문이다. 남녀관계에서 인격의 문제가 더 강하게 드러나지만 꼭 남녀관계만의 일은 아니다. 폭력 역시 허가 없이 인격적 영역을 침범하여 상대를 파괴하는 패악이라 할 수 있다.

복잡한 도시의 빼꼭한 버스 안, 방법이 없다고 손 놓고 있을 일은 아니다. 거리를 만드는 것도 인격이고 거리를 좁히는 것도 인격이다. 거리를 지키기 불가능한 장소조차 인격 스위치가 켜져 있다면 그렇지 못한 주변 상황을 이해해야 할 것이다. 반대로 아무리 넋 나간 몸이라도 경각심을 잃지 말고 상대방에 대한 배려와 조심성이 필요하다. 은팔찌는 멀지 않다.

유럽인을 떨어뜨린 브라질인을 잠정적인 살인자로 볼 수는 없다. 잠정적 살인자도 잠재적 가해자도 없지만 현재 한국에서는 무조건 가해자가 될 판이다. 그저 답은 인격이다. 펜스룰도 인격을 켜 두고 간격을 지키겠다는 인간적 방어다. 긴장을 늦추지 말아야 한다.

序 연애결혼의 종말

연애결혼, 듣기만 해도 달콤한 말이다. 그러나 아쉽게도 이젠 연애와 결혼이 작별을 고할 때다. 연애가 희미해지니 연애결혼도 자동적으로 소멸할 위기다. 600만 년 진화의 역사에 남녀가 있고 서로가 끌어당기는 매력이 엄연한데 연애결혼이 없어진다는 말이 가당키나 하냐고 반문하겠지만 슬프게도 사실이다. 사실적으로 어떤 형태든 연애는 무궁할 수도 있지만 연애'결혼'은 아니다. 자본의 논리가 그렇고 급진적 여성주의자들의 논리가 그렇다.

중앙일보는 한국 젊은 여성의 약 61%가 결혼에 대해 부정적이라는 조사를 발표했다. 자녀 문제에 이르면 비율은 더 커진다. 이유는 돈이다. 자본주의의 교리는 '돈'이라 하면 반은 맞고 반은 틀린 생각이다. 상품을 만들고 벌어 쓰는 소비자도 한 축이다. 결혼과 자녀 생산에 걸림돌로 작용하는 현재의 자본주의는 소비자를 만드는 공장을 부수고 있는 셈이다. 현재 우리사회는 자본의 자기 파괴 현장인 것이다.

연애결혼은 역사가 짧다. 연애결혼이 대세라서 '중매결혼은 정략결혼'

이라며 경멸의 대상이던 시절이 있었다. 오직 사랑만이 결혼을 정당화해 주는 내용이라는 것이다. 때문에 심수봉의 노래 〈사랑밖엔 난 몰라〉가 먹혔다. 하지만 뒤돌아보라. 연애결혼, 사랑의 서약은 얼마나 오래된 것일까? 가까이는 우리네 할머니 할아버지만 해도 중매결혼을 했다. 아니, 5,000년 역사가 온통 중매결혼이다. 중매결혼의 경멸은 100년짜리 연애 결혼이 5,000년 아닌 더 유구한 전통의 혼인 형태에 침을 뱉는 격이다. 연애결혼이 더 도덕적이라서 그럴까? 도덕이 아니라 돈이다.

얘기는 이렇다. 연애결혼이란 자본주의, 도시화와 함께 생겨났다. 전통 사회에서는 가문을 중심으로 모여 살았기에 혼인은 가문의 일이었다. 두 가문의 사람이 만나 사랑이 생기면 좋고 아니어도 어쩔 수 없었다. 가문이 정한 정혼자와 정 붙이고 살아야 했다. 따라서 부부의 사랑보다 는 자녀의 생산을 우선으로 여겼다. 하지만 자본주의가 들어서며 생물 적인 결혼의 구조에 애정이 개입하며 급격히 얘기가 달라진다.

커져 가는 자본의 도시를 건설하고 유지하려면 젊고 건장한 남성 노동자가 필요했다. 도시로, 도시로 모여드는 남자들. 도시는 젊은 노동자로 가득 찼다. 하지만 건설 중인 남성만의 도시는 살만한 곳이 아니다. 이에 호응하듯, 뒷받침할 여성 노동자가 하나둘 가세하기 시작한다. 이렇게 도시는 젊은 노동자 남녀로 가득 찬 것이다. 남녀가 모이면 연애는 필수고 동거는 선택이다. 고향에 두고 온 꽃분이는 멀고, 눈 맞은 영순이는 가깝다.

가문을 떠나 혈혈단신 도시로 떠난 노동자 삼돌이와 고무 공장에서 단봇짐을 싸서 상경한 순애가 만나 연애하고 결혼하고, 자녀를 낳아 가족을 이루며 다시 도시를 채웠다. 그렇다. 연애와 결혼은 자본주의 핵심 교리인 '상품'을 생산하는 노동자를 재생산하는 동시에 소비자를 생산하는 공장 라인이다. 자본주의 도시는 사랑, 연애, 결혼 그리고 도시적인 가족 형태를 만들고 다시 핵가족을 통해 자본주의의 노동자를 지탱했다.

자본 이전에 연애가 있었음을 『로미오와 줄리엣』이나 『춘향전』을 들어 항변할 수 있다. 그렇다면 그들이 결혼했나를 먼저 물어야 한다. 소설이나 판소리 모두 연애만 있고 결혼은 없었다. 아니 해결이 안 나니 얼버무리고 지나간다. 두 커플의 결말은 쉽지 않았다. 한 커플은 열렬한 연애 감정을 이기지 못하고 사랑에 죽는 정사情死로 마감하고, 한 커플은 영웅 놀이에 심취했지만 뒤는 모호하다.

11~12세기 기사騎士 문학 대부분은 기사와 지체 높은 귀부인의 불장난이다. 18세기 부르주아 문학 대부분은 유부녀와의 내로남불 로맨스에 가깝다. 요즘 유행하는 할리퀸 소설이나 별 다를 바 없었다. 『로미오와 줄리엣』이나 『춘향전』과 마찬가지로 이들 문학에는 우리가 상식적으로 받아들이는 정상적인 결혼으로 골인하는 연애는 많지 않다. 영국 왕실의 유별난 유부녀 사랑 전통만 봐도 그렇다. 연애를 통해 결혼한다는 우리의 상식이 사실은 이전에는 없던 20세기 발명품이라서다.

가족의 가치를 소중히 여긴다는 그리스도교 성서에도 연애가 없기는 마찬가지다. 구약 성서에서는 사랑의 중심은 애인이 아니라 신이다. 신약 성서는 애인이 아닌 남편이나 아내를 사랑하라 한다. 사랑해서 결혼하라는 게 아니라 결혼한 다음에 사랑을 만들어 가라는 얘기다.

어느 시대나 남녀가 있으니 사랑도 있다. 그렇게 우리가 몸담고 있는 20세기 자본주의 도시의 사랑 형식은 '연애결혼'이다. 그런데 자본주의는 쉼 없이 변하고 발전했다. 자본주의 생산품인 사랑과 결혼 그리고 가족도 따라서 변한다. 사랑이 주는 가슴 떨림은 그대로 일지라도 자본과 도시를 무대로 펼쳐지는 연애나 결혼은 달라진다는 말이다. 여기에 급진적 여성주의가 가세하여 서로의 유희에 성희롱이라는 프레임을 씌워버린다.

오늘날 자본주의 사회에서 연애는 부담스럽다 한다. 그저 서로 간보며 썸만 탄다. 그러다 보니 온갖 사랑 행위는 다 하면서도 고백이 없기에 연애가 아니란다. 사랑은 건실하지만 공식적인 관계는 만들어지지 않기에 건강하지 못하다. 그러기에 결혼은 더 부담스럽다. 자녀는 생각하기도 힘들다. 결혼을 통한 사회적 인정이나 정착은 곤란하다는 말이다. 자본 3.0시대, 사랑은 흔하지만 연애는 희귀하고 결혼은 실종이고 그저 희롱만 남았다.

사랑과 자유연애의 가치를 가르쳐 주고, 가족 사랑의 소중함을 지켜 준 자본주의를 싫어할 이유는 없다. 하지만 이제 자본주의의 변화로 연애와 결혼이라는 사회적 측면도 희미해진다. 더 이상 사랑의 결실이 결혼과 가정 그리고 자녀만은 아니다. 새로운 자본주의 도시는 지극히 개인적인 만남과 헤어짐만 권장하는 듯하다.

하지만 자본의 변화는 생각지도 못한 결과를 가져온다. 결혼과 자녀의 부재는 자본주의 도시를 지탱하던 노동자와 소비자 생산에 차질을 초래한다. 자본주의 사회 구성과 재생산을 위한 교리인 연애와 결혼의 형식이 변하니 내용 역시 바뀔 수밖에 없다는 것이다. 여기에 가세한 여성계 그리고 자본과 도시는 썸만 타라고 명령하고 있다.

전통 사회의 사랑 없는 결혼이 공허했다면 새로운 자본주의의 결혼 없는 사랑은 맹목일 것이다. 그렇다. 우리는 맹목적인 성의 세상으로 접어들고 있는지도 모른다. 이제는 연애와 결혼이라는 성性의 형식은 사라지고 만나고, 썸타고, 헤어지는 일회용 상품만 남는 것인지도 모른다. 어쩌면 오래된 혼성 밴드 '한마음'의 노래대로 "긴 세월 지나가도 사랑을 친구라 하네."가 미래의 사랑일지 모른다.

序

건강한 불륜不倫

영화감독 홍상수와 배우 김민희의 로맨스에 매스컴이 뜨거웠다. 여기저기서 불륜이네 혐오스럽네 하는 평가도 만연했다. 내가 하는 로맨스가 아닐지라도 무턱대고 혼외관계를 불륜이라 매도하는 건 재미없다. 혹 '화장실 삽입마'라는 별명의 한류 스타 박유천 사건 이후 터진 최순실 국정 농단 사건을 덮고 싶은 게 있는 건 아닐까 의심도 들지만 여기서는 조금은 순수한 맘으로 이 사건의 의미를 생각해 보고자 한다.

불륜이라는 프레임은 역겹고 불순하다. 이런 감정을 만들어 내는 불륜 낙인은 세상을 재미없게 만드는 가장 악랄한 테러 무기다. 자유 민주 사회에서는 사회적 도덕과 법만 지킨다면 자유롭게 자기를 표현할 수 있다. 사랑 또한 마찬가지다. 문제는 전통이라는 유교儒教가 자유와 민주라는 최고의 규칙 위에 슬쩍 가짜 윤리인 인륜人倫을 올려놓았다는 데 있다. 풍속이나 전통이라 포장하지만 인륜의 내용물은 자유로운 현대 사회를 얽어매는 유교 담론의 권력 행사다. 현대 사회에서 명분에 얽매인 권력을 행사하려는 흑심인 것이다.

인륜이 뭐가 나쁘냐고 반문할 것이다. 단언한다. 인륜은 나쁘다. 그것도 아주 악질이다. 인륜은 기본적인 인간관계의 위계에 기초하고 있다. 부모, 형제, 부부, 장유 그리고 군신이 그것이다. 악랄함은 여기에 있다. 이 관시關係에서 생기는 예의와 범절에 벗어나면 짐승만도 못한 놈으로 취급한다. 사랑도 우정도 이 안에서 해결하라 한다. 지하철에서 노인에게 자리를 양보하지 않으면 패륜아라는 식이다. 즉 유교의 입장에서 개인적 고뇌나 자유, 민주도 인륜의 위계 안에서만 가치가 있다는 말이다. 개인적 의미조차 관시로 종속하려고 하니 패악이다.

따지고 보자면 우리나라가 근대화하면서 생긴 사건 대부분이 불륜 혹은 패륜이었다. 자유, 민주주의, 평등, 정의, 자본주의가 다 인륜의 입장에서 불륜이자 패륜이다. 20세기 초 대한제국에서 신분제를 철폐하면서부터 불륜과 패륜에 대한 불평이 나오기 시작했다.

신분 제도는 개화기 초에 철폐되었지만 양반들은 반상班常의 차별이 엄연한데 양반을 보면 고개를 숙여야 할 상것들이 감히 양반과 대등하게 머리를 들고 다닌다는 불만을 표시했다. 사농공상士農工商의 신분으로 보자면 가장 천한 상인들이 득세해서 나서는 일도 생기자 말세의 패륜이라 했다. 게다가 길거리를 버젓이 활보하며 학교를 다니는 '여학생'이라니! 내외內外의 질서에서 여자는 밖으로 나올 수 없었다. 그러니 여학생은 존재 그 자체로 불륜이다. 불륜이기에 양반집 규수閨秀는 학교에 보내지 않았다.

근대 세계의 산물인 여학생이란 이전에는 듣도 보도 못한 완전한 신제품이었다. 오천 년 조선 역사에 여학생이 있어본 적이 없었다는 말이다. 아니, 고조선이나 민며느리 제도의 옥저沃沮까지 상상도 못하던 최초의 충격적인 사건이었을 것이다. 그러니 집안에 묶이지 않고 교복 차림으로 자유롭게 얼굴을 드러낸 여성은 한 순간 모든 남자의 이목을 집중시켰다.

한마디로 이슬람 지역이나 다름없던 조선에서 여자들이 히잡을 벗고 길거리를 활보한 꼴이다.

모든 남학생의 마음속 로맨스도 봄바람에 휘날리는 여학생의 머리카락을 보는 순간 집에서 정해준 혼처는 기억의 저편으로 넘어간다. 이로써 이전엔 듣도 보도 못하던 '자유'와 '연애'가 결합한 신상품이 탄생하는 순간이었다. 즉 새 세상에 듣도 보도 못한 신상품 여학생이 나타났기에 '자유'와 자유'연애'가 시작됐다는 말이다. 때문에 우리에게 '자유'가 갖는 이미지는 소설 『자유부인』과도 같은 성적 개방의 모습을 지닌다. 따라서 자유연애, 연애결혼은 유교의 관점에서 보자면 관시를 벗어난 불륜 그 자체였다.

연극 〈경성에 딴스홀을 허하라〉는 1937년 실제 있었던 '딴스홀 청원 사건'을 모티브로 한 창작 연극이다. 일본 총독부가 시국이 불안정하다는 이유로 젊은 남녀가 모이는 조선의 딴스홀을 금지시켰던 황당한 사건에 맞서기 위해 딴스 경연대회를 연다는 내용이다.

딴스홀에는 남자끼리 춤을 추려고 가는 게 아니다. 부부가 가는 경우도 극히 드물다. 피 끓는 청춘이 모여 춤을 추다 보면 눈이 맞고, 입이 맞고, 배가 맞는다. 연애의 시작이다. 연애란 남녀가 개인Individuals으로 만나 어두침침한 데로 들어가는 과정이다. 지금껏 조선 유교 사회선 집안에서 정해준 상대를 먼발치에서 베베 꼬면서 바라보던 게 전부였다. 사랑은 가물에 콩 나듯 생기던 인륜의 세계로선 남녀가 개인으로 만나는 딴스홀은 차마 볼 수 없는 패륜이었다. 인륜종자들에겐 사랑 그 자체가 불륜일지도 모를 일이다.

치마저고리가 아닌 스커트를 입은 모단Modern걸, 커피와 맥주를 즐기며 딴스를 추는 모단보이, 정략결혼 대신 연애결혼을 선택한 자유연애주의자,

반식민지 자유 지식인, 자유와 평등을 내세운 새 시대의 군상들이 하나둘 딴스홀에 모인다. 당연히 딴스홀은 그 자체로 불온 세력의 온상이자 불륜의 집합처였다. 그러나 달리 말하면 딴스홀이란 우리가 원하는 새로운 사상과 자유의 바람 그리고 즐거움이 가득한 곳이기도 했다.

홍상수와 김민희의 로맨스 역시 따지고 보면 자유연애의 맥락이다. 때문에 유교적 입장에서는 불온하다. 이 대목에서 우리는 결혼을 받드는 도덕을 짚어 볼 필요가 있다. 현대적 결혼은 사랑하는 사람이 법적으로 결합하는 행위다. 남녀든 아니든 결혼의 중심에는 사랑이 있다. 결혼이라는 법적인 형식보다 '개인의 사랑'이 중요하다는 말이다. 극단적으로 말하자면 결혼은 사랑의 껍데기다. 현대 자유주의 세계에서 사랑이 없는 결혼은 의미가 없다는 말이다. 사랑이 자유고 자유가 바로 사랑인 것이다. 사랑은 가문이 아닌 개인의 일이기에 그렇다. 하지만 유교 전통은 결혼이라는 관시에 더 주목하여 사랑에 불륜을 선고했다.

사랑은 나이, 학력, 국경을 초월한다는 말을 한다. 그러나 홍상수와 김민희를 비난하듯 국제결혼도 곱지 못한 시선으로 바라보는 게 우리네 현실이다. 바로 이 시선 뒤에 패륜이라는 이름의 종족주의, 연령주의 및 일부 여성주의가 끼어든다. 전통과 인륜이라는 선입견이 개입하는 순간 사랑은 더 이상 순수하지 않다. 계급, 학력, 종족, 나이, 국적이라는 선입견을 통과한 사랑은 순수한 사랑이라기보다 비열한 순수 인륜이다.

유교는 자유와 민주 위에 슬쩍 부자父子, 부부夫婦, 장유長幼, 붕우朋友 그리고 군신君臣 간의 의리인 인륜을 전통 또는 관습의 이름으로 올려 놓는다. 그러니 인륜을 어기면 법조차도 불륜이다. 이들은 자기가 말하는 인륜의 위반자를 '배우지 못한 쌍것'이나 '무도無道한 짐승'으로 몰아 사회적으로 매장하고는 그저 가족이나 조직 사회의 상하관계에 대한 충성과 의리만 내세운다. 내부문건 유출 사건에 내세우는 깡패논리 '의리義理'가 바로 인륜에서 나왔다.

불륜은 깡패들의 사이비 조선식 윤리다. 그래서 인륜-불륜 놀이는 재미없다. 나쁜 깡패들의 패악질이니 이제 그만둘 때도 됐다.

사랑의 이름으로 보라. 홍상수 김민희는 사랑이다. 사랑에는 불륜 따위는 없다. 마찬가지로 정의의 이름으로 보라. 내부문건 유출은 배덕背德이 아니라 정의다. 사랑만이 진정한 인간의 길이고, 정의만이 진정한 의리다.

序 '추석 조직'의 쓴맛

추석에 여자 친구에게 정성 들여 차린 차례상을 자랑스레 찍어 보내니 헤어지자는 문자로 돌아왔다는 썰이 있다. 예능 프로나 보며 낄낄거리는 남자, 분주히 전 부치고 차례상 차리는 여자는 추석을 맞은 우리네 가정의 흔한 그림이다. 전 따위는 시장에서 사오자는 의견을 싹 무시하고 집을 기름 냄새로 채워야 한다는 어머니의 주장은 마치 조직의 쓴맛을 보여 주려는 조폭 두목의 똥고집으로 보인다. 이런 집안일수록 아들 결혼에 예민하게 촉각을 세우지만 여자 친구도 바보가 아니다. 요즘 신붓감의 눈치도 빠하다. 만나서도 아닌 문자로 이별을 통보한 여자 친구도 조직의 시골스러움이 싫었던 것이다.

조선시대 말까지 인구의 약 70%는 성姓이 없었다. 강력한 부계 문명에서 성이 없다는 건 그냥 이름 첫 자가 없었다는 말이 아니다. 아비가 누군지 명확하지 못하거나 아비 계열의 조상이 모호하다는 뜻이다. 성이 없으니 제사를 지낼 때 위패에 쓸 이름도 없다. 당연히 따로 무덤을 쓸 선산이나 묘비도 없었다. 따라서 차례나 제사를 지내기도 쉽지 않았다.

국민 대다수였던 서민이나 노비에게 제사라는 건 별 의미 없었다.

제사란 '이름' 있고 '성' 있는 사대부나 지내는 것이었다. 그래서 모든 성씨라는 뜻의 '백성百姓'이란 요즘 말로 '국민'이나 '민중民衆'이 아니라 한자漢字를 읽고 쓰는 지도층 양반을 뜻한다. 성을 가진 자란 특수층의 다른 말이었다. 요즘의 국민이나 시민의 번역어는 백성이 아니라 '민民'이었다. 성도 이름도 없던 민이란 권리는 없고 의무만 있는 '것'들이다. 노비나 별 다를 바 없는 '것'이었다. 임금님께서 염려하시던 백성에는 '나'를 비롯해 국민 대다수가 포함되지 않았다는 말이다.

조선시대 인구의 80% 이상이 농촌에서 거의 유사한 직업에 종사했다. 대부분이 시골에서 농사를 지었다. 국민의 90%가 다른 직업을 갖는 현재와 완전히 반대다. 지금도 농촌에서 같은 성씨를 가진 성씨 마을을 볼 수 있듯 마을이란 가족 공동체의 확장판이었다. 그러다 보니 성씨 마을은 조상도 같고 역사도 같다. 아니, 더 정확히 말하자면 일부 성씨 마을은 노비였을 때 주인도 같았고 주인에게서 성씨도 함께 '공동 구매' 했었다고 해도 그리 틀리지 않는다.

공동체가 함께 지내던 추석의 제사와 차례도 그렇다. 이 명절의 예식은 같은 주인 아래 성을 공동 구매하면서 시작한다. 조선을 지배한 종교 였던 유교의 이념적인 지배도 이때서야 본격적으로 전 국민을 대상으로 지배력을 행사한다. 유교가 말하는 충효忠孝란 조상 제사의 의례적 형식 이다. 주자학朱子學에서 '가례家禮'를 강조하는 이유도 가족과 마을 공동 체를 하나로 묶는 의례인 제사에 있었다. 그렇게 성씨를 갖는다 함은 전 국의 유교적 규격화가 본격적으로 이루어진 것을 의미한다.

아주 오래전부터 우리는 동맹이나 무천 또는 영고 같은 이름으로 명 절을 지내 왔다. 하지만 이때 의례는 유교식 차례나 제사가 아니었다.

음주가무를 추축으로 한 축제와 유사한 형태였을 것이다. 유교적인 엄숙한 의례가 절대 고유의 민족 전통은 아니라는 말이다.

유교는 사대부한테야 500년 된 수입품이지만 민에게 본격적으로 침투한 건 200여 년 남짓일 뿐이다. 본격적으로 세력을 확장하기 시작한 짜장면과 유사한 외래 청나라 문화가 유교다. 유사 수입품인 기독교의 추수감사절 예배와도 그리 많이 차이 나지 않는다. 고구려나 신라에서 거행하던 제천의식祭天儀式이 아닌 바에 유교의 제사나 기독교의 추수감사절은 수입품이기는 매한가지라는 말이다. 그저 우리가 메이드 인 차이나를 선호했던 것뿐이다.

문제는 중국 제품인 유교의 명절 의례는 주로 농사를 짓는 마을 공동체에서 생긴 정서라는 데 있다. 한마디로 촌스러운 시골 정서다. 유교 의례는 농부 가족, 농촌 마을의 풍경을 배경으로 삼는 고향의 농심이다. 아름답고 가슴이 따스해지는 정경이지만 슬프게도 우리들 대부분은 도시에 산다.

달리 표현해 보자. 촌심村心에서는 만나서 서로 맞절하지만 도심都心에서는 지나치며 악수를 한다. 도심에서 맞절하자고 엎드리면 같이 절을 할 수도 없고 난감하다. 그런 사태를 방지하고자 '나중에 밥 한 끼'를 약속한다. 마찬가지로 유교는 농심農心을 품지만 우리는 각자 상이한 직업에 입각한 시민의식市民意識을 갖는다. 세계는 유교적 농촌에서 보이던 친밀Intimate을 유지할 수 없다. 아니, 규모가 커져 유교적 친밀을 요구할 수 없다.

조선은 망했고 농경 사회는 끝났기에 유교도 사라졌다. 아니 사라졌어야 했다. 유교의 윤리를 끌어들여 적용하기에 직업도 너무나 많아졌고 직업이나 신분의 귀천貴賤의 구조도 변했다. 유교적 정서를 들이댈 틈이 없어진 것이다. 시절이 변해 사회를 지탱하던 충효忠孝로 국가를 경영할 수 없다. 이제는 개인적인 정서라는 말이다.

하루에 몇 사람 만나기 힘든 농촌에서의 끈끈한 인간관계와 달리 도시에서는 수많은 사람을 만난다. 촌에서는 마을 구성원이 서로 아는 사람일 뿐 아니라 다 아버지고 동생이지만 도시는 서로 모르는 경우가 더 많다. 모두가 같은 직업을 갖는 농촌의 정서인 충효를 직업이 분화한 도시에 요구할 수 없다는 말이다.

비인간적이라 나무라며 고향의 살가운 정을 찬미하지만 도시에는 도시적인 인간관계가 있다. 나름 따스하면서도 차가운 듯 보이는 맺고 끊는 맛cool이 그것이다. 도시인은 서로를 '따스한 무관심'으로 보아주고 있다. 집에서야 아버지, 어머니, 아들, 딸이지만 사회에서는 평등한 시민이다. 시민에게는 충효로 꺼낼 수 없는 시민 윤리가 있다는 말이다. 그래서 도시에서는 '촌놈'이 욕이다. 예를 들자면 아직도 가끔 정신을 못차리고 지하철이나 길거리에서 "애미 애비도 없는 놈!"이라 욕하며 새치기 하는 노친네들이 바로 촌놈이다. 이런 추태도 며칠 안 남은 것 같아 재롱으로 봐준다.

이번 추석도 많은 이혼과 이별을 가져올 것이다. 농촌 마을 공동체에 기초한 유교적 의례의 강요가 도시적 삶과 충돌을 일으켜서 그렇다. 도시적 생활에 유교가 더 이상 가족의 결속과 사회적 통합을 가져오지 못한다고 할 것이다. 아니, 심지어는 도시적 감성인 개인적 사랑에 기초한 핵가족을 파괴하는 조직의 패악으로 작용하기도 한다.

유교의 제사, 양반이 아니었던 대다수 서민庶民에겐 얼마 안 된 수입 풍습이다. 그저 성씨를 갖게 되었다는 허위의식에 기초해 양반 흉내로 제사 좀 지냈을 뿐이다. 그러니 유교적 제사, 농촌 마을 공동체는 한때 아름다웠던 풍습일 수는 있지만 이제는 보내야 할 때다. 추억이라도 더럽기보다는 아름답게 간직해 두는 게 좋지 않을까 한다.

전보다 튀김이 맛있다고 생각하는 건 각자의 입맛 때문일 테다. 그저 '나중에 밥 한 끼'라는 관형어로 남은 유교를 붙잡고 있을 이유는 없다.

강남역 양성평등 실종 사건

피해망상증 환자의 혐오와 광증으로 비롯한 강남역 '묻지 마' 살인 사건은 너무도 안타까운 희생이었다. 이후 여기저기에서 남성은 '잠재적 가해자'라는 얼빠진 이야기가 떠돈다. 황당하다. 여성은 피해자라는 헛소리는 웃기지도 않는다.

'잠재적 가해자'라는 말에서 영화 〈마이너리티 리포트〉를 연상했다. 영화는 미래를 예측해서 잠재적 가해자를 차단해 범죄를 예방한다는 내용이다. 하지만 영화는 범죄를 예방한 안전한 사회가 아닌, 절망적인 디스토피아로 막을 내린다.

현실은 영화보다 가혹하다. 영화에서야 한두 명의 범죄자지만 지금 여성들이 지목한 잠재적 가해자는 사회 구성원 절반이다. 이들을 잠재적 가해자로 지목한다면 애초의 의도와는 이야기가 상당히 멀어지며 변형된다.

범죄를 저지르는 유전자를 알아내려는 노력은 오래전부터 있어 왔다. 19세기 두개골의 크기와 형태로 인간의 심리적 특성을 추정하려는 골상학骨相學이나 범죄로 주목받는 MAOA 유전자의 발현, 남성의 성폭력과 관련이 깊은 SRY 유전자들이 그것이다. 여기에 더해 '잠재적 가해자' 프레임은 Y유전자 전부를 용의자 선상에 올리자는 의견도 있었다. 법과 사회, 그리고 도덕은 이들을 잠재적 범죄자로 보아야 하는가? 절대 그럴 수 없다. 이러니 헛소리다.

현대 여성학은 유전이 아닌 문화적인 측면에 주목한다. 이를 젠더Gender라고 한다. 여기서 여성에 대하여 사회적 약자나 역사적 약자에 대한 관심을 이야기한다. 여기까지 좋다. 그중 이상한 부류가 지금 '잠재적 가해자'는 남성을 '성' 그 자체로 위험하다고 본다. 이런 주장은 남녀평등과 여성이 젠더의 관점을 포기한 것이다. 가당치도 않은 말이고 실천적인 후퇴다.

본의 아닌 피해나 심리적 압박을 줄 수 있기에 남성들의 주의와 관심이 필요하다는 의도는 존중한다. 허나 여성들이 남성을 '잠재적 가해자'로 여기고 지목하고 배제하는 순간 지금껏 일궈낸 '양성평등'의 노력은 한순간에 수포로 돌아갈 수 있다. 평등해야 할 대상이 없어지는 결과다. 때문에 이 주장은 병적이다.

시나리오는 이렇다. 누군가가 잠재적 가해자라면 먼저 가해 대상으로부터 격리해야 한다. 잠재적 가해자는 가해 대상의 주변에 접근할 수 없다. 따라서 모든 공공장소, 대중교통 그리고 직장에서 남녀는 같이 있을 수 없다. 버스, 지하철, 백화점은 물론이고 가정과 직장에서도 잠재적 가해나 피해자 중 한쪽이 적극적으로 피해야 한다. 그렇다면 직장에서 둘 중 한쪽이 퇴사하거나 남성/여성만의 직장을 따로 만들어야 한다. 유치원을 비롯해 초중고교에 대학교까지 서로 격리해야 하기는 마찬가지다. 길거리나 식당조차 예외는 없다. 가해자는 피해자의 영역을 침범할 수 없다.

양성평등이란 서로가 어깨를 나란히 한다는 의미다. 사회적, 역사적 맥락은 인정하기에 신체적 차이가 아닌 문화적 차이다. 따라서 남녀는 법적으로나 본질적으로나 동등한 권리와 의무를 갖는다. 하지만 가해와 피해는 힘과 폭력의 관계다. 힘과 폭력이란 방향성을 지닌다. 가해자는 강자고 피해자는 약자다. 따라서 남성 모두를 강자이자 폭력적인 '잠재적 가해자'로 여긴다면, 둘은 결코 동등한 권리를 가진 평등한 존재로 나란히 설 수 없다. 법은 죄인의 권리를 제한해야 하고, 피고는 원고와 동등하지 않다. 남자를 폭력적인 잠재적 가해자로 놓는 한 어쩔 수 없이 얘기는 이렇게 흘러갈 수밖에 없다.

남성을 힘이 강하고 폭력적인 존재로 본다는 것은 여성을 피해자이자 약자로 여기는 것이다. 그렇다면 여성이 자신을 강자의 보호가 필요한 약자임을 자임하는 꼴이다. 호의적인 강자의 우산 아래 들어가 보호를 받겠다는 말이다. 그런데 문제는 여자는 약자라고 하면 자동적으로 강자란 남자이거나 공권력이다. 아무리 호의적이라도 해도 유전적으로 남자는 가해자다. 결국 가해자에게 보호를 맡기는 꼴이다. 불행히도 아빠나 오빠도 남자다. 보호해 주는 강자와 잠재적 가해자가 동일해지는 순간이다. 레이디를 보호하는 기사가 동시에 영지의 처녀를 강간한다. 어째 중세 기사와 겹쳐지는 느낌이다. 일부 여성계는 중세나 이슬람 혹은 유교적인 윤리를 주장하는 것으로 보인다.

더 큰 문제가 있다. 약자는 결코 강자와 동등하지 않다. 보살핌을 받는 자는 보살펴 주는 자의 보호 아래 살아간다. 당연히 동등한 발언권이나 권리를 주장할 수 없다. 약자는 강자와 어깨를 나란히 할 수 없는 존재다. 약자의 생존이란 보호자의 동정이나 자비에 의존할 수밖에 없기 때문에 남성을 잠재적 가해자라고 주장하는 순간이 바로 양성평등을 포기하는 순간이다.

그렇다. 잠재적 가해자라는 말은 남녀칠세부동석, 남존여비, 여필종부의 세계로 다시 돌아가겠다는 유아적 아녀자들의 어리광이다. 자기들은 선한 존재라고 우기지만 속셈은 뻔하다. 남성에게 잠재적 가해자라는 굴레를 씌우고 자기는 사회적 약자로 자처하면서 일방적인 양보를 요구하려는 꼼수다. 이런 걸 뷔페미니즘이라 한다. 자기 좋은 것만 골라먹는 '뷔페 식당+페미니즘'을 합친 신조어다.

억지 어리광 부리지 마라. 여성에 대한 보호나 배려란 전근대적인 남녀 불평등의 악습이지 매너도, 도덕도, 젠더도 아니다. 줄을 설 때 잠재적 피해자라고 양보를 요구하겠는가? 동등하게 경쟁하는 사회에서 남녀를 불문하고 자신에 대한 배려가 먼저다. 따라서 양보란 도태를 의미하는 악덕일 뿐이다.

어릴 적 남자 아이들이 태권도, 유도, 검도를 많이 배우는 것은 잠재적 가해자가 되기 위해서가 아니다. 여자들이 육체 활동에 별 관심이 없는 것은 피해자가 되기 위해서도 아니다.

여성학에서는 이런 차이 역시 몸이 아닌 문화라고 한다. 그렇다면 젠더로 시작했으면 끝까지 젠더로 밀고 나가야 할 것이다. 하지만 지금껏 거부한 몸을 다시 불러내 남성 모두를 잠재적 가해자로 몰아가면서 젠더라고 얼버무리려 한다. 본성적 차이를 드러내며 여자를 성선性善의 존재로 남자를 성악性惡의 존재로 만들려 한다. 물 타기 하지 마라. 지금껏 일궈온 여성학의 피나는 노력을 파괴하는 짓이다.

잠재적 가해자의 격리를 원하는가? 아님 강력한 유교적 가부장제 질서의 우산 아래 돌아가기를 바라는가? 혹 중세 기사의 에티켓을 말하는가?

자기는 기사의 레이디라면 강간당하는 처녀는 누구일까? 달리 히잡 쓰는 극단적 이슬람 사회를 바라는 것인가?

　아서라, 말아라! 여성의 평등한 지위를 직접 투쟁하여 이룬 것이라면 스스로 강함을 보일 때다. 아니라면 규방에 틀어 앉아 응석이나 부릴 일이다.

남자는 개

개를 남자의 가장 친한 친구라고 한다. 유유상종類類相從이라 친구라서 서로 닮았다. 닮았다고, 친구라서 같다는 말은 아니다. 같으면서도 다르기에 착각도 슬픔도 비극도 시작한다.

어떤 여자가 기르던 개를 보고 "남자 친구도 너만 같으면 얼마나 좋을까"라고 한탄했다고 한다. 그의 바람처럼 남자는 개와 많이 유사하다. 수캐와 마찬가지로 남자는 마음에 둔 주인을 잘 배신하지 않는다. 무리를 이끄는 두목을 중시하며 여럿이 함께 떼 지어 몰려다니기를 좋아한다. 수캐가 암캐를 가리지 않듯 남자도 치마를 입은 여자는 많으면 많을수록 좋다고 생각한다. 이것이 바로 개를 기르던 여자가 지닌 착각으로 생기는 슬픔이다. 수캐가 암캐를 주인으로 여기지 않듯 남자도 여자를 주인으로 여기지 않는다. 남녀의 비극적 운명이다.

여자는 남자보다 여러모로 우월하다. 현대 연구에 따르면, 여자는 남자에 비해 육체적, 사회적으로 더 뛰어나다고 한다. 여자는 양쪽 두뇌를 연결하는 뇌량이 더 두껍고 긴밀해 남자보다 정보 교환에 더 유리하고 감성이 풍부하다. 뿐만 아니라 남자보다 3배가량 더 많은 어휘를 사용해 대화를 나눈다. 남자는 지적으로나 감각적으로 여자에 미치지 못한다. 따라서 여자의 말이 만들어 내는 풍부하고 다양한 언어적 함의를 잘 이해하지 못한다. 이는 마치 어른과 애가 동일한 단어를 사용하더라도 안에 담고 있는 의미의 깊이를 달리하고, 이해의 차이가 드러나는 것과 마찬가지다.

감성의 시대다. 하지만 남자는 구조적으로 감성을 알아차리기 힘들다. 태생 자체가 그렇게 생겨 먹었다. 게다가 기억력도 여자에 비해 심각하게 떨어진다. 즉 여자의 감정을 읽고 이해하지도 못할 뿐 아니라 자기의 잘못도 기억 못한다. 때문에 남자가 가장 어렵게 여기는 말은 여자의 "뭘 잘못했는지 알아?"다. 보통 여자들이 남자를 지켜보면서 속이 타는 답답함을 느끼는 것은 타고난 머리가 영 신통치 않아 무슨 잘못을 했는지 알아차리지도 기억하지도 못한다는 데 있다. 타고나길 그러니 방법은 아예 없다.

여기에 어른과 어린아이, 사람과 개가 있다고 치자. 먼저 누구의 언어가 더 발달하고 누구의 지성이 더 발달했을까를 물어보자. 당연히 어른과 사람의 언어와 지성이 탁월하다. 따라서 어린아이나 개는 지적으로나 사회적으로 약자다. 요즘 동물 보호의 근거도 대체로 이와 유사하다. 동일하게 여기 남자와 여자가 있다. 남자가 강자라고? 남자의 강점이라 뻐기던 육체적인 힘과 수학적 계산 능력은 이제는 기계나 알파고가 더 뛰어나다. 핸드폰이 남자보다 모든 면에서 더 낫다. 현대 사회에서 남자란 그저 이빨 빠진 짐승이다.

그렇다면 이제 누가 강자인지를 구분할 때다. 당연히 여자다. 지금껏 우리는 강자란 약자를 배려하고 사회를 지켜 나간다고 배워 왔다. 이제 현대 사회에서 누가 누구를 이해하고 배려해야 하는지 확연해진다. 강자와 약자의 구분에 따라 어느 면으로 보아도 우월한 여자가 모자란 남자를 이해해 주고 사회를 이끌어 나가야 한다. 그렇다. 개에게 이해를 바라는 것은 사람의 할 일이 아니듯, 남자의 이해를 바라는 것은 여자의 할 일이 아니다.

문제도 있다. 남자는 개의 행태 및 습성에서 유사한 면모를 보이지만 진짜 개는 아니다. 남자는 개보다 할 줄 아는 게 여러모로 더 많다. 개에게 운전을 시킬 수는 없는 노릇 아닌가? 게다가 사람과 유사하게 생겼고 말도 하며 우연찮게도 어머니가 여성이다. 이 때문에 남자를 종종 사람으로 착각하는 우를 범하기도 한다. 하지만 슬프게도 '사람'을 기대하지만 결과는 '개'로 나올 때가 허다하다. 겉모습에 착각하여 실망과 분노에 빠지더라도, 우월한 존재인 여성이 너그러운 마음으로 이해해 주어야 할 것이다.

개도 애완견부터 투견까지 용도가 다양하듯 남자도 크기와 하는 짓에 따라 용도가 각각이다. 우리는 개의 태생이나 모습 그리고 용도에 따라 충성, 용기, 희생, 애교, 인내, 날렵함, 집요함, 빠름, 공격성, 결단, 예민한 감각을 기대한다. 자그마한 애교 덩어리인 몰티즈를 집요하고 예민한 감각이 필요한 사냥터에 끌고 갈 수 없고, 공격성만이 두드러지는 투견을 갓난아이와 놀게 둘 수 없는 것이다. 모든 개가 가장 똑똑하고 충성심 강한 리트리버는 아니라는 말이다. 때문에 자기의 필요와 용도에 적합한 남자를 고르는 안목도 여성의 지혜다. 모든 남자에게 동일한 행동을 요구하는 건 무리라는 말이다.

개를 키우는 여성의 한숨처럼, 남자 친구의 주인이 되는 길은 참으로 지난하다. 대부분의 수컷 남자에게 암컷은 주인이 아니기 때문이다.

만일 사랑하는 남자 친구나 남편의 진정한 주인이고자 한다면 일단 더 높은 위치를 선점해야 한다.

연인이나 친구 같은 동등한 위치는 결코 주인이 지닐 태도가 아니다. 쓰다듬어 줄지언정 기대서는 곤란하다. 주인이란 언제나 더 높은 곳에 있고 더 높은 주인은 관대하고 따스한 눈길로 이해해 주기도하고 때로는 냉엄하게 질책한다. 그게 힘들다면, 별로 맘에는 안 들더라도 전 주인에게 물어보라. 전 주인만이 진짜 주인이었기 때문이다.

이렇게 개와 유비 하여 남자의 본성을 생각해 볼 수 있다는 거다. 어찌되었든 아무리 '개 잘하고', '개 좋고', '개 잘생기고', '개 잘난' 남자도 개는 개다. '아빠나 오빠'로 오해하지 마라. 남자란 대부분 주인을 잃고 헤매는 들개나 마찬가지다. 아니, 이 말 역시 개가(남자인 필자) 짖는 소리일지도 모른다.

序 힐러리의 유리천장

미국 최초 '여자' 대통령 만들기 시도는 실패로 끝났다. 여기저기서 유리천장에 막혔다는 곡성哭聲이 들린다. 힐러리가 '여자'라서 대통령에 선출되지 못했다는 주장이다. 여기서 '여성'이란 단어와 유리천장은 루저의 핑계였을 뿐이다.

그의 낙선은 남녀 차별 또는 유리천장과 상관이 없었다. 무엇보다그는 대통령 후보로 매력이 없었기에 떨어진 것이다. 또한 도덕성, 정책, 선거운동 등의 문제도 많았다. 유리천장 주장은 도무지 와 닿지 않는변명이자 페미니스트의 엉터리 물 타기, 개 논리다.

힐러리가 누군가? 중산층 집안에서 태어난 '금발 백인 감리교도' 즉전형적인 WASP다. 인권 변호사, 영부인, 민주당 상원의원, 국무장관을거쳐 미국 민주당 대통령 후보로 추대된 거물 정치인이다. 그의 성적인정체성은 지적할 필요도 없을 정도로 고위직은 다 거쳤다. 오를 만큼충분히 올라 20년 이상 미국 정계를 지배한 인물이었다. 어느 남자라도그런 경력을 갖추기 쉽지 않다. 그가 2007년 민주당 대선 후보 경선에서 오바마에게 졌을 때도 패인은 '유리천장'이 아니었다. 즉 힐러리는 이미 유리천장 위에 서 있던 사람이었다.

　힐러리가 제시한 여성 정책은 그가 여자가 아니라도 제시할 수 있는 공약이었다. 그가 여성이라는 점보다는 그의 전력前歷이 트럼프보다 훨씬 더 인권 정책에 유리했다. 그는 클린턴과 결혼 후 아칸소주州의 어린이 보호협회 회장을 맡기도 했고 가난한 지역들에 의료 시설을 확충하는 업무를 담당했다. 이 경험으로 그가 클린턴 정부 초창기 의료 보험 개혁을 주도하여 상당히 진보적인 인물로 평가받았다. 즉 그가 여성이어서가 아니라 아동, 여성, 보건, 인권 관련 전문가라서 그 정책에 밝았다고 해야 옳다.

　한편, 국무장관 시절 그는 공격적이고 호전적이었다. 추진한 외교 정책들의 여파로 '킬Kill러리', '헬Hell러리'라는 별명까지 얻는다. 미 국무성의 어떤 관리는 "힐러리라는 사람이 싫어하는 전쟁을 본 적이 없다"고 평하기도 했다. 게다가 클린턴 재단에서 국무장관 지위를 이용해 청탁을 들어줬다는 비판을 듣기도 하고, 선거 자금 관련해 문제를 일으키기도 하였다. 국가 업적으로 평가할 때 유리하게 내세울 게 없었다는 말이다.

　특히 공적인 업무에 사적인 이메일을 사용하고, 이를 은폐하려던 사건이 선거 마지막까지 논란이 되었다. 물론 전형적인 백인이기에 오바마에 비해 흑인이나 히스패닉의 표를 얻지 못한 부분도 있지만 그가 비호감인 것은 여성이기 때문이 아니라 실책이나 진보적인 얼굴 뒤에 숨은 이중적인 모습이 드러났기 때문이다. 게다가 출신 성분과 달리 이미지가 너무 귀족적이었다. 전 영부인에게서 '흙수저'나 '쇠수저' 느낌을 갖기란 쉽지 않다. 부부가 돌아가며 대통령을 한다는 것도 거부감으로 작용했을 것이다.

박근혜를 보자. 그는 유리천장이 미국보다 더 높고 견고한 한국에서 대통령에 올랐었다. 그도 여성이다. 대통령 딸이었기에 그에게만 유리천장이 없었을까? 유리한 면은 있었더라도 애로사항은 마찬가지였을 것이다. 국회의원부터 시작해 위기 때마다 정면 돌파하는 괴력을 보이고 경력을 쌓아 한나라당의 당 대표가 되고, 선거의 여왕이라는 별명을 지닌 노련한 거물 정치가로 성장했다.

그러나 시련도 많았다. 이명박 전 대통령과의 후보 경선에서 밀려 재수를 해야만 했다. 하지만 모든 난점을 극복하고 한나라당의 대통령 후보가 되고 끝내는 대통령에 올랐다. 그는 여러모로 힐러리와 많은 공통점을 지닌다. 박근혜를 찬양하려는 게 아니라 힐러리의 실패는 절대 유리천장의 문제가 아니라는 것을 증명하기 위해서다.

힐러리와 트럼프의 대결을 악마Evil와 바보Idiot의 싸움이라고 했다. 민주당의 별명이 악마이기도 하지만 미국인이 보는 힐러리는 악마였을지도 모른다. 트럼프가 진짜 바보였는지 모르지만 무척 바보 연기를 잘한 건 틀림없다. 트럼프는 협상의 귀재라고 한다. 그는 10년간 방송에서 토크쇼를 이끌어 온 노련한 사회자다. 언변과 연기가 탁월하다는 말이다. 아마 악마보다는 바보가 선거에 더 유리하다고 계산기를 눌러 본 뒤 나온 연기였을 것이다.

힐러리의 낙선에는 어디에도 유리천장이 이유라고 우길 근거가 없다. 남자만 트럼프를 찍은 것도 아니다. 트럼프를 찍은 여자들이 더 많았다. 힐러리는 심지어 전통적인 민주당의 텃밭인 펜실베이니아나 자신의 고향인 시카고에서도 졌다. 정책과 선거 전략으로 패배한 것이지 유리천장은 핑계였을 뿐이다.

힐러리의 낙선에 대한 페미니스트의 물 타기는 재미도 없고 설득력도 없을 뿐 아니라 바람직하지도 않다. 우리 사회에서 비근하게 보이는 유리천장 드립 역시 유사하다. 남녀의 성차별, 임금 차이에 대한 통계 조작도 마찬가지다. 이런 식으로 페미니즘의 허울을 아무 데나 갖다 붙이다가는 식상해져 나중에 어떤 약발도 먹히지 않을 것이다.

악마는 미국인의 영혼을 사지 못했고 바보는 선택 받았다. 미국 선거에서 미국인 다수가 누구인지를 알고 지역적 안배를 적절히 한 바보의 연기가 바보같이 자기를 드러낸 악마보다 더 교활했다. 루시퍼보다는 메피스토펠레스다.

다시 말하건대, 힐러리의 낙선에 루저Looser의 변명인 유리천장 따위는 결코 없었다. 그저 멍청한 루저만 있었을 뿐이다.

5장

덕 후 의
아 픈
교 육 론

학교 화장실 귀신

이제는 사라지는 사양 직종인 듯하다. 수세식으로 바뀌면서 대부분 은 퇴했다. 비데를 대신해서 빨강 휴지, 파랑 휴지를 들고 화장실 위생을 담당하던 학교 귀신 말이다. 종류도 많았다. 체육관 귀신, 음악실 귀신, 과학실 귀신 그리고 밤이면 운동장에서 순라 돌던 이순신 동상 귀신까 지. 심지어는 밤에 이순신과 세종대왕이 싸워서 나중에 이순신 동상이 책을 들고 세종대왕 동상이 칼을 들고 있더라는 전설까지 있다.

이들은 어디서 와서 어디로 갔을까? 덕후로서 이 이야기의 근원을 탐구해 보는 것은 참으로 보람된 일이 아닐 수 없다.

학교 괴담은 도시 괴담의 가장 흔한 형태다. 즉 학교 귀신은 주로 도시의 학교에서 출몰한다는 말이다. 시골 서당 귀신과는 궤를 달리한 다는 면에서 학교 귀신은 근대 도시와 연관성이 크다. 즉 현대 도시로 확장해 가던 서울이나 부산이 주 무대였던 것이다. 어릴 적 출몰하던 학교 귀신을 서울의 확장과 관련해서 알아본다.

서울은 본래 이처럼 거대 도시는 아니었다. 4대문 안에 10만여 명이 모여 살던 아기자기한 조선의 수도였다. 전라남도 나주나 경상북도 영주를 가본 적이 있는가? 이 두 도시의 인구가 약 10만이다. 그때, 서울은 천 만이 모여 살고 주변 도시에서 또 천 만이 왕래는 거대 도시가 아닌 나주나 영주급의 날랑한 시골 느낌을 주던 소박한 도시였다.

서울의 사대문 안 인구는 10만이지만 그래도 조선에서 가장 큰 수도였기에 그 문에 들지 못하던 빈민들이 문밖에 마을을 이뤘다. 마치 지금 중국의 북경이나 상해 주변에 시골에서 올라 온 노동자들都農工이 거주하는 게토Ghetto가 있는 것과도 매우 유사했다. 당시 조선은 거주 이전의 자유가 없던 나라였기에 도성 밖 게토에 사는 사람들은 서울서 노동을 해서 먹고살던 유민이나 서울서 범죄를 저지르고 도망 나온 부랑자들이었다.

조선시대 빈민의 삶은 죽음에 가까웠다. 조선시대 사망 원인으로 종기가 수위에 꼽힐 정도였고 전염병이 번지면 걷잡을 수 없는 사람들이 죽어 나갔고 기아와 병으로 유아 사망도 무척이나 빈번했다.

이들 서울 밖에 사는 돈 없는 빈민들은 친지나 자식이 죽어도 마땅히 장사 지낼 돈이 없었다. 그러니 시체를 가까운 야산에 멍석말이로 버렸다. 지하철 '애오개역'이 바로 죽은 아이들을 버리던 야산의 애장터였기에 '아현'이나 '애오개' 같은 이름이 아직까지 남은 것이라 한다.

이런 죽음이 모여 공동묘지 아닌 공동묘지를 이뤘다. 심지어 조선의 왕 철종의 모친인 용성부대부인 염씨龍城府大夫人 廉氏 시체 역시 서대문 밖 지금의 홍은동 야산에 거적으로 말아 버렸다고 한다. 나중에 찾았다고는 하나 시체가 다 썩어 본인인지 확실하지는 않았다 한다. 사대문 밖의 빈민들이 살아가는 게토에서는 이런 일이 비일비재로 일어났다.

서울이 근대 도시로 탈바꿈한 것은 일제 강점기에 들어와서다. 한양漢陽

이 경성京城으로 이름이 바뀌며 도로와 상하수도를 정비한 근대 도시로 변하면서 본격적으로 공동묘지 제도가 실시됐다. 그런데 도시화로 생긴 이 제도는 우리 장묘 제도와 상이했기에 충돌은 불가피했다. 우리는 절에 납골하는 일본이나 교회 마당이 묘지인 유럽과 다르다. 보통 무덤은 가문에서 관리하기에 공동묘지는 받아들이기 힘든 낯선 장묘 제도였다. 그럼에도 도시화로 인하여 공동묘지는 곳곳에 들어섰다.

일제는 우후죽순 격으로 생긴 거적말이 묘지를 정비하여 서울 북쪽의 벽제, 지금의 용미리와 망우리에 공동묘지를 조성하였다. 당시 서울에서 대표적인 묘지 지역으로 현재의 이태원과 미아리가 있었다. 이곳의 묘지들을 모두 벽제나 망우리로 옮기고는 택지를 조성하였다. 이런 곳은 아직도 '미아'나 '길음' 같은 불교적인 용어로 그 흔적을 찾을 수 있다.

일제가 지나고, 6·25 동란이 끝나고 사람들이 다시 서울 주변으로 옹기종기 모여 살기 시작한다. 이렇게 여기저기 달동네가 생겨났다. 삼양동, 월계동, 면목동, 흑석동 같은 동네들이다. 동네가 들어서면 당연히 관청이나 학교도 따라서 생긴다. 크지 않은 동회나 경찰서야 마을 중앙에 자리를 잡지만 학교는 관공서보다는 사정이 그리 급하지 않기에 입지가 다르다. 일단 큰 운동장이 필요하다 보니 마을 중앙보다는 외곽의 너른 터에 자리를 틀게 마련이다.

사방이 산지인 서울에서 외곽의 너른 터란 대체로 나지막한 주변 야산이다. 주변 야산이란 앞에서도 말했듯 사대문 밖에서 수백 년간 거적말이로 조성된 일종의 자생적 공동묘지인 경우가 많았다. 그런 이름 없는 묘지나 뼈가 묻혀 있는 공동묘지는 재개발의 걸림돌이자 개발 후에도 가장 값싼 땅일 수밖에 없었다. 학교 부지로 딱 안성맞춤이었던 것이다. 많은 학교가 그렇게 무덤을 없애고 야산을 밀어서 현재 장소에 자리를 잡아 들어섰던 것이다.

문제는 야산에 잠들어 있던 무덤의 주인들이었다. 이들은 제사를 지내 줄 자손도 없고, 비명에 간 경우를 포함해 제대로 된 장례식 절차나 무덤도 없었으니 승천을 못한 귀신들이 많았을 것이다. 이런 유골이 있던 야산을 택지나 학교로 조성하면서 한꺼번에 모아 집단으로 자리를 옮기거나 처리했을 것이다.

영가靈駕의 입장으로 보면 황당하다. 보잘 것 없는 무허가 주택이지만 나름대로 오래 살았던 유택幽宅을 잃었지만 대부분 지박령이라 그 지역을 벗어나지 못한다. 그러니 무조건 이주를 할 수는 없는 일이었기에 이 귀신들이 갈 곳을 잃고 새로 조성된 학교를 떠돌았을지도 모를 일이다.

떠도는 귀신들은 갈 곳이 없다 보니 어쩔 수 없이 새로 지은 학교에 '세'를 들어 살았을 테다. 월세건 전세건 들어가 살려면 세를 내야 한다. 하지만 이름도 없고 제사도 못 받는 귀신에게 누가 지전紙錢이라도 태워 줘야 돈이 생길 터이지만 도무지 도시 빈민 귀신에게 돈이 생길 길이 없었다. 그저 없는 몸이지만 몸으로 때우는 수밖에 없었던 것이다. 그래서 본격적으로 일종의 관공서인 학교에 취직한 것이다.

아무리 귀신이라도 관공서에서 엄격한 성주신이 계실 터이니 함부로 분탕을 칠 수는 없다. 그러니 귀신들은 학교에 필요한 일들, 예를 들면 새로 조성된 학교의 화장실 위생 관리를 하며 측신廁神 역할을 담당하기도 하고, 음악실과 과학실 기자재 관리도 하고, 밤이면 이순신 동상 타고 순라를 돌며 학교서 '알바'나 취업을 하게 된 것이리라 추측할 수 있다.

이제는 학교도 많이 현대화하고 시간도 오래 흘러 오래된 야산 귀신들 대부분은 좋은 곳으로 승천을 한 것인지 학교 괴담은 별로 나오지 않는다. 비데가 갖추어진 수세식 화장실에 빨간 휴지나 파란 휴지는 소용이 없어졌다는 말이다. 요즘 새로 생긴 학교에는 동상이 없는 경우도 많다고 한다. 더 이상 깃들 곳이 없어진 것이다. 그 대신 도시 괴담은 편의점, 장례식장, 지하철이나 골목길 혹은 자살자가 많았던 아파트 또는 짓다 망한 폐건물을 지목한다. 귀신과 괴담도 시대적 변화에 따라 세대교체를 하는 것이다.

요즘 어린 학생들의 죽음과 자살 소식이 많이 들린다. 학생들을 대상으로 한 자살 예방 교육도 유행이다. 그런 장면을 지켜보면서 학교에 남아 있던 아이들을 돌보던 '알바' 귀신들의 잔영이 겹친다.

취직한 귀신들은 그들 나름대로 직업윤리에 충실했던 것 같다. 아이들을 지키려고 노력했을 것이다. 이들과 달리 새로운 괴담과 귀신은 견딜 수 없는 경쟁과 강박의 고단함에 짓눌린 아이들의 한이다. 그동안 어린 학생들을 보호해 주던 알바 보안관 귀신이 그리운 대목이다.

우리가 살아가는 서울은 주검 위에 새 집을 짓고 새 생명을 키워 냈다. 이름 없는 무덤 위에 학교가 생겨 학생들은 뛰놀고, 갈 데 없는 슬픈 귀신들은 학교를 돌본다. 그렇게 죽음 위에 삶은 켜켜이 쌓여 왔던 셈이다.

휑한 공터나 무덤 터에 지었던 학교, 그곳을 배회했던 가엾은 넋, 모두 지난 일이다. 우리는 그 주검의 땅 위에 다시 죽음을 쌓지는 말자.

序

학생은 노동자다

학생들의 등교를 오전 9시로 하자는 의견에 일부 학부모들이 반대했다. 데려다 주는 시간의 고충은 이해하지만 이건 아니다. 자기들은 오전 9시에 출근하면서 애들에게는 오전 7시 30분까지 학교에 가란다. 자기들은 오후 6시 퇴근하면서 애들에게는 야간 자율학습하고 학원까지 들르란다. 앉아서 공부만 하는데 뭐가 힘드냐고 야단친다. 세상 살아보니 공부가 제일 쉬웠다는 망발도 서슴지 않는다.

당신이 해 봐라. 이는 무자비하고 무식한 어른들이 아이들의 공부가 중노동임을 인정하지 않기에 생기는 '청소년 강제 노역'이다. 아니 어린이 학대이자 노동 착취이며 기성세대의 갑질이다.

교육 문제가 나오면 방송에서는 선진국 학생들의 즐거운 얼굴과 우리 자녀들의 찌든 모습을 내보내며 대칭을 보여 준다. 자유롭고 부담 없이 놀면서 공부하는 이들과 학업 압박에 짜부라진 우리 애들, 우리도 이렇게 할 수 있다고 주장한다. 이는 운동선수가 경기에서 보약을 못 먹어서 졌다는 해설과 다를 바 없다. 이런 방송은 아무런 변화를 주지 못한다는

'장점'과 선진국 따라 하기라는 '새 치마 바람'만을 만든다는 '단점'을 갖는다.

먼저, 우리 애들의 근로 실태를 밝혀 보자.

먼저 '학생'이란 '누구'이며 '무슨 일'을 하는지 알아야 한다. 대답이야 뻔하다. 아마 '공부工夫'라 생각할 것이다. 공부라는 한자가 진실을 말해 준다. 학생이란 학교라는 공장의 노동자다. 학업이 노동이기에 공부하는 사람을 '工夫(노동자)'로 표기하는 것이다. 그렇다. 말 그대로 공부란 노동이고, 따라서 학생이란 노동자다.

대부분 학교의 대문에는 그럴듯하게 "학문을 도야하고 심신을 연마하여 전인적 인간"을 만든다고 쓰여 있다. 이게 사기다. 학생이 겪는 노동비극은 바로 이름과 실제가 다른 데서 생긴다. 실상은 노동자지만 명목은 배우는 아이들이다. 게다가 현실은 학교 수업을 노동으로 여기지 않는다. 따라서 어린아이들이 지나친 노동 시간 연장이나 학대에 무방비로 노출되어 있는 현실이다.

직장인은 월요일에서 금요일까지 오전 9시에 출근하여 오후 6시에 퇴근한다. 학교도 마찬가지다. 월요일에서 금요일까지 수업하고 토, 일은 휴무다. 학교와 일반 직장인의 노동과 작업 시간대가 같다.

직장인의 노동과도 유사하게 학교 수업 역시 자발적이라기보다는 정해진 업무다. 매일 숙제를 제출해야 하고 한 달에 한 번 작업성과를 점검한다. 학교가 노동이 아니라면 사무직 노동자 역시 노동자라 아니라고 해야 할 것이다. 학업이나 직장 업무나 별 다를 바 없다는 말이다. 아니 어느 측면에서 학교가 더 잔인하다.

동양의 일등성인 공자孔子는 일하고 남는 시간에 좋아하는 것을 배우라學 했고, 고대 그리스에서는 노동에 반대되는 여가 활동을 학교Scholē라 했다. 이로 보듯 학교란 각기 맡은 일을 끝낸 후 자유로이 좋아하는 것을 배우고 익히고 서로 떠들며 즐기는 곳이다. 정확히 말하자면 노동과 반대되는 개념이다. 따라서 옛날 청소년들도 가업이나 농사 등 각자의 처지에 맞는 일이나 노동을 마치면 놀거나 공부했다. 요즘처럼 모두가 시간에 맞춰 배우기만 하는 일은 없었다. 즉 예전은 학업이 노동과 분리된 모습이었다면 현대는 노동과 배움을 일치하는 현상이 나타난다는 것이다. 이렇게 하루 종일 노동한 것은 스승을 도와 일을 배우던 직업교육인 도제徒弟에서나 보이던 현상이었다.

학생의 비극이 바로 이것이다. 공자나 그리스에서 보듯 학교의 원래 의미는 놀이나 여가인데, 오늘날의 학교에서 놀이를 책상에 앉아서 받아쓰고 외우기에 대치시켜 버린 것이다. 공부라는 빌미로 외우면서 놀 수 있나? 그렇게 놀이가 없어졌다. 하지만 부모는 공부하며 놀라고 한다. 학교 공부로 놀기가 가능한가? 놀만 해야 놀 것이고, 놀 수 있어야 놀 것이다. 자기도 못한 걸 자식에게 강요하는 건 억지다.

보통 주어진 일을 하면 보수를 받는다. 반면 자기가 좋아하는 것을 배우려면 수업료를 낸다. 그런데 보라. 우리나라는 고등학교까지 컨베이어벨트에 앉아 동일한 일을 획일적 교과서에 맞춰 외운다. 열에 하나 좋아할까 말까. 당하는 입장에서는 보자면 공부만한 중노동도 별로 없다. 그런데도 돈을 받기는커녕 낸다. 좋아하지도 않고, 필요도 못 느끼는데 돈까지 내니 억울해 잠이 안 올 지경이다.

학생 같이 더러운 직업도 없다. 예를 들어 보자. 열 명이 근무하는 회사라도 분담 업무가 다 다르다. 각자의 적성에 따라 영업, 회계, 자재 관리 등 차이를 둔다. 공부를 못해 영업하는 것이 아니라 적성이 다르고, 능력이 다르기에 다른 업무를 담당한다. 그런데 학교에선 적성 따위를 개무시한다.

학교라는 획일화된 집단을 보라. 초등학교에서 고등학교까지 전국적으로 각 학년별 약 50만 명이 완전히 동일한 업무만 한다. 어려도 타고난 체질이나 자질은 다 다르다. 하루 종일 앉아서 즐겁게 수업을 들을 수 있게 타고난 책상물림은 많이 잡아도 각 연령별 10% 즉, 약 5만 명이 안된다. 따라서 책상물림 작업에 적응 못하는 45만 명은 어린 시절 내내 학교나 집에서 머리가 나쁘고, 품성이 바르지 못하며, 싹수가 노랗다는 인격 모독적인 구박을 받는다. 전 학년 걸쳐 전국적으로 약 500만 명 이상의 학생이 직업 적합성 문제로 인격적인 고통을 당하고 있는 셈이다. 획일적인 집단의 대표 선수라는 군대도 훈련소 외에는 병과마다 다른 일을 하지 이렇게 무지막지하지는 않다.

학교라는 직장은 환경도 극도로 열악하다. 한 반에 약 30명가량이 같이 생활과 작업을 하는데, 작업실 내에서는 환경오염과 공해도 심하고 심지어는 노동자 사이에 온갖 욕설과 폭력이 난무한다. 문제는 이곳에서는 어떠한 정의도 맥을 못 춘다는 데 있다. 오직 최고선Summum Bonum 은 성적이다. 아무리 문제를 제기해도 이 목표는 변하지 않는다.

가장 최악인 것은 공부를 못해도 해고하지 않는다는 점이다. 그러니 벗어나려 해도 벗어날 수 없는 창살 없는 감옥이다. 잘려야 다른 데서 적성에 맞는 다른 일이라도 해볼 것 아닌가!

직장인은 업무가 끝나면 자기가 원하는 생활을 한다. 요즘 이걸 여가라 한다. 학생도 노동자이니 수업이 끝나면 노동에서 풀려나 여가를 즐겨야 한다. 하지만 학생들에게는 학교 업무가 끝났다고 노동이 끝난 게 아니다. 대부분 학원에 끌려가 야근을 한다. 어른들은 하루 8시간 이상 노동하면 야근 수당을 받지만 학생들은 그런 것도 없이 무작정 강요만

당한다.

19세기에 마르크스는 런던에서 아이들이 하루에 감자 몇 알 받고 15시간씩 감자 깎기를 한다고 비판했다. 우리 학생도 별반 다를 게 없다. 아니 더 슬프다. 19세기에는 마르크스라도 있었지만 현재는 학생의 노동 현실을 비판하는 사람조차 없다. 그저 "공부 열심히 하라고 부모가 신경 쓰는 게 무슨 잘못이냐"고 받아친다. 학생이라는 허울을 쓴 아이들은 개성과 취향에 상관없이 15시간씩 동일 작업에 내몰리고 학급 석차를 급여로 받는다. 감자는 먹을 수나 있지만 학급 석차는 먹지도 못한다. 그저 얻어터지지 않으면 다행이다.

영양가 없는 선진국 이야기 하나 하자. 선진국 아이들은 학교가 끝나면 알아서 논다. 숙제도 별로 없고 학원은 뭔지 모른다. 그렇지만 이들이 더 잘한다. 아니, 수학능력 시험에 한국 학생이 더 우수한 성적을 내고 있는데도 이들이 더 잘한다는 걸 어떻게 증명할 수 있을까?

간단히 증명 가능하다. 한국보다 떨어지는 곳에 돈 쓰고 유학 보낼 만큼 한국 부모가 바보는 아니다. 그렇다면 그들 머리가 더 좋은 것인가? 세계에서 아이큐가 제일 높은 지역이 한국이다. 노력을 더 하나? 노동 시간은 한국이 최고다. 그럼 한국의 어린 학생들에게 무슨 문제가 있기에 선진국만 못한가?

머리 좋고 노력을 많이 '하면 된다'는 생각의 장벽이 한국 학생들의 앞을 가로막고 있다. 사람마다 다 다르니 책상에 앉혀 놓고 일렬로 세운다고 모두의 능력을 잴 수 있는 것은 아니다. 이를 통해서는 단지 앉아서 외우는 능력 하나만을 잴 수 있을 뿐이다. 모든 사람을 변호사와 의사로 만들 수 없다면, 전 국민이 변호사나 의사 혹은 공무원이어야 하는 게 아니라면 우리에게 밴드의 음악인, 농산물 거래상인 혹은 트럭 운전사도 필요하다는 것을 인정해야 한다. 어릴 적부터 암기만 주장하며 애 잡지 말고 서로의 다름을 다름으로 인정해야 선진국 수준의 전문가도 생긴다.

학생은 직업이고 공부는 일이자 노동임을 인정하자. 직장을 파하면 더 이상 직장인이 아니듯 학생도 학업 노동을 끝내면 학생이 아니라 자유 시민이다. 선진국 대학이 우수한 것은 그들이 우리보다 더 머리 좋고 더 노력해서 뛰어난 것이 아니라 취향에 따른 일과 삶을 구분하기에 뛰어난 것이다. 야간 자율학습이나 학원으로는 결코 뛰어남Distinct을 만들지 못한다는 말이다.

우리의 문제가 무엇인가? 공부는 노동이 아니라 우기고, 학교 밖에서조차 학생을 학생이라 여기는 데 있다. 다시 말하건대 공부는 노동이다. 마땅히 학생들에게도 노동 윤리를 적용해야 한다. 아니라면 학업과 노동의 확실한 구분을 보여야 할 것이다.

기억하자. 학생이란 학생이기 이전에 개인적이고 인간적인 행복과 가치를 추구하는 우리와 같은 자유시민이다.

序

스승과 제자의 섹스

JTBC가 방영한 화제작 〈밀회〉는 여교수와 제자의 사랑을 그려 높은 시청률을 기록했다. 이제는 '성희롱'이나 '성폭력'이라 치부하며 공분의 대상이 되었지만 오래 전에는 스승과 제자의 섹스가 제법 흔했다. 이런 관계를 고귀한 전통이라 착각하는 사람이 아직도 있는 듯하다.

서울대 음대 성악과가 〈밀회〉라는 드라마의 소재로 등장해 화제로 떠오른 적이 있었고, 스승과 제자가 전라全裸로 등장하는 연극도 인기가 있었다. 하지만 뭔가 꺼림칙하다. 우리가 생각하는 '대학'이라는 '진리의 전당'에서는 있을 수 없는 일이라는 생각 때문이다.

그러나 스승과 제자의 섹스란, 어쩌면 고전시대에는 자연스러운 현상이었다. 섹스란 전통적이고 전문적인 기예 전승을 위한 은밀한 가르침의 방법 중 하나였다. 은밀한 기예를 가르치기 위해서는 스승과 제자는 '무릎과 무릎 사이'가 되는 것이 먼저였다. 요즘으로 치면 난리가 날 성추행이지만 조선시대에서는 나름대로 다 사연이 있었다.

잘 생긴 고수鼓手이면서 명창인 남자가 예쁘장한 기생을 앞혀 놓고 가야금 산조를 가르친다고 상상해 보자. 쉽게 가르쳐줄 수 없는 자기만의 노하우다. 향긋한 기생방에 나란히 앉아 서로의 무릎이 맞닿아 소곤거리는 수업이 벌어진다. 서로 손을 잡고 현을 타며 가르치고 배우다 보면 종종 팔이 겹치고 허벅지가 꼬인다. 선생님은 오빠 되고, 오빠가 아빠 되는 건 순식간이다. 또 선생인 고수의 입장에서는 자기의 기예를 맨입으로 줄 수는 없다고 생각한다. 이런 까닭에 전통 교육에서 스승과 제자의 섹스는 흔했다.

명인 함동정월咸洞庭月의 삶이 그랬다. 예전 MBC에서 방영한 드라마 〈춤추는 가얏고〉의 실제 모델이기도 하였던 그는 판소리 고수鼓手의 집안에서 태어났다. 12살에 예기藝妓로 권번에 적을 올리고 정악, 승무, 검무를 배웠다. 그러다 산조의 창시자 김창조의 문인 최옥산崔玉山에게 가야금 산조를 전수받는다.

그는 비교적 활동이 편한 기생의 신분이었기에 레코드를 취입하여 명성을 얻고, 일본까지 공연을 다니기도 하였다. 고수鼓手이자 명창인 김명환과 동거하며 최옥산류에서 진일보한 산조를 개척해 함동정월류를 열어 일가를 이룬다. 이후 한양대학교와 서울대학교에서 제자를 육성하기도 하였다. 그런 그는 스스럼없이 여덟 명의 성이 다른同腹異姓 자식을 두었다고 말한다. 각기 다른 여덟에 가까운 스승과 육체적인 관계를 가졌고 그들과의 사이에 자녀까지 두었다는 말로 들린다. 그래야 배울 수 있었기 때문이리라.

명인은 기예를 아무에게나 가르쳐 주지 않는다. 명인이 감춘 특별한 비밀이 가문을 지탱하는 밑천이기 때문이다. 마치 음식 명인이 가문의 '특별 조리법'을 가족에게만 알리는 것과 마찬가지다. 만약 명인이 비법을 아무에게나 공개한다면 집안을 말아먹는 결과를 낳게 될 것이다.

비법이 비법으로 이어질 수밖에 없는 이유다.

인간문화재나 명인의 가르침을 받으려면 가문에 들어가 밥 짓기, 물 긷기, 빨래 등 온갖 궂은일을 해야 겨우 한 꼭지 배울 수 있다. 이런 배움의 양태를 동양에서는 사승師承이라하고, 서양에서는 도제徒弟라 한다.

기예는 다른 제자가 아니라 우선적으로 가족에게 전수한다. 제자는 그 다음이다. 우리가 생각할 수 있는 가족이 되는 길은 둘이다. 하나는 명인의 자식으로 태어나기다. 태생이 자녀이니 자연스럽게 가족이다. 다음은 섹스를 통해 부부의 연을 맺기다. 하나를 더 넣는다면 수양아들이나 수양딸이 되는 것이다. 그래서 남자 제자는 스승의 딸과 결혼하고, 여자 스승은 여자 제자를 수양딸로 삼는다. 남자 스승은 여자 제자를 아내나 첩으로 삼기도 한다. 가족이 아니면 가르쳐 줄 수 없는 생명줄이라서 그렇다. 가문의 밥줄이기에 비법의 공개는 생존과 직결한다. 가야금 명인 함동정월의 사승도 이와 다를 바 없었다고 하겠다.

이런 사승이나 도제와 근대 대학은 배움을 대하는 태도에 근본적으로 차이가 있다. 따라서 대학에서 스승과 제자 사이의 섹스가 문제로 떠오르는 것이다. 근대 대학이란 교수와 학생이 무릎을 밀착해서 비밀을 전수하는 곳이 아니다. 대학에서는 남녀를 불문하고 객관적 지식을 공개적으로 가르친다. 교수는 학생과 떨어져서 객관적 지식과 진리를 공개적으로 설파한다. 대학은 비밀스러운 지식을 전수하는 곳이 아니라 지식의 해방구라서다. 따라서 대학에서 달라붙어 전하는 지식의 '비밀 전수'는 당연히 금기 항목이다.

그렇다면 서울대 음대 성악과의 막장극, 갑질 인분교수는 무엇인가? 이들은 자기가 '일가'를 이루었다고 자부하며 대학 안에 가문을 일구고는 개인적인 사승 관계를 만들고자 획책하는 자들이다. 그리고는 자유롭고 공개적인 진리의 장에서 무릎과 무릎이 맞닿는 비밀 지식과 가족 관계를 주장한다. 이들에게 여성 제자는 첩이고 남성 제자는 노비의 다른 말일 뿐이다. 그러기에 "딸 같아서"나 "아들 같아서" 같은 변명을 해댄다. 학생은 학생일 뿐 절대 딸이나 아들이 아니다. 이런 변명 같은 고백이 사승이나 도제를 방증한다.

학생을 노비로 여긴다는 면에서 음대나 미대는 소수의 영역에 불과하다. 진정한 복마전은 공대다. 공대 실험실은 비리의 온상으로 유명하다. 일가를 이뤘다는 미국의 유명 대학 출신 교수는 박사 학생을 적어도 10년간 머슴으로 부려야 한다고 공공연하게 주장한다. 학생의 장학금이나 임금을 갈취하는 교수는 학생을 가문의 소작인으로 여기면서 이용한다. 교수 가문의 입장에서 보자면 교수 채용 비리나 알력이란 가문들 사이의 권력 투쟁일 뿐이다. 학생과 대학에 대한 교수의 관점이 문제다. 교수가 대학을 가문을 일구기 위한 장場으로 여기는 한 드라마 〈밀회〉와 유사한 현상은 다양한 방법으로 계속될 것이다.

지식의 해방구인 대학에서 교수 가문의 비밀스러운 전승은 옳은가? 가문의 기예 전수가 전통이라고 꼭 이어야 하는 것은 아니다. 새 술은 새 부대에 담아야 할 것이다. 이런 의미에서 말년에 함동정월이 자조 어린 고백은 새겨들을 만하다.

"예인藝人들에겐 예술 활동을 자유롭게 하도록 내버려 둬야 하는데 그게 그렇질 못했어요. 지금 생각하면 '좋았던 시절'을 속아만 살아왔던 것 같아요."

序

서당 개의 좌절

한때 1만 시간 법칙이 유행했다. 인지 과학이나 뇌 과학에서 지지했던 이론이다. 어떤 일이든 1만 시간을 꾸준히 연마하면 도가 통해 능숙해진다는 것이다. 1만 시간이란 하루 여덟 시간씩 3년이 좀 넘는다. 꾸준히 한 3년 노력하면 이룰 수 있다는 말이다. TV에 나오는 달인들 모두이를 증명하는 듯하다. 성실하게 노력하는 사회, 노력하는 인간에게 용기를 북돋아주는 이론이다. 우리에게도 '서당 개 3년이면 풍월을 읊는다'는 속담이 있다. 성실하게 노력하는 사람들 기분 좋게 해주는 '학설'이자 '속담'이지만 사실은 '미신'이었다.

최근 들어 1만 시간 법칙이 틀렸다는 반론과 실험 결과가 곳곳에서 등장하고 있다. 결론은 두 가지다. '잘난 놈은 1만 시간이 아닌 1천 시간만 공들여도 바로 되더라'와 '못난 놈은 1만 시간을 해도 안된다'는 것이다. 노력도 중요하지만 타고난 자질이 더 강력하다는 말이다. 예상도하고 경험도 해 보았지만 그래도 슬프다.

아직도 가끔 정문에 '하면 된다!'는 구호를 붙여 놓은 군부대나 학교가 종종 보인다. 신화적인 업적을 이룬 전 현대그룹의 총수 정주영부터 박정희 전 대통령까지 바로 이 신념으로 기업과 국가를 이끌었고, 국민들 역시 그 신념을 믿고 맨땅에 헤딩을 해댔다. 영화 〈국제시장〉이 누린 인기의 배경에도 '하면 된다!'는 1970년대식 정서와 분위기가 넘쳐났기 때문일 것이다.

오랫동안 성실함과 부지런함 그리고 끈기는 미덕이었다. 하지만 과학은 성실함이나 끈기가 전부는 아니라고 말하고 있다. 이제는 '하면 된다'가 아니라 '되면 하라'고 충고한다. 성실과 끈기로 맨땅에 헤딩하며 이루어 온 세상에 위기가 닥친 것이다. 이에 질세라 성실 진영에서 새로운 전략을 들고 나왔다. 그게 우습게도 슬그머니 '즐거움'을 끼워 넣어서는 "피할 수 없으면 즐겨라"라고 말한다. 어쩔 수 없는 상황이라면 즐거운 마음을 갖는 게 더 행복하다는 주장이다. '즐거움'과 '행복'이라는 새로운 트렌드에 은근 슬쩍 물 타기 하려는 작태다.

이에 맞선 반론도 가만히 앉아서 당하지 않는다. 가볍게 말의 순서만 바꾸어 반명제Antinomy를 만들어 반격한다. 바로 "즐길 수 없으면 피하라"다. 피할 수 없는 것이 아니라 즐거움이 먼저라는 말이다. 행복이 아니라면 아예 하지 말자고 반격한다.

행복이 대세다. 그래서 즐거움과 행복 전략은 크게 환영받았다. 하지만 이상하다. 피할 수 없는 일은 아무리 즐기려 해도 즐겁지 않고 행복하려 해도 행복하지 않다. 당연하다. 즐거움과 행복이란 자발적인 참여로만 생겨난다. 내가 좋아서 해야만 즐겁고 행복하다. "피할 수 없으면 즐기라"는 말이 사기라는 것을 깨달은 사람들은 이제 "즐길 수 없으면 피해야 한다"고 주장한 것이다.

삼 년을 산다고 모든 서당 개가 풍월을 읊는 것은 아니다. 재능 없는 개는 그냥 오고가는 사람 보고 짖다가 쳐 맞거나 여름철 사철탕의 운명이 된다. 개조차 '타고난 저 마다의 소질'이 다르니 어쩔 수 없는 노릇이다. 재능 없는 개라면 이제라도 미련 없이 서당을 떠나 적성에 맞는 다른 분야를 개척할 때다.

사람도 그렇다. 노력한다고 모두가 공부나 운동을 잘하는 것도 아니다. 특히 공부에서는 더하다. 운동이나 예술에는 30%까지 가능하지만 공부는 10% 미만의 사람만이 노력으로 이룰 수 있다고 한다. 그렇다. 학교란 1할의 학생을 위해 9할의 학생의 재능과 흥미를 포기하게 만드는 곳이다.

이런 불행한 세상을 살아가는 대다수의 사람들은 얼굴조차 길어져서 더 우울해 보인다. 10%의 1, 2등급 학생의 내신이나 성공을 위해 90%가 밑바닥을 형성해야 한다고 생각하면 슬퍼진다. 현실이 그러니 학업이 재능이 아니라면 애당초 때려치우는 게 상책이다.

이제 '하면 된다'고 우격다짐하던 세월이 지났다. 이제 '되면 하라'거나 '되면 생각해 본다'로 바뀌기 시작했다. 그동안 외우기만 잘하던 엘리트나 성실충蟲만 올라섰던 거인의 어깨를 다른 재능에도 내주기 시작했다. 세상은 변하고 거인의 어깨도 다변화하고 있다는 말이다.

그대 서당에서 좌절했다고 슬퍼하며 미련을 두지마라. 서당만이 길은 아니다. 자질과 적성에도 맞는 즐길만한 일을 찾아 떠나면 그만이다. 많은 전문 분야의 거인들은 어깨를 내리고 그대를 기다리고 있다.

序

책따란 없다!

'책따'라는 말이 있다. 학교에서 책을 읽으면 왕따 당한다는 뜻이다. 말이 아니다. 학교는 가끔 책을 읽어도 좋은 곳이다. 따라서 책따는 어불성설이다. 이런 언어도단의 현상이 빚어지는 데는 나름의 이유가 있다. 바로 책에 대한 기성세대의 고정 관념이다. 눈을 돌려 관점을 지금과 달리하자. 지금껏 책따를 학생의 문제로 봐 왔다. 아니다. 이것은 자기가 생각하는 '좋은 책'이 아니면 책이 아니라고 주장하는 기성세대의 문제. 어느 책이든 주어진 환경과 독서인의 성격이 먼저다. 관건은 좋은 책이 아니라 적합한 책이다.

한국인의 독서량이 부족하다고 한다. 지하철에서 책을 읽지 않고 핸드폰만 본다고 비판한다. 이런 비판은 마치 유신 시절 '하면 된다'는 구호나 다를 게 없는 억지 핑계다. 핸드폰이 책이 아니라고 누가 자신 있게 말할 수 있을까? 자연도 책이고, 사회도 책이고, 친구도 책이며 핸드폰도 책이다.

고등학교 때다. 학교는 이동 수업이라는 편법으로 국어와 영어, 수학만 우열優劣반 수업을 했다. 그때나 지금이나 사회가 일찌감치 손을 놓아 버린 열등반 인생들은 대학 진학이나 미래에 대한 걱정 없이 인간의 감성과 감각을 자극하는 독서와 인체의 아름다움으로 가득한 예술로 가득한 책을 읽으며 교양 쌓기에 전념했다.

내일 일을 고민한다고 해결되는 건 아니다. 대학도 마찬가지다. 그렇게 교양으로 충만하던 어느 날 담임 선생님께서 매일 벤치에서 잠이나 자던 나를 부르셨다. 큰 선심이나 쓴다는 듯 "우수반으로 가라!"는 마른하늘의 번개와 같은 명령을 내리신다. 커닝도 안하고 직전 모의고사를 잘 본 게 탈이었다. 당시 내 취미는 공부 못하는 녀석 시험지 보고 베끼기였다.

주섬주섬 가방을 옆에 끼고 들어선 우수반은 전에는 겪어 보지 못한 새로운 생태계였다. 이곳 학생들은 수업을 열심히 귀 기울여 들었다. 뭐 들을 게 있다고 수업에 집중하는지 의아할 따름이다. 이해할 수 없었던 건 교과서나 참고서 밑에 무협지나 야설조차 없었다는 것이다. 책상 아래에 인체에 대한 예술적 탐구가 없다니 기가 찰 노릇이었다. 그저 수업 이라는 우수憂愁만 가득했다.

유유히 무협지를 꺼내 들었지만 뭔가 위화감이 들었다. 심지어 야설 이나 인체 예술에도 관심을 보이지 않는다. 열등생의 눈에 비친 우등생 이란 도무지 인간을 인간으로 만들어 주는 독서와 예술을 모르는 한심 한 것들이었다. 북극의 얼음이 녹아 백곰이 느끼는 생태계의 위기가 그랬을까? 몸으로 겪는 생태계의 변화를 견딜 수 없어 담임 선생님에게 다시 열등반으로 보내 달라고 청원을 올렸다. 우수반의 며칠은 이렇게 아무런 아쉬움도 없이 홀가분하게 막을 내렸다.

살아남으려면 환경에 적응해야 한다. 교실도 하나의 생태 환경이다. 각 생태계마다 그곳을 지배하는 법칙이 있다. 사회에서 옳다고 교실에서까지 옳은 건 아니다. 생존의 절대 진리란 생존뿐인 것이다. 마치 수온이 올라가면 눈이 뜨거워져 죽어 버리는 열목어마냥 교과서와 참고서만 먹고사는 슬픈 우수반에서는 무협지나 야설은 환경오염이다. 아니 독서 그 자체가 빙산을 녹이는 환경 가스다. 선생님 말씀대로 면학 분위기를 흐리는 미꾸라지라는 것이다.

반면 열등반은 조금 더 찐득하고 후끈하다. 여기에서 교과서나 참고서는 책 껍질이고, 내용은 야설이나 인체 예술이다. 무공해 교과서 청정 지역과 후끈한 늪지대의 진창, 두 생태계는 이렇게 다르다. 그렇다고 어느 하나가 그른 건 아니다. 이 둘 모두 나이에 걸맞게 지식을 대하는 자연스러운 태도이자 독서다. 둘의 통합을 외치건 새로운 독서를 권하건 모두 개소리다. 그 나이엔 베개로나 쓸 『전쟁과 평화』나 『논어』는 절대 책이 아니라는 말이다.

기성세대가 '좋다'고 생각하는 책이 있다. 반면에 기성세대가 '아니다'라고 여기는 책도 있다. 이 역시 기성세대의 선입견일 뿐이다. 기성세대의 경험과 과오를 반성하며 우러나온 안타까운 마음은 십분 이해한다. 하지만 과오도 겪어 봐야 하는 인생의 즐거움인 것이다.

책은 간접 경험이라 한다. 그리고 좋은 말이 가득한 책을 양서良書라 한다. 정말 그런가? 솔직해 보자. 꼭은 아니다. 책은 모두 좋다. 그저 나이와 처지, 살아가는 생태계에 따라 용도가 다를 뿐이다. 마치 고등학생에게 『전쟁과 평화』는 두꺼워서 베고 자기 좋고, 감옥에서 『성경』의 얇은 종이가 담배로 말아 피우기 적당한 것과 마찬가지다. 베개를 읽는 건 미친 짓이고, 담배 종이에 적힌 문구를 읽는 짓은 똥간에서나 잠시 할 일이다. 독서조차도 결국은 주어진 환경 안에서 생존을 위한 도구일 뿐이다.

도대체 책따란 무엇인가? 바로 교실이라는 생태계 안에 공통의 생태적 관심을 호흡하지 않고, 소통하지 않은 채 베개나 담배 종이를 붙잡고 있는 온실가스 같은 부류다. 물론 기성세대의 관점으로는 양서가 배척 당하고, 아무 생각 없이 추워 보이는 헐벗은 여자가 등장하는 『맥심』 이나 『Penthouse』를 보며 킥킥대는 모습이 안타까울 수는 있다. 겉모 습에 속지 마라. 모든 학생들은 각기 환경에 열심히 적응하여 생존하는 중이다. 책이란 읽은 사람의 것이니 그런 것까지 신경 쓸 필요는 없다.

나는 안다. 나를 키워준 8할이 포르노와 만화라는 것을! 오늘도 학생 들은 그들에게 절실히 필요한 양서를 잘 찾아서 보람찬 독서 생활을 누리고 있다.

사람에게는 자라나며 연령과 시기마다 겪는 생각과 감성에 어울리는 적당한 독서가 있는 것이니 인정하자. 기성세대의 섣부른 강요와 규제 가 몸과 마음이 어우러져 이루는 자연스러운 독서를 막을 수도 있다. 깨어 있는 기성세대라면 먼저 자신의 잣대를 경계해야 한다.

독서는 환경의 지배를 받는다. 주어진 환경이 지옥이라면 지옥에 적 당한 독서가 있는 것이다. 내가 길이요, 진리요, 생명이 아니라는 것을 인정해야 진정한 교양인이다.

序

부처와 스승 죽이기

멘토의 시대다. 참 스승이 그립다 한다. 좋은 말이라고 고개를 끄덕이기 전에 묻자. 우리에게 스승이 없어서 이 모양 이 꼴이던가? 그렇지 않다. 도처에 스승이다.

스승의 위대함을 노래하기 전에 먼저 스승의 필요성을 물어야 한다. 부처가 스승의 가르침을 받고 깨달은 것도 아니고, 스승의 가르침을 받아 예수가 십자가를 선택한 것도 아니다. 그렇다면 우리에게 스승은 무엇인가? 결코 받들어 모실 존재는 아니다.

당나라 때 스님 임제臨濟는 할喝! 하며 시끄럽게 꽥꽥 소리 지르기로 유명했다. 설법은 더 과격했다. 그는 "부처를 만나면 부처를 죽이고, 조사祖師를 만나면 조사를 죽이라" 했다. 화끈한 성격의 막가파 스님 이다. 부처야 이미 죽었으니 어쩔 수 없다 해도 스승을 죽이라 한 건 인륜을 저버린 살인 교사였다. 그러나 진짜로 스승을 살해하지도 않았 고, 가르침을 받든 제자들 덕에 바라던 대로 살해당했다는 소식도 없다.

당연히 임제의 말은 은유적인 표현이다. 하지만 우리는 스승의 그림자도 밟아서는 안된다는, 은유조차 금지된 세상을 살아왔다. 이 말에 "사도師道가 땅에 떨어진 게 언제인데!"라며 발끈하는 사람도 있을 것이다. 체벌 금지로 학생들이 대들고 날뛴다고 한다. 그럼 물어보자. 가르침이 폭력인가? 사도가 폭력이 없으면 떨어지는 것이라면 차라리 없는 편이 낫다. 학생을 폭력으로 밖에 대할 줄 모르는 자는 선생님이 아니라 그저 어린 약자를 때리고 괴롭히는 어른 양아치일 뿐이다.

임제가 말하는 부처나 조사란 양아치나 깡패가 아니라 진정한 스승을 말한다. 우리식으로 하자면 김수환 추기경 같은 분이다. 이런 스승을 뵈면 고개가 절로 숙여지고 그림자조차 밟기 두려워진다. 하지만 임제는 이런 분들의 가르침조차 밟고 지나가라 한다. 스승의 가르침을 의심하고 부정하고 자기의 자리에서 다시 생각해 보라고 한다. 힘든 주문이다. 이런 스승의 가르침을 부정하는 일은 정말 쉽지 않다.

스승도 사람이니 약점도 있고 논리적 허점도 있으며 칼침을 맞으면 죽을 수 있다지만 이미 죽어 사리만 몇 개 남은 부처는 난감하다. 불교에서 부처라 하면 법法, 즉 진리를 의미한다. 따라서 임제가 바라는 바는 모두가 받아들이는 진리의 부정이다. 선생님의 말씀을 의심하고 확인해 볼 수 있다지만 자기가 속한 종교 집단의 진리를 의심하는 순간 그 사람은 더 이상 그 집단의 울타리에 머물기 힘들다. 그러기에 부처를 죽이는 게 더 어렵다.

그리스도교에서 사도신경이 바로 그런 것이다. 믿음은 크레도Credo라는 이름 그대로 교회 안에서 긁으면 신앙이 결제되는 '그리스도교의 크레디트 카드'가 바로 신경信經이다. 그런데 지금 임제는 그 카드마저 버리라고 한다.

옛날이나 지금이나 사람들은 위대한 스승을 닮기 원하고, 그분의 길을 따라 걷기를 바란다. 자연스럽게 일어나는 마음이다. 그분의 성취를 맛보고 그 가르침과 하나 되고 싶어 한다. 그러기에 스승의 발자취를 따라 걷는 길이 메카에 이르는 순례의 길이고, 야고보를 따라 걷는 외로운 카미노 데 산티아고이자, 마오쩌둥과 함께하는 힘겨운 대장정이다.

그런데 여기서 조그마한 의문이 생긴다. 진정 스승들은 제자들이 자기를 따라하는 코스프레를 원했을까? 만일 그렇다면 따라 하기 명수인 원숭이나 앵무새가 진리에 가장 가깝다고 할 것이다. 스승도 인간이 아니라 원숭이랑 앵무새를 키우는 게 현명한 일이라는 것을 잘 알았으리라. 하지만 스승들은 사람을 택한다. 사람이란 아무리 때리고 가르쳐도 나중에는 자기 마음대로 배신 때리는 머리 검은 짐승이라서다.

스승들이 사람을 택했을 때는 이유가 있었을 것이다. 스승은 치열한 삶에서 찾고자 하던 것, 그들의 자취가 말하고자 하는 바는 무엇이었을까를 곱씹어 보고 비판하여 자기에 맞는 진리를 찾으려는 모습을 더 바랐기에 인간을 택한 것이다. 어찌 보면 배신을 원하기에 사람을 택한 거다. 그래서 진정한 스승이라면 자기를 믿고 넘어서라고 가르친다.

진리도 그렇다. 모두가 하늘이 돈다는 천동설을 진리로 받아들일 때 이를 비판하고 땅이 돈다는 지동설을 들고 나온 게 코페르니쿠스다. 당연히 그가 지동설을 처음으로 안 학자는 아니었다. 알면서도 다들 쉬쉬하는 동안 의심하고 생각하고 실험한 결론을 과감하게 들고 나섰기에 진리라고 한다.

부처를 죽이는 일도 바로 생각하고 의심하는 데에서 시작한다. 진정한 진리는 부처나 예수 혹은 공자의 가르침을 외우고 무조건적으로 따르는 것이 아니라 의심하고 다시 생각하는 일에서 비롯한다는 말이다. 부처도 힌두교에서 시작하였지만 의심하고 생각하고 실천하여 새로운 진리를 만들어 낸 것이다.

　"부처를 만나면 부처를 죽이고, 스승을 만나면 스승을 죽이라"는 한 떨기 깨달음을 만들기 위해 임제는 봄부터 그렇게 꽥꽥거렸을 것이다. 하지만 절간 입구에는 "머리로 이해하려는 놈은 이 문을 들어서지 말라知解宗徒不入此門" 하고, 교회는 믿음이라는 크레디트 카드를 발급 받기 요구하며 '불신지옥'을 외친다. 종교만이 아니라 정치에서도 이전 대통령을 숭배하고 따르지 않는 자는 '종북'이라 한다. 이들 모두가 진리를 무시하는 악다구니 마구리 사탄의 무리들이다.

　진리는 몸소 의심하고, 몸소 생각하고, 몸소 실천하는 일이다. 다시 한 번 말하건대 부처를 만나면 부처를 죽이고 조사를 만나면 조사를 죽여라.

序

가르침과 배움을 삼갑시다!

공자는 세 사람이 동행하면 그중에는 반드시 배울 만한 스승이 있다고 했다. 황당한 말이 아닐 수 없다. 친구 셋이서 재밌게 놀면 될 즐거운 동행 길에 굳이 배울 스승을 찾아야 할 이유는 없다.

어디서든 꼭 배워야 한다는 건 강박이고, 남을 가르쳐야 한다는 건 꼰대 의식이다. 그렇다. 공자라는 인물은 어쩌면 강박은 풍년이요, 꼰대 의식은 만발한 꼴통이었을지도 모른다. 이런 광기어린 강박과 꼰대 의식으로 가득한 헛소리를 금과옥조로 받아 외워 가르치고, 기를 쓰며 배우려 했던 동아시아의 수천 년 역사가 인지부조화이기는 매한가지다.

지금까지 우리는 가르치기와 배우기가 문화적인 행동이며 인간만이 이룬 위대한 문명의 산물이라 여겨 왔다. 하지만 아프리카 아카 피그미 족의 행동을 관찰한 인류학자 휴렛은 "누군가를 가르치는 것은 문명의 산물이라기보다는 인간의 중요한 본성"이라 보았다. 가르치는 것이 본능이라면 배움도 본능이다. 본능이니 가르치기나 배우기는 자연스러운 생리작용이다. 오줌 누기나 배우기나 마찬가지인 거다. 그런데, 나는 왜 이런 본능에 딴죽 걸어 꼴통이라 매도해야 하는가? 딴죽 또한 본능이기 때문이다.

인간을 포함한 모든 포유동물은 놀이를 한다. 아니 놀이를 통해 배우고 가르친다. 그래서 『놀이하는 인간Homo Ludens』을 쓴 호이징하는 놀이란 문화의 한 요소가 아니라 문화 그 자체라고 역설했다. 휴렛과 호이징하는 가르침과 배움이란 인간만이 이룬 위대한 문명이 아니라 포유동물이라면 개, 고양이에서 저 바다의 고래까지 놀이를 통해 배움과 가르침을 즐긴다고 한다.

휴렛 교수도 아카 피그미족은 틈만 나면 단순한 놀이를 통해서 도구의 사용법을 가르치며 아이들도 놀이의 40% 이상을 어른이 가르쳐 준 것에서 익힌다고 한다. 달리 말해 아이들 놀이의 60%는 순수한 놀기다. 아니 나눌 수 없는 100%가 모두 놀이이자 동시에 배움이라 해야 한다.

배우기가 즐거울 수 있는 건 놀이 문화 안에 있기 때문이다. 몸에서 우러나온 놀이는 본능을 포함하는 문화다. 다시 말해 배우려고 노는 게 아니라 놀이 자체에서 배우기와 가르치기가 우러난다. 따라서 즐거움도 가득하다. 하지만 이리도 간단한 진리를 잊고 우리네는 억지로 놀이에서 가르치고 배우기를 분리하려고 한다. 요즘 학교가 그렇다. 놀이와 분리된 가르치고 배우기는 꼴통으로 변질한다. 커피에서 물을 분리하면 맛이 없듯 이런 억지 배움은 즐거움보다는 짜증이다.

식욕, 성욕, 수면욕 그리고 소변, 대변 같은 배설욕은 본능이다. 개나 고양이도 아무 데서나 먹고, 자고, 똥오줌을 싸지 않는다. 인간의 문화는 이런 본능이 지니는 위험이나 혐오성을 승화하여 아름다워지려고 노력한다. 동시에 가르침과 배움도 본능이기에 섹스나 배설과 다를 바 없기에 아름다워지려는 노력이 없다면 위험할 수 있다. 가르침과 배움에도 문화적인 승화가 필요한 순간이다. 놀이가 만들어 내는 문화로 정화하여야 한다는 말이다.

인간 본능은 쾌락과 깊은 관련이 있다. 본능은 생존과 이어지기에 쾌락을 통해 저절로 그것을 탐닉하게 하게 만든다. 가르침과 배움 역시 인간 생존을 위해 필요하기에 식사나 배변 또는 섹스와 마찬가지로 쾌락을 가져온다. 그러나 우리 문화는 쾌락을 직설적으로 표현하는 일을 금기시한다. 쾌락 역시 문화적으로 승화해야 한다는 말이다. 하지만 우습게도, 우리는 종종 가르치고 배우기가 주는 본능적인 쾌락을 문화나 도덕으로 착각한다. 이런 착각이 더 위험하다는 것을 자각하지 못하면 문제가 커진다.

우리가 무의식적으로 본능에 따라 베푸는 가르침이나 배움은 결코 아름답지 않고 실은 위험한 일일 수 있다. 교학敎學이란 그저 문화적으로 승화하지 못한 쾌락 추구일 뿐일 수도 있고, 달리 도덕이란 허울을 쓴 채 공공연한 장소에서 배변과 크게 다를 바 없는 공익에 반하는 행위다. 아름다운 행위라도 아무 데서나 무분별하면 추한 본능일 뿐이다.

우리는 여기저기서 가르침을 듣는다. 또 가르침을 내린다. 지하철 벽에 붙은 포스터부터 늙은이들의 연설까지 거리는 가르침으로 가득하다. 술집에서는 나라를 걱정한다는 우국지사들이 되도 않는 애국을 외치며 젊은이들을 가르치려 든다. TV에서는 소위 선각자나 정치가라는 자들이 아무렇지도 않게 쓰레기 같은 계몽을 토해 낸다. 이런 맥락에서 교학敎學은 포르노다.

배움의 욕구 또한 마찬가지다. 배우려는 자세는 아름답다면서 어디서든 배우려 한다. 좋은 말이라며 여기저기서 퍼 날라 와서 감동을 강요한다. 이런 상황에서 가르침의 거부는 오만이고, 배움의 거부는 불경不敬

으로 치부한다. 한마디로 쓰레기 취급하며 자기들끼리 가르침과 배움의 쾌락을 핥으며 열락에 몸을 떤다. 달리 포르노가 아니다.

도시는 오물 구덩이다. 여기저기에 가르침과 배움으로 달뜬 더러운 욕망과 내질러 놓은 배설물로 가득하다. 곳곳이 가르침과 배움을 빌미로 서로를 능욕하는 몸짓과 조루, 방뇨 그리고 배변으로 악취가 진동한다. 이제는 가르침이나 배움 방지용 콘돔이 필요하고 사용 후 처리방법을 교육해야 할지도 모른다.

마려워도, 꼴려도 좀 참고 놀으라는 문명의 장소인 화장실을 이용하자. 이게 바로 덕후의 길이다. 고양이도 자기 화장실을 사용하고 배변 후에는 모래로 덮는다. 하물며 인간이랴! 우리가 흘리지 말 것은 눈물이나 오줌만이 아니다.

가르침도 배움도 무턱대고 흘리지 말아야 한다. 교학敎學을 포르노로 만들지 말고 문화라는 변기에 한발 다가서야 인간적이고 아름답다. 필요한 개인끼리 놀이로 즐기라는 말이다. 이게 바로 이 문명 속을 살아가는 문화 덕후의 참 모습이다.

序

대학 퇴출과 사골 곰국

교육부는 몇 년 전 학생 평가, 학생 학습역량, 진로 및 심리 상담, 취·
창업, 특성화 계획수립·추진, 교육 및 강의 개선 등을 기준으로 대학 평가
결과를 발표했다. 평가에 따라 D·E등급을 받은 대학 27개는 재정 지원
제한을 받거나 퇴출당할 것이다.

아프리카에 사는 코끼리는 지상 최대 최강의 동물이다. 몸길이 최대
7.5미터, 몸무게 6톤에 이르며 이들에게 사자란, 인간으로 치면 고양이
정도다. 그러나 막강 코끼리에도 천적은 있다. 바로 상아를 노리는 밀렵
꾼이다. 바로 먹이사슬 최대 최상의 포식자인 인간이 천적이다. 길이만
3미터에 무게는 100킬로그램에 이르는 상아는 비싸게 거래되는 고급
물건이다. 그래서 밀렵꾼들은 코끼리를 죽여 상아만 잘라 간다.

상아탑象牙塔이란 오래전부터 아름다움이나 성스러움의 상징이었
다. 또한 프랑스 예술지상주의 시인 비니Alfred de Vigny, 1797~1863의
별명이기도 하였다. 그는 세속적인 생활에 관심을 갖지 않고 고고하게
저작 활동만 했다고 전해진다. 말만 들어도 느낌이 온다. 시인 비니의

상아탑이라는 별명은 폼은 나지만 실용성은 없는 것이다. 그래도 상아에 비유할 정도이니 뭔가 있기는 있었나 보다. 이후로 세속을 떠나 연구에 몰두하는 대학도 상아탑이라 불렀다.

프랑스의 상아탑과 달리 우리에게는 우골탑牛骨塔이 있다. 시골에서 소를 팔아 자식 등록금을 냈기에 생긴 말이다. 가슴 아픈 현실이자 숭고한 부모의 마음이다. 그렇더라도 소뼈는 상아보다 많이 없어 보인다. 상아는 우아한 장식이지만 소뼈는 사골이다. 자식의 대학 등록금을 내며 우골탑 쌓는 일은 소를 팔아 상아 한 조각 얻으려는 노력이다. 상아탑이 이상이라면 우골탑은 실용이라는 말이다.

문제는 요즘 상아탑의 상아가 싱싱하지 않고 상한 것 같다는 데 있다. 교육부 대학 평가 기준을 보면 상아에 해당하는 고고한 지적 활동은 없고 맨 진로, 취업, 특성화 따위라서 하는 말이다. 대학이 상아탑이라면 상아의 기준을 보여야 하는데 교육부는 사골 곰국을 내놓으라며 으름장이다. 사골 기준으로 본다면 SKY는 진국이고 D·E등급을 매긴 27개 대학은 분유를 탄 국물이다. 하지만 이런 시답지 않은 비유를 그럴듯하다고 고개만 끄덕일 수 없다. 상아를 삶는다고 사골 곰국이 나오는 건 아닐 것이다. 사골 곰국 기준으로 보자면 상아도 D·E등급을 면하기 힘들다는 말이다.

대학大學이란 유니버시티University의 번역어로, 고대 동양에서 애들이 배우던 '작은 배움小學'과는 질적으로 다른 '큰 배움'이자, 고전 『예기禮記』의 한 챕터 제목이다. 한 마디로 대학이란 유니버시티와는 전혀 뜻이 맞지 않는 딴 동네의 것을 근대 일본에서 가져다 욱여넣은 얼토당토않은 번역이다. 원뜻을 보자. 유니버스Universe란 우주다. 그래서 유니버시티란 '우주를 품은 곳'이란 말이다. '대학'으로 옮기기보다는 '우주소宇宙所'

가 더 적합하였을 것이다.

유니버시티에서는 이 땅에서 우주를 꿈꾼다. 현실에서 무한한 이상을 상상하고 탐구하는 곳이다. 그래서 사자 따위는 가볍게 밟아 버리는 최강의 동물인 코끼리로 상상한다. 지고한 아름다움과 성스러움 그리고 고고한 지적 활동을 보장해야 한다. 지상에서 무한을 꿈꾸는 곳이 유니버시티다.

밀렵꾼은 상아 1킬로그램당 40파운드의 값으로 따져 코끼리를 총으로 쏜다. 마찬가지로 교육부는 이상과 꿈에 취업률이라는 총을 쏘고는 꿈을 잘라서 값을 매긴다.

대학의 취업률이 중요한 지표임을 부정하지는 않는다. 하지만 대학이 이뤄야 할 목표는 취업만은 아니다. D·E등급 대학의 재단 비리를 옹호하겠다는 것도 아니다. 아무리 D·E등급일지라도 상아에 사골 곰국 기준을 들이대고 총을 쏘는 건 예의가 아니다. 최소한의 격조라는 게 있는 것이다.

유니버시티란 우주를 바라보고 꿈을 꾸는 곳이다. 우리나라 대학, 서울대건 D·E등급이건 모두가 그 모양 그 꼴인 건 아마 상아탑에서 상아와 우주를 꿈꾸지 못하고 사골 곰국이나 찾아서일 것이다.

序

청춘도 아프면 환자다

내가 다닌 대학에서 활동한 동아리에는 '몸빵'이 제일 싸다는 전설이 있었다. 비교적 고가의 장비가 많은 동아리라서 그런 말이 돌았을 것이다. 이유는 '장비가 고장 나면 돈이 들지만 몸이 고장 나면 저절로 낫는다'는 것이다. 지금 다시 생각해 보면 이건 완전 뻥이자 빛바랜 전설이다.

병든 몸이 저절로 낫는 일은 절대 없다. 언제나 고통의 흔적이 남는다. 요즘 식으로 표현하자면 흔적이란 바로 트라우마다. 그렇다. 몸이 돈 먹는 하마다. 정신 차려라! 이제는 정신이 아니라 육체에 돈을 쓸 때다. 아프면 병원이 답이다.

"아프니까 청춘"이라는 말이 있다. 저명한 서울대 교수가 이를 제목으로 책 한 권 썼고, 이 책이 한때 유행도 탔다. 내용으로 보자면 예민한 젊은이들의 감수성을 다룬 좋은 책이다. 하지만 제목은 철저히 엉터리다. 아프면 청춘이 아니라 환자다.

아직도 무당이 병을 고친다고 말하려는가? 다 알 것이다. 『아프니까 청춘이다』를 쓴 교수는 진짜도 못되는 선무당일 뿐이다. 무당은 병을 고치는 사람이 아니다. 진료는 의사가, 약은 약사가, 굿은 무당이 한다. 무당에게는 무당의 할 일이 따로 있는 것이다. 하지만 선무당은 무당 일을 해서는 안 되는 엉터리 사이비일 뿐이다.

젊은이들을 '88만원 세대'라 진단한 지 어언 10여 년이 지났다. 사회적 건전성의 적신호가 켜졌다는 말이다. 적신호가 켜졌는데도 차는 계속 달려간다. 어찌된 노릇인지 적신호에도 그때나 지금이나 청춘은 여전히 임시직 알바다. 이제는 조금 미안한지 일본의 '사토리 세대さとり世代'를 빌려다 '달관 세대'라는 이름으로 금칠해 준다. 빨간불을 금색이라고 이름만 바꿔 부른다고 달라지는 건 아무것도 없다.

심지어 배부른 자기와는 달리 일자리는 없고 돈 적게 벌어도 스스로 깨달아 만족할 줄 아는 젊은이라 치켜세워 준다. 언론과 기득권자들 문제가 많다. 아무리 일본의 경우를 가져다 금칠을 해도 불가능한 게 있다. 한국인은 일본인과 달리 자발적으로 달관할 수 있는 초식동물이 아니다. 초식을 하려면 적어도 일본인처럼 위장을 4개는 가져야 한다. 불행히도 한국인은 위장을 하나만 지닌 육식성 잡식동물이다. 따라서 한국의 청년들도 달관한 마법사나 스님처럼 무소유의 삶을 살기 힘들다.

의사들은 이미 신자유주의로 인한 병증을 진단하고 젊은 세대의 안정적 취업과 임금을 처방으로 내렸다. 하지만 어찌된 일인지 이명박근혜 정부라는 약국에서 조제를 거부한다. 그 사이 병은 더 깊어져 취업률은 더 추락하고, 임시직만 늘어난다. 이 틈에 만병통치약인양 '자기개발서' 라는 빨간약으로 세상의 약장을 메운다. 사회적 문제를 개인 개발의 문제로 바꾸려는 음모가 효력을 발휘한 것이다. 몸은 절대 저절로 낫지 않는다. 그리고 빨간약으로 낫는 병은 거의 없다.

알바의 관심은 최저 임금이다. 최저 임금이란 가장 낮은 수준의 생활이고, 최저 노동이자 최저 서비스다. 모든 것을 알바로 대체하여 최저로 맞추면 세상 역시 최저 수준으로 떨어진다. 헬조선인 이유 역시 모든 것이 최저라서다. 이런 최저에서 벗어나고자 갈망하는 청년들에게 자기개발서란 선무당의 비방이고 1써클도 안되는 흑마법사의 흑마술이다. 아무 쓸데없다는 말이다.

발버둥을 쳐도 희망이 보이지 않으니 불안하다. 불안하면 절망한다. 절망이란 미래에 대한 포기를 뜻한다. 희망의 포기이니 불안과 절망은 죽음에 이르는 병이라 한다. 병원의 환자도 그렇다. 환자가 삶의 희망을 내려놓는다면 병의 치료도 불가능하다. 문제는 온갖 선무당들은 젊은이들이 느끼는 사회적 불안과 절망, 죽음을 개인적인 사건이라 매도하는 것이다. 이는 사실도 현실도 아니다. 불안과 절망은 개인이 아니라 세상을 향한다.

어떤 희망도 의지도 느끼지 못하는 절망한 환자는 세상을 내려놓는다. 청춘인데도 아파야 할 일에 아프지 않다고 자기 위안을 한다. 마비된 것이다. 지금껏 삶에 빛을 주던 감성은 푸석푸석하다. 국가나 공동체도 의미와 감동으로 다가오지 않는다. 도덕이나 의무에 관심이 가지 않는다. 어디라도 좋다. 무슨 일이라도 그저 조금 더 주고 조금 더 편한 알바를 따라갈 뿐이다. 한밤중 편의점에서 꼬박꼬박 졸면서 우리 젊음은 그렇게 죽어 간다.

우리는 불안과 절망에 죽어 가고 있다고 의사가 처방을 해도 약사는 오리발이다. 약을 공급할 수 없으니 의사로서도 할 수 있는 게 별로 없다. 그저 운동이나 열심히 하라고 충고할 수 있을 뿐이다. 운동을 한다고 해도 몸은 저절로 낫는 게 아니다. 그 고통의 빈틈을 힐링, 멘토링 그리고 사이비 인문학에 자기개발서가 환자의 고통과 절망을 비집고 들어온다.

이제 "아프니까 청춘이다" 같은 헛소리는 집어치우자. 청춘이건 노인이건 아프면 환자다. 환자는 병원에 가서 의사의 처방에 따라 검사와 수술을 받고 주사를 맞고 약을 먹어야 병을 이길 수 있다. 고름이 살 되는 거 아니고, 병이 저절로 낫는 일은 거의 없다. 먼저 적절한 치료나 수술을 받고 재활 치료를 통해 건강을 회복해야 한다.

그 다음엔 무엇을 해도 좋다. 병실에 누워 만화책을 보고, 마음을 다스리라는 멘토의 가르침을 따라 명상을 해도 좋다. 한가득 침을 맞아도 나쁠 건 없고, 횡액을 피하기 위한 굿을 해도 무방하다. 심심하면 인문학 콘서트에서 열광해도 시간 때우기에 제격이다. 다 약 먹어 치료받아 낫고 나서 할 일이다.

환자에게 치료를 대신해 자기개발서나 멘토링 또는 엉터리 인문학을 처방하는 것은 재앙이다. 조기 치료를 거부하고 선무당 푸닥거리하다 죽은 스티브 잡스가 바로 그 꼴이었다. 안타깝게도 지금 우리 사회 모습이 바로 그렇다. 박근혜 정권이라는 약사가 약을 공급하지 않아서 의학적 치료의 방도가 막혔다. 현실적인 방도가 없어지니 눈은 민간요법, 힐링이나 멘토링 같은 사이비 인문학 선무당들 헛짓으로 돌아간다. 아니 이때다 하고 이런 마녀들이 머리를 들이민다. 침이나 빨간약 발라 주는 힐링이나 사이비 인문학은 모두 마녀고 마약이다. 병을 더 악화시켜 결국에는 고통만 키울 뿐이다. 사이비 인문학보다는 차라리 술이 더 낫다.

절망의 시대다. 절망적이고 힘들더라도 운동을 통해 면역력을 키우고, 조금은 험하더라도 고통을 직시하고 올바른 치료책을 하나씩 마련해 나가는 게 바른 길이다. 약국을 털겠다는 방법은 옳았다. 촛불로 정권을 바꾸면서 일차 약국 습격에 성공했다. 희망이 조금 보인다.

序

귀신 패션 변천사

처녀 귀신, 총각 귀신, 아기 귀신…. 조선시대 이야기에 주로 나오는 테마는 귀신이다. 총각 귀신 몽달이는 얼굴 없는 달걀귀신이다. 어리바리하지만 한 번 화나면 무섭다. 점집을 주름잡는 동자 신은 당돌해 보여도 사탕을 좋아하고 엄마 품을 찾는 애다. 꿈속에 나타나 선몽先夢을 계시하는 부모는 조상신이다. 귀신에도 왕이 있다. 긴 머리에 하얀 소복을 입고 피 흘리는 처녀 귀신이다. 한 맺힌 귀곡성에 세상은 얼어붙는다.

귀신이란 차마 저승에 들지 못할 한을 지닌 채 구천을 떠도는 중음신中陰身이다. 그래서 귀신 이야기에는 열이면 여덟아홉은 자살했거나 억울하게 죽은 사연이 있다. 대한민국의 자살률은 수위를 차지한다. 조선의 자살도 만만치 않았다. 노인이 가장 많고 어린 학생과 젊은이들이 그 뒤를 따른다. 그래서 귀신도 많다. 하지만 자세히 보면 시대마다 사연도 다르고 나타나는 귀신도 다르다.

조선은 자살 왕국이었다. 대부분 효자孝子와 열녀烈女, 그리고 처녀가 죽음으로 많이 몰렸다. 모두 약자다. 세금부터 명예까지 여러 혜택이

다양한 효자비나 열녀문은 꿍으로 따는 게 아니다. 아들이 극진한 효를 못하면 허벅지 살을 베어서라도 효자로 만들었고, 청상과부 며느리는 얼굴도 모르는 남편을 따라 죽어야 했다. 이들은 살해당했어도 '효자'나 '열녀'라는 타이틀은 얻는다. 하지만 처녀 귀신에게는 명예가 없다. 진짜 억울해서 무섭다.

처녀 귀신 이야기는 새로 부임하는 사또로 시작한다. 사또가 새로 부임하면 처녀 귀신은 그에게 귀곡성을 울리며 억울함을 호소한다. 대부분의 부패한 사또는 귀신의 한을 듣기도 전에 한 짓이 있기에 겁에 질리고 양심에 찔려 죽고 만다. 하지만 그중에도 젊고 잘난 정의의 사또가 있기 마련이다. 그는 두려움을 이기고 귀신의 말을 듣고 나쁜 놈을 치죄해 처녀의 명예를 신원伸冤한다. 이쯤 되면 눈치를 챘을 것이다. 귀신이 아닌 사또가 잘났다는 영웅담이다. 조선의 귀신 이야기는 사실 정치소설이었던 것이다.

대부분이 유력 가문의 망나니 아들놈에게 정조를 유린당하고 버림받은 처녀 이야기다. 처녀는 약자다. 동네방네 소문나도 항거할 방법조차 없다. 관아에 신고해 보지만 돈깨나 힘깨나 쓰는 망나니 가문에서 막으니 묵묵부답이다. 약자는 한을 품고 자살해 귀신이 되는 길 밖에 없다. 말로 할 수 없는 한이기에 말을 못 이루고 귀곡성으로 흐느낀다.

조선의 처녀들은 그렇게 자살했고 그렇게 귀신이 됐다. 원래 죽을 때 입히는 옷은 소복素服이 아니라 색깔 있는 일상복이었다. 하얀 옷은 속옷이나 잠옷이었다. 이러던 소복이 처녀 귀신의 순결을 상징하는 '교복'으로 변한 것은 그리 오랜 일이 아니다. 조선을 짓누른 귀곡성은 짓밟힌 순결의 호소였다고 하겠다. 그래서 모두가 당연하다는 듯 소복을 받아들인다.

일제 강점기에는 여학생이라는 새로운 신분의 여성이 등장하며 이야기가 달라진다. 양반집에서는 규수인 딸을 학교에 보내지 않는다. 돈이 없는 평민들은 노동력인 딸을 학교에 보내지 못했다. 대부분 중인 계급의 딸들이다. 여학교도 몇 없고 여학생도 많지 않았기에 여학생이란 하늘에서 떨어진 새로 등장한 희귀종이었다. 모두의 관심을 모았다.

얼마나 각광을 받았던지 당시 기생들이 여학생 복장을 했을 정도다. 모두의 호기심 대상이 여학생이었다. 그러니 배재학당에 다니던 양반집 자제는 이화학당의 중인 출신 여학생과의 연애를 최고의 로망으로 삼았다. 일제 강점기 경성의 신파조 사랑의 비극은 여기서 시작한다.

우선 신분 제도가 아직도 굳건했기에 여학생 신분은 비집고 들어갈 틈이 없어 어정쩡했다. 당시 여성을 위한 직업도 없으니 학교를 나와도 취직하여 경력을 쌓을 곳이 없었다. 원하는 남성과는 신분 차이로 결혼은 불가능했다. 교정에서 만난 사랑하는 남친과 알콩달콩 살고 싶지만 그는 양반 출신이기에 이미 가문에서 정한 양반집 정혼자가 있다. 형편이 그러니 남은 것은 나이 많은 졸부의 후처 자리뿐이었다. 벼랑 끝에 몰린 이루어질 수 없는 사랑은 동반 자살을 택한다. 당시 하루에 열 쌍도 넘는 커플이 정사情死를 했다고 한다. 이게 일제 때 새로운 '종족'이던 여학생의 슬픈 결말이다.

한국은 OECD 국가 중 노동 시간 1위, 최저 임금은 하위 그리고 최고의 자살률을 자랑한다. 죽어라고 일하지만 월급은 쥐꼬리만 하다. 희망이 없다. 죽고만 싶은 것이다. 삶의 만족도나 행복 지수도 꼴찌다. 인터넷 속도나 핸드폰 사용은 최고지만 이게 삶의 만족도나 행복의 요건은 아니다. 죽고 싶은 삶이고, 자살 충동을 옆구리에 끼고 사는 나라다.

21세기 한국의 귀신은 〈여고괴담〉 같이 흥행한 영화나 도시 괴담의 형식으로 확인할 수 있다. 한국도 어린 학생과 젊은 여성의 자살률이 높다. 따라서 이들 귀신 이야기가 가장 흔하다. 다른 점이라면 순결과 명예를 중시한 조선이나 갈 곳 없는 사랑의 불꽃 때문에 정사했던 일제와 달리 현대는 공부하는 어린 학생 출신이 귀신이다.

도시 괴담이나 영화에 나오는 학생 귀신은 대부분 교복을 입는다. 교복이란 부모와 선생님을 의지하고 학교 규율에 순응한다는 의미다. 하지만 보라. 학생을 자살로 내몬 것은 부모의 잘못된 기대와 억압, 끝없는 경쟁을 요구하는 학교와 선생, 그리고 폭력을 휘두른 친구다. 아무도 아이들을 보호해 주지 않았다. 그렇게 죽어서 귀신이 되었어도 학생 귀신은 교복을 고집한다. 규율에 복종하고 보호받고 싶은 마음으로 가득하기에 그렇다.

조선의 소복이 하얀 순결의 상징이었다면 대한민국의 교복은 가정과 사회의 보살핌을 가리킨다. 처녀 귀신은 귀곡성으로 악착같이 신원한다지만 학생 귀신은 원한이 무엇인지도 모르고 원한을 풀 능력도 없다. 학교를 떠나지 못하고 죽어서도 등수에 연연하며 야간 자습까지 참여하는 순둥이다.

깊은 밤 학교 창고나 아파트 놀이터의 그늘을 유심히 보라. 누군가 교복 차림으로 웅크리고 있을 것이다. 바로 학생 귀신이다. 그들의 한이 바로 우리의 아픔이다. 무섭고 으스스하다고 도망치지 말고 빵이라도 하나 던져 주자.

序 인문학 블루오션

연세대 졸업식에 "연대 나오면 뭐하니? 백순데!"라는 문구의 현수막이 걸렸다. 우리나라 인문학의 위기를 극명하게 드러내는 풍경이다. 그러나 따져 보면, 대학에서 가르치는 '인문학'과 달리 우리 사회 속 '인문'은 지금이 유사 이래 최전성기다. '인문학'과 '인문', 뭔가 같으면서도 다르다. 한쪽은 개점휴업이고 한쪽은 문전성시다. 이 다른 둘을 구분할 필요가 있다.

공대 출신일지라도 덕후는 당연히 인문을 한다. 그런데 주의할 점이 있다. 비록 둘이 다르다지만 서로 관계가 긴밀하다. 상호 관계와 밸런스가 중요하다. 한쪽이 너무 힘을 잃고 기울어지면 다른 쪽도 안정을 찾지 못한다. 시소와 마찬가지로 저울의 균형이다. 인문만으로는 2% 이상 부족하다는 말이다. 달리 말하자면 인문학을 살려야만 인문은 완성할 수 있다.

사람들은 어떤 상품이나 사건 또는 생각을 좋아하거나 싫어한다. 그리고 그 감정에 이유를 단다. 일단 지른 다음 핑계 거리를 가져다 자기

세뇌를 한다. 디자인이 좋다거나, 용도에 맞는다거나 가격에 혹했다는 등의 이유다. 핑계 없는 무덤이 어디에 있겠는가? 이유란 모두 핑계다. 그렇게 이유의 깊은 곳, 근저에는 감정이 흐른다. 감정은 '이유'를 만들어 내서는 '가치'를 객관적인 것처럼 포장한다. 그래서 우리는 저지르고 나서야 이유를 생각하는 것이다.

가치란 결국 호오好惡다. 좋아하고 싫어하는 건 사람의 일이기에 가치도 사람의 일이다. 언제 어디고 사람이 있으면 가치가 생기고, 서로가 가치에 이유를 달고, 우리는 그 이유를 거래한다. 인간이 서로 부대끼며 만들어 내는 관계, 말, 감정 그리고 이유나 판단이 '인문'이다. 가치가 바로 인문인 것이다.

한국에는 수많은 인터넷 동호회 사이트와 쇼핑몰이 있다. 사이트마다 사건을 해설하고 토론하며 물건에 대해서는 사용 후기가 올라온다. 사이트마다 회원들 사이에 늘 갑론을박이 오간다. '오늘도 평화로운 중고 장터'라는 비꼼이 생길 지경이다.

쇼핑몰에서는 구매한 물건마다 불평부터 찬양까지 수많은 평이 오간다. 이 모두 감정이 만들어 낸 판단이자 가치이자 인문 활동이다. 달리 말해 우리사회 도처에는 인문이 넘쳐 난다. 문제는 인문이 아닌 인문학이다.

우리네 동호회의 댓글은 강렬하다. 활발한 인문 활동이 이루어지는 장이다. 가장 대표적인 동호회는 아마 디시인사이드DCinside일 것이다. 사회적으로 큰 물의를 일으키는 일베(일간베스트), 오유(오늘의 유머)는 디시인사이드라는 카메라 동호회의 섹션 격인 갤러리에서 출발한 맹렬 '학파'다.

디지털 카메라 품평이나 하던 사이트가 이렇게 될 줄은 누가 상상이나 했겠는가? 디지털 카메라 품평이 공학이나 전자학 혹은 광학이 아니라 인문이었기 때문이다. 색을 표현하는 건 카메라지만 색에서 감정을 느끼는 건 사람이다. 지금 여기서는 국가, 가족, 성, 경제를 비롯한 모든 논의가 이루어지고 거래된다. 디시인사이드뿐 아니다. 'SLR클럽' 등 셀 수도 없는 곳에서 인간에 대한 담론을 생산하고 있다. 그렇다. 우리는 지금 단군 이래 최대의 인문 홍수 속에 살고 있다. 그렇게 우리는 인문으로 세상을 가득 채웠다.

공장에서 상품을 생산하면 유통업자가 상품을 상점에 배급하고 소비자는 구매한다. 자본주의의 흐름이 그렇다. 인문과 인문학의 관계도 유사한 꼴이다. 인문은 인간의 감정에 기반을 두어 말과 가치 및 사회적 현상을 창출한다면 인문학은 이 가치를 가공 처리하여 완성품으로 만들어 배급한다.

인문학은 1차적으로 생산된 인간적인 가치를 분류하고 이를 다시 사회적인 체계나 이론 및 논리적인 틀에 맞춰 조립하거나 가공한다. 여기서 인문학자의 임무는 가공이고 그는 가공업자다. 다음으로 상품이 지니는 가치의 맥락과 변화의 과정을 밝히고, 이를 정밀하게 묘사해 상품이 지닌 인간적인 의미와 중요성을 드러낸다. 상품의 의미를 명확하게 만들고 완성품을 만들어 가치를 높이는 일이다.

이렇게 인문을 상품화하면 상품이 지닌 성격에 따라 인문학의 주요 분야인 문학, 사학, 철학 및 자연학 등으로 분류해 포장한다. 즉 가치를 상품화하여 분류 포장하는 게 인문학인 것이다. 다음으로는 모두 쉽게 접하거나 구매할 수 있도록 논문이나 책으로 유통한다. 이렇게 본다면 인문학자란 인간적 가치의 유통업자이기도 하다.

사람들이 가치를 부여하지 않는 상품은 눈에도 띄지도 않기에 생산도 소비도 할 필요가 없다. 이리 본다면 신제품 광고 역시 새로운 가치를 창출하기 위한 노력이다. 인간의 가치 체계에 들어와야 한다는 것이다. 그렇게 인간이 만든 모든 것, 우리가 만나는 모든 상품의 뒤에는 인간적인 가치가 있기에 상품을 만들어 가치를 창출하는 자본주의 역시도 지극히 인간적이라 하겠다.

자본주의 아래서 인문 활동이 더 활발하다면 인문학도 덩달아 잘 팔려야 할 것이다. 하지만 우리 인문학의 현실은 개점폐업 상태다. 인문학이 구실을 못하니 구매 의욕을 보이는 손님도 없다. 서울대 인문대건 연세대 문과 대학이건 별 다를 것 없다. 모두 가치를 상실했기에 흥미도 못 끌고 당연히 취직도 힘들다.

인문학은 재미없다. 그런데 필자는 인문학이 미치도록 재미있어서 전공했다. 안타깝게도 인문학이 생명력을 잃고 있기에 오늘날 인문학이 이전보다 재미없어진 건 사실이다. 인문학이 끊임없이 생겨나는 인간적인 가치를 제때에 가공하고 포장하여 유통하지 못하고 있기 때문이다.

오십 년 이상 신상품도 별로 없고 유행에도 떨어지는 먼지 쌓인 물건을 진열해 놓은 상점을 누가 가겠는가? 그동안 오십 년 된 물건이 안 팔린다고 죽는 소리하고 세상을 저주해대니 동정 좀 받았지만 이제는 더 이상 동정조차 힘들다. 재미도 없고 가치도 없는 낡은 인문학이 죽어가는 건 당연한 이치다. 인문학도 획기적인 신제품을 계속 내놓고 광고하고 영업을 해야 살아남는다는 말이다.

우리 인문학은 오래 전에 쳐놓은 그물이다. 종종 자연산 우럭이나 값비싼 민어가 걸리기는 하지만 폐기된 어장이거나 쓸데없는 그물이 대부분이다. 게다가 신상품을 분류할 체계도 낡았고 포장 기계도 일제 강점기에 수입한 것을 그대로 쓰고 있다. 더구나 신상품을 알리고 유통할 판로도 찌라시 수준이다. 대갓집이라던 서울대를 나와도, 연세대를 나와도 눈길 한 번 못 받는다.

인문학은 위기다. 하지만 자본은 자신을 인간의 얼굴로 화장해 줄 인문학을 찾아 헤매고 있으며 실재로 현재는 유사 이래로 인문의 최고 전성시대다. 과감하게 옛 그물을 정리하고 새 어족에 어울리는 시설을 마련하여 어장을 개척할 필요가 있다. 인문학도 진실로 거듭나 새 부대에 새 술을 마련한다면 위기가 아니라 블루오션일 것이다.

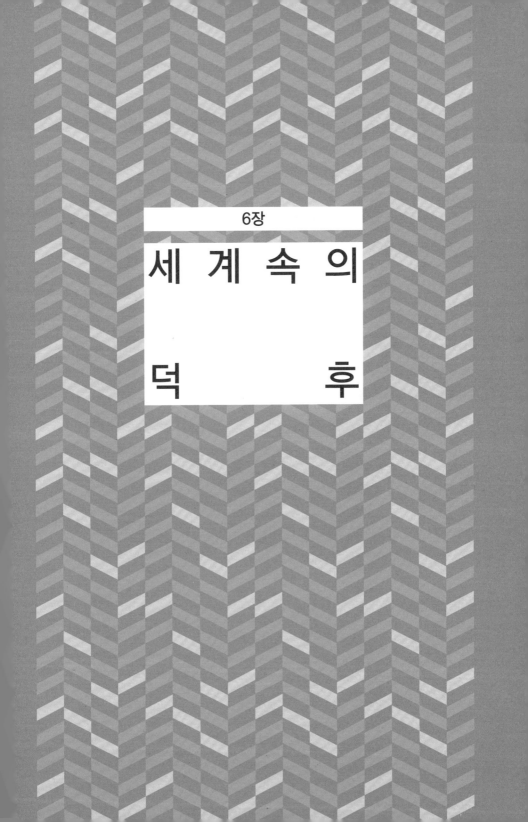

6장

세 계 속 의

덕   후

序 세계 정복 게임

만화 속 호탕한 악당의 웃음이 얼마나 멋지던지! 세계 정복을 하고 싶었다. 세계 정복이랍시고 이라크나 시리아에 가서 다에시IS에 가입하여 사람을 죽일 수는 없는 일 아니겠는가. 그렇게 웃어 보고 싶어 세계를 돌아다니다 결국 해법을 발견했다. 바로 게임이다.

게임은 더 이상 게임기나 컴퓨터 모니터 속의 태풍이 아니다. 요즘은 게임으로 사회 문제를 해결하기도 한다. 사람들은 게임의 눈으로 세계를 바라보기 시작했다는 얘기다. 아니, 이제는 게임이 세상이다.

한 번 발을 들이면 벗어나기 힘들다는 전략 시뮬레이션 게임 〈문명Cid Meier's Civilization〉이 있다. 이 게임이 〈풋볼 매니저Football Manager〉, 〈히어로 오브 마이티 앤드 매직Heroes of Might & Magic〉과 더불어 3대 악마의 게임이라 하는 까닭은 그만큼 중독성이 강해서 폐인이 될 정도로 몰입하게 만들기 때문이다.

게임의 내용은 문명 하나를 골라 다른 문명과 경쟁하고 다른 문명을 정복하여 세계를 제패하는 것이다. 몇 해 전 발표한 〈문명5〉에서는 드디어

대한민국도 독자적인 문명으로 올랐다. 이제는 세계를 정복하여 '민족 중흥'을 이룰 수 있는 길이 열린 것이다. 하지만 아쉽게도 대한민국에 주어진 게임의 미래는 비관적이다. 대한민국은 그릇이 못된다. 아니 멸망할 운명인지도 모른다.

게임의 룰은 간단하다. 먼저 지역 문명 하나를 골라 고대부터 2030년 까지 성공적으로 키워 나간다. 다음은 다른 나라나 문명과 경쟁하고 점령하여 승리를 이루면 끝난다. 세계 정복을 하는 길에는 몇 가지 방법 이 있다. 전쟁으로 점령하는 정복 승리, 외교로 세계 지도자가 되는 외교 승리, 앞선 문화를 보급하는 문화 승리, 과학 기술을 발전시켜 우주선 을 발사하는 과학 승리가 그것이다. 이탈리아나 프랑스 같은 관광국이 문화 승리의 대표적인 예이다. 참고로 게임 안의 대한민국 지도자는 세종대왕이며 목표는 과학 승리다. 우리는 우주선을 발사하여 우주를 선점해야 이길 수 있다는 말이다.

문명을 키우기 위해서는 먼저 원시시대부터 차근차근 발전의 단계를 밟아야 한다. 도로를 깔고, 학교, 병원, 은행을 건설하고, 문자를 제정 하여 교육 및 안정적인 경제·문화 사회를 건설하여야 한다. 다음으로 신 전을 지어선 종교를 만들어 주어야 폭동을 막을 수 있다. 그것뿐 아니라 여러 제도를 만들어 국민의 삶을 보장하는 복지 국가를 이뤄야 한다. 이 과정을 성공적으로 완수하지 못하면 문명은 빈곤해져 창의적인 과학 발전을 이루지 못하고 국민들의 불만이 커져 반란이 일어난다. 목표를 이루지 못해서 패망한 문명은 다른 문명에 먹혀 없어진다. 완전히 세계 와 문명의 기틀에 대한 새로운 시각을 보여 주는 게임이다.

그럼 대한민국의 현재를 게임에 집어넣어 생각해 보자. 세월호 침몰 이라는 문명사적인 사건과 전염병 메르스 예방 실패를 거쳐 비선실세

최순실 사태까지 도무지 답을 찾을 수 없다. 지배층과 국민, 인구와 사회, 경제 등 생각나는 모든 사항을 모아 보면 멸망으로 귀결한다.

이렇게 가다가는 결국 승부가 결정 나는 2030년에는 과학 승리는 고사하고 임시직 노인들만 남아 알바 뛰는 양로원 국가일 수밖에 없다. 게임이란 사회 문제 해결을 위한 시뮬레이션이기도 하다. 그러니 게임에서 해결 방법을 찾을 수 없다면 조금은 성급하기는 해도 실제 없어질 가능성이 높다.

어떤 방식으로 게임을 돌려 봐도 헬조선이라는 대한민국 현재엔 희망이 보이지 않는다. 이대로 가다가는 패망한 대한민국은 게임 속 다른 문명에 먹힐 것이다. 그렇다면 그때의 문명에서 대한민국이 할 수 있는 건 '식민지 충성 게임'일지도 모른다. 적어도 이렇게 되지는 말자는 말이다.

지금까지의 대한민국을 보자. 국가와 개별 문명이란 박정희가 제정한 '국민교육헌장'의 말대로 "인류 공영에 이바지"해야 한다. 하지만 도무지 현재의 대한민국에게선 인류는 고사하고 인간적으로 바랄 게 없다. 최악의 출산율, 급격한 노인 인구 증가 및 극악한 청년 실업과 임시직 차별 등 모든 분야에서 치명적이다. 세월호와 메르스에 대처하는 능력을 통해 드러난 대한민국이라는 국가가 지닌 문명으로서의 의미는 절망과 파탄이다.

세월호 침몰은 명백히 교통사고였다. 그저 전광판에 2명 경상이라는 단순 교통사고 문자로 끝날 일이었다. 하지만 박근혜와 해경은 언어도단적인 행적을 저지르며 인류 문명사적 비극을 만들었다. 메르스를 통해 드러난 현실은 어떤가? 그저 전염병 하나다. 그러나 대한민국은 일개 사기업의 영리를 위해 국민의 건강과 복지를 방기한다. 최순실 게이트로 그와 대통령 박근혜 일당이 벌인 일은 어떤가? 대한민국은 문명이랄 것도 없는 해악이다.

게임의 결론은 났다. 사람이라면 응당 지어야 할 표정이 있다. 국가도 마찬가지다. 하지만 대한민국은 인간의 얼굴을 잊었다. 국민의 아픔을 차가운 눈으로 바라본다. 국민과 함께 슬퍼하고 기뻐할 감정이 메말랐다. 그렇다. 대한민국이란 인간의 심정을 저버린 사이코패스 냉혈한의 눈동자다.

이제 우리에게 주어진 과학 발전으로 인한 세계 정복은 잊자. 불경에 소가 마신 물은 우유가 되고 독사가 마신 물은 독이 된다 했다. 인간이기를 멈춘 과학이 아무리 뛰어나도 독사가 내뿜는 독에 지나지 않는다. 냉혈한의 과학이 이룬 성과란 결국 핵무기나 화학 무기다. 널리 인간을 해롭게 하느니 차라리 개나 줘버리는 게 낫다는 말이다.

아쉽다! 나는 '민족중흥'과 세계 정복을 같이 이루며 흔쾌한 웃음을 웃고 싶었다. 하지만 이제 '민족중흥'을 염원하던 대한민국 문명은 침몰했고, 전염병에 걸려 격리 수용됐다. 최순실과 박근혜의 농간에 식물인간으로 누워 지내다 욕창만 생겼다. 전염병과 방사능으로 죽어서도 격리해서 소각해야 할 신세다. 격리 수용된 전염병 환자를 데리고 어떻게 강적들과 겨루겠는가? 노인정에서 영감 할멈 태운 로켓을 발사하여 우주 정복을 할 수는 없는 거다.

민족 없는 세계 정복은 조금 공허할 것이다. 하지만 게임의 조건을 가지고 아무리 궁리를 해 봐도 대한민국에 희망은 없다. 멸망을 면할 방도가 전혀 보이지 않는다. 그러니 이제 우리는 민족과 국가를 포기하고 각자도생을 목표로 세계로 흩어져야 할지도 모른다. 침몰하는 배에서 "가만히 앉아있으라"는 말을 믿고 죽기만을 기다리는 건 한 번으로 족하다.

序

형님 생각

"형님!" 하면 느낌이 온다. 비단 조폭들이 말하는 '형님'뿐 아니라 우리네가 가지는 '형님'의 느낌은 각별하다. 우리는 형님 문화권에 산다. 나약한 아우를 지켜 주고 보살펴 주는 분이 형님이다. 아버지 다음이 형님이다. 밥을 먹어도 술을 마셔도 형님이 거기 계시면 쏘신다. 아우는 그저 머리를 숙이고 "형님!" 하며 충성을 다하면 끝이다. 끊임없이 부족한 아우를 사랑하고 바른 길로 이끌어 주시는 분 역시 형님이어야 한다.

하지만 세상 마음이 꼭 우리만 같지 않다. 우리네 '형님'과 미국, 중국 일본 등 우리 주변의 나라에서 생각하는 '형님'은 의미가 사뭇 다르다. 형님에 대한 생각의 차이가 국제적으로 서로를 대하는 차이를 만들고 서로에 대한 기대나 실망을 낳기도 한다. 미국이나 중국은 우리가 생각하는 형님이 아니다. 우리는 그들을 형님으로 모시면서 충성을 다했건만 술자리에서 자기 것만 내고 나가 버리는 야속한 그런 형놈이다.

우리는 '형님'이라는 말에 '부모'가 지닌 의미를 슬그머니 끼워 넣는다. 부모가 없을 땐 형이 부모 대신이라는 것이다. 형은 부모를 대신해 동생을 보살피고 바른 길로 인도할 의무가 있다는 것이다. 따라서 나이 많은 형에게는 존댓말을 쓴다. 이런 형님에 대한 생각이 개인적인 관계에 그치는 것이 아니라 사회적 조직 내 충성과 의리義理로 넓혀 간다. 이런 우리네 정서는 단순히 유교적인 장유유서長幼有序로 해석하기에 힘들만큼 강한 형님문화를 형성한다.

중국의 '형님' 격인 '따꺼大哥'는 우리와 유사하지만 다른 맥락을 지닌다. 우리야 나이가 많으면 형님이지만 중국의 따꺼는 무조건 나이로 먹고 들어가지는 않는다. 따꺼로 불리려면 형님이 지녀야 할 자격을 갖춰야 한다. 나이가 아니라 사회적 직급이나 실력에 따라야 대형大兄인 것이다.

중국에서는 먼저 아우들을 거느리고 보살필 지도자의 능력이 있어야 형이다. 달리 말하면, 나이와 실력에서 우리는 나이에 중점을 두는 반면 중국은 지배적인 능력에 중점을 둔다. 그래서 어려도 실력이 있으면 형이라며 고개를 숙이는 것이다. 이런 관계에서는 능력이 없으면 형이 아니고, 복종과 충성을 하지 않으면 동생이 아니다. 우리와 많이 다르다.

미국에서 일단 '형'이란 말 자체가 없다. 형이나 동생이나 모두 브라더Brother다. 여기에 '나이 많은Elder' 이나 '어린Younger'를 붙여 구별한다. 한자의 형과 동생이라는 의미의 형제兄弟와는 단어 자체가 완전히 다르다.

브라더가 원하는 바가 무엇인가? 바로 평등 관계다. '형동생'이 아니므로 '형제'로 해석할 수도 없다. 형제라는 번역 자체도 제대로 된 게 아니다. 때문에 형에게 동생을 보살펴야 한다고 말을 할 수는 있지만 그게 형으로서의 의무는 아니다. 우리네처럼 처음부터 끝까지 아우를 책임져야 할 형은 없다는 말이다. 동생도 마찬가지다. 형은 복종하거나 충성할 사람이 아니다. 영어에서 책임이나 복종과 충성은 사회적 주종主從관계에서 생기지 혈연적 형제간에는 생기지 않는다. 유럽에서 결국 브라더나 시스터란 우리의 형제자매가 아닌 동등한 위치의 사람을 말하다.

이 형제에 대한 생각의 차이에 역사적 비극도 있다. 애초에 중국 명明나라는 형을 자처했다. 우리는 명나라를 형이라 여겼기에 우리식으로 부모와 다를 바 없다고 여기고 보호를 바라며 충성을 다했다. 하지만 형이 가진 의미가 다르기에 명나라는 보호보다는 힘과 명분으로 지배하려고 했다.

그러다 명나라가 망한다. 부모나 마찬가지라고 여겼던 큰형이니 망했어도 멍청한 조선은 계속 명나라 형님에게 충성을 다하지만 새로운 힘센 일진 청나라에 밟혔다. 심지어 사백 년이 지난 지금껏 우리의 음력은 명나라 달력明曆을 고집한다. 서울의 중심도 청동淸洞이 아닌 명동明洞이다.

호란胡亂이 일어나 청淸나라가 쳐들어 와 새로운 형제의 관계를 요구한다. 자기를 형으로 인정하라고 주장했다. 하지만 조선은 오직 한 분의 형님인 명나라만 있고 청나라는 형이 아니라고 주장하며 개겼다. 조선은 말갈이나 여진족으로 이루어진 청나라보다 항렬이 더 높다고 주장한 것이다. 아무리 작아도 가문의 위계상 형은 형이라는 것이다. '형님'에 대한 생각의 차이가 병자호란을 낳았고 조선의 왕은 그렇게 무릎을 꿇고 머리를 조아려야만 했다.

일본이 싫은 이유가 여기에 있다. 역사로 따지면 어찌 머리를 굴려 봐도 일본은 동생이다. 그런데 발칙하게도 형을 침략했으며 심지어는 나라를 점령하고는 아예 형 노릇을 하려고 했다. 동생이 대놓고 자기가 형이라고 나댄 꼴이다. 배알이 꼴려 볼 수가 없다.

일본이나 한국이나 언어, 민족으로 보자면 큰 차이가 없지만 한국에서는 한반도가 원류라고 말한다. 문화적 원류이자 형이기에 문화와 사상을 전파하는 등 여러모로 도와주었다고 한다. 그런데도 형의 은혜를 저버리고 나라를 침략하고 강점하고는 감히 형을 자처했다. 친일파가 싫은 것도 이거다. 친일파를 민족의 배신자라 욕하는 것은 동생이 틀림 없는 일본을 단지 힘 때문에 형으로 섬겼기 때문이다. 무도武道한 짓거리 라고 본 것이다.

한국 전쟁 이후로 미국은 든든한 형 노릇을 했다. 그래서 우리식으 로 형이라고 여기고 섬겼다. 그런데 술값을 다 내줄 것 같던 형이 요즘 들어 시장을 개방하고, 자기 물건을 사라고 한다. 트럼프가 집권한 이 후로 더 심해졌다. 동생한테 삥을 뜯고 빵셔틀까지 시킨다. 도무지 형제 로서는 있을 수 없는 일이다. 미국은 형이 아니라 마치 고등학교 일진처 럼 군다. 일진을 때려 주어야 할 자상한 형이 동생을 빵셔틀 시키며 일진 짓을 한다. 한국이 미국에게 느끼는 실망감의 실체가 바로 형인 줄 알았 는데 일진이었다는 것이다. 이 역시 우리식 '억지춘향'이다.

처지를 바꾸어 보자. 형도 동생도 없는 미국의 입장에서 한국은 그저 우호적인 계약을 맺은 친구Friend다. 같이 자유 민주주의를 지킨 동지다. 자기는 아우를 책임지는 형이라고 생각하지 않는다. 우리가 바라던 형은 아니라 동등한 동지가 어려울 적에 도와주었던 것이다. 이제 형편이 나아졌으니 동등하게 지내자고 한다. 합리적이고 타당한 주장이지만 우리가 생각하는 형제간에 할 일은 아니다.

사실 그렇다. 지금껏 미국이 나서서 한국식의 '형'이라고 자처한 적은 전혀 없었다. 그저 우리만 착각했던 것이다. 소파SOFA 군사 조약 같은 불평등한 것들을 들어 보자. 불평등을 항의하는 목소리가 크다. 그런데 그들이 보기에 이 계약은 애초 도와줄 때 아쉬운 쪽에서 들고 나온 계약 사항이다. 이자를 듬뿍 주겠다는 계약을 스스로 나서서 고칠 바보는 없다. 미국의 브라더가 그렇듯 절대 아우를 책임지고 보살피는 형이 아니라 동등하고 우호적인 입장에서 주고받는 상호 계약 관계다. 가족 간의 서로 나누는 호혜互惠가 아니라 거래라는 말이다. 이렇게 생각과 처지의 차이가 만들어 낸 오해의 골은 깊다.

아메리카 인디언에게 포틀래치Potlatch라는 풍습이 있다. 족장이나 우두머리가 자기의 재산을 마을 사람들에게 베푸는 축제를 이른다. 축제를 여는 사람은 모든 재산을 여기에 쏟아 붓는다. 축제에 초대된 마을 사람들은 그저 그를 '대인大人', 우리말로 '형님!'이라 칭송하면 대인은 모든 것을 베푼다. 한마디로 골든 벨 울리고 왕창 쏘는 게 포틀래치다. 진정한 형님의 가오를 보이는 행사다.

포틀래치의 '대인'이나 우리네 '형님'이나 의미가 같다. 존댓말을 쓰며 충성으로 우러러 받들면 형님은 밥도 사 주고 술도 사 주며 어려울 때 도와주고 이끌어 준다. 하지만 모든 나라와 민족이 아메리카 인디언도 아니고 한국인도 아니다. 한국의 언어적 의미와 독특한 관계를 상대에게 강요할 수 없다. 남들이 나랑 같지 않다고 한탄해 봐야 소용없다. 상대에게 포틀래치식의 인간관계를 기대하면 세상은 피곤하고 피폐해진다. 상대에 따라, 때에 따라 다변화할 필요가 있다.

미국, 중국, 일본은 우리네 형님도 주군主君도 아우도 아니다. 그저 이익을 서로 다투고 손해는 서로 미루려는 이익 관계다. 이제 정신을 차리고 형님 이데올로기를 벗을 때가 되었다. 한국인의 눈과 가족 관계를 벗어나 세상을 바라보고 생각할 필요가 있다. 외국인에게 엽전 짓거리 하지 말자는 말이다.

序

유학생 셋

우리나라에는 잘 생기고 똑똑한 아들을 유학 보내 바보 만들고서는 나라 말아먹게 하는 유구한 전통이 있다. 신라, 고려, 조선의 똑똑한 자제들은 당唐나라나 명明나라로 유학 가서는 되도 않는 불교니 유교니 싸 짊어지고 와서는 국민 개조라며 나라를 말아먹었다. 일제 강점기 때도 일본 유학 보내니 하라는 공부는 안하고 친일이니 공산당이니 하다가 나라 두 쪽 냈다. 해방 후의 나라는 미국 유학생이 지금 이 모양 이 꼴로 만들었다. 이 세 유학생이 천 년 이상 나라를 말아먹은 셈이다. 민족 고유의 풍습이자 자업자득이니 뭐랄 것도 없다.

최근 경희대학교 교수 김종영은 『지배받는 지배자』라는 책을 냈다. 핵심 줄거리는 미국에서 열등했던 동아시아의 유학생이 한국에서는 지배 엘리트가 된다는 얘기다. 이들이 한국을 지배하면서도 미국의 지배를 벗어나지 못하기에 '지배받는 지배자'라고 한다.

우리는 보통 한국에서 우등생이었다면 『성문기본영어』는 물론이요 『성문종합영어』까지 마스터한 데다 그 어렵다는 토플에 GRE까지 좋은 점수를 받았으니 미국으로 유학 가서도 공부 잘하고 펄펄 날았으리라 착각한다. 하지만 '성문영어'나 GRE는 전혀 답이 아니었다. 너무나 당연하게도 외국인 유학생 영어는 완벽할 수 없다. 외국인이 한국어 교본 마스터한다고 대학원 토론에서 휠휠 나는 건 아니다.

영어가 완벽하지 못하니 대부분 영어 '말빨'로 미국 최고들을 모아 놓은 대학이나 대학원 박사 과정에서 한국인을 비롯한 외국인은 '열등생'일 수밖에 없다. 학계란 현지인도 언감생심일 정도로 언어의 잔치집이다. 따라서 그곳에 유학 가서 맥을 못 추는 유학생은 그저 넣어두면 생색내기 좋은 '깍두기'일 뿐이다.

깍두기 짓이나 했지만 귀국하니 한국의 그림이 다르다. 우리나라 학계나 관직은 SKY 출신의 미국 유학파가 다수라 짜고 치는 고스톱에 땅 짚고 헤엄치기다. 중요한 자리는 물론 그들이 이미 독차지한 상태다. 때문에 학계는 이들만이 북적거리는 시장터로 변해 다른 사람을 배제하는 비민주적이고 폐쇄적인 모습이다.

비민주적이고 폐쇄적으로 자기들끼리 다 해먹으면 한마디로 물이 썩는다. 처음에는 맑은 물이던 것이 썩는 게 아니라 애당초 썩어서 시작해서 더 썩는다. 그러니 연구는 탁월하지도, 창의적이지도 못하다. 물론 그렇지 않은 학자도 없는 건 아니다.

이들이 지닌 공통적인 특징이 있다. 한마디로 가진 건 없으면서 눈만 높다. 다음으로 자기가 직접 몸으로 느끼고 만들어 낸 이론이 없으므로 친정인 미국 대학이나 미국 학계에 의존성이 심하다.

비유하자면 가난한 한국 대학에서 연구하지만 마음은 항상 부잣집에 가 있는 꼴이다. 시골 초가집에서 부잣집이 갖췄을 물건을 찾아봐야 나올 리도 없고, 부잣집 기준에 맞춰 자기 초가집을 경영하니 연구나 진단

또는 실행이 가난한 현실과 맞을 수 없다. 눈높이를 미국 부잣집에 맞추고 이론까지 거기 것을 가지고 한국을 연구하니 제대로 한국이 보이지 않는다는 말이다. 그저 모자란다는 비판이나 추념만 가득하다.

미국 유학생뿐 아니다. 신라시대 당나라 유학생부터 지금까지 양상은 한결 같았다. 한자, 인도어, 터키어, 영어를 제대로 못하던 어학 실력 탓에 유학에서 새로 돌아온 선생마다 **빼놓지** 않고 하는 말이 있다. 먼저 선지자 같이 근엄한 모습으로 "지금까지 우리는 ~을 잘못 읽어 왔다!"고 외친다. 그들 말대로 하자면 우리는 2,000년 동안 공자와 부처를 잘못 읽어왔고, 1,000년 동안 주자를 오해했으며, 100년간 칸트나 다윈을 곡해했다는 얘기다. 다시 말해, 이런 논리로 보자면 이전 학문은 죄다 허당이었다고 주장한다.

그렇다고 이들의 새로운 이론이 진짜 새로운 세상을 만들 수 있는 것인가 하면 전혀 아니었다. 그저 새로운 학파를 만들 빌미를 만들 뿐이다. 이렇게 또 하나의 학파를 짜서 서로를 배척하면서 학문과 국론을 분열한다. 밥상을 새로 한 상 차린 것뿐이다. 학문이라고 말하기도 부끄럽다. 그저 종교 교단이자 밥을 위한 밥그릇일 뿐이다. 이렇게 오늘도 '그들만의 강독회'는 이어진다.

중국, 일본 유학 시대는 지나고 이제는 미국 시대다. 우리나라 대학 출신이나 다른 나라에서 유학한 실력 있는 학자도 많지만 오직 미국 유학 출신만 팔린다. 미국 박사만 우대하는 풍토에서 시간 강사를 벗어나지 못하는 국내 출신 박사, 중국이나 일본 유학 출신은 말로만 학문과 나라를 걱정하며 불만을 끓인다. 물론 이들이 걱정하는 건 자기가 맡고 싶지만 돌아오지 않는 자리다.

미국 출신 박사들이 들이대고 적용해 버린 미국식 이론 때문에 자기가 일본, 중국서 배운 이론이 무용지물이 되어 버린다고 구시렁댄다. 구색 맞춘다고 일본, 중국 유학생을 채용해도 학문적 패러다임을 미국 유학파가 다 장악해서 별로 할 게 없을 가능성이 높다.

하지만 다시 보라. 미국 출신만 우대한다고 구시렁대며 불만을 늘어놓을 이유가 없다. 중국 유학은 1,000년 이상 득세하며 우리를 중국의 속국으로 만들었고, 일본 유학도 100년간 일본 베끼기에만 열중하게 만들었다. 만일 고려시대에 유럽에서 공부한 유학생이 있었다면 임용했겠나? 조선시대는 명나라 유학생의 시대다. 만일 그때 일본이나 미국 유학생은 어땠을까? 지금 미국 유학생도 마찬가지다.

중국 유학생, 일본 유학생 그리고 미국 유학생 이 셋이 머릿속으로 그린 딴 나라 그림이 지금의 한국을 만들었다. 이들 이론 모두는 부잣집 친정에서나 통용할 그림이고 한국은 언제나 지지리 궁상의 초가집이었기에 이론은 현실을 설명하지 못했고, 현실은 이론을 따라가지 못하는 이상한 현상을 천 년 이상 겪어야 했다. 달리 말하면, 한국 역사의 천 년 동안 이들 세 유학생이 적용한 이론은 언제나 현실과 맞지 않았다. 한마디로 이들이 천 년 동안 되도 않는 이론을 가져다 비판하고 푸념하며 나라와 학문을 말아먹은 것이다.

지금껏 중국과 일본 유학생이 말아먹었다면, 이제는 미국 유학 출신 차례다. 심지어 지금은 일본에 대해서도 중국에 관해서도 미국에서 하는 일본학과 중국학을 공부해야 하는 시대다. 중국에 대해서건 일본에 대해서건 미국서 미국식으로 공부해야 먹힌다는 말이다. 당나라 유학파가 만든 신라, 명나라 유학파가 만든 조선, 일본 유학파가 만든 식민지 조선, 미국 유학파가 만든 한국은 언제나 지적인 식민지의 모습이었다.

그때나 지금이나 학계는 비민주적이고 폐쇄적인 썩은 물이다. 다행히도 미국 유학파는 명나라나 일본 유학파보다는 관대하다. 그나마 미국 유학파가 지배하는 요즘은 단순히 학파가 다르다고 숙청하거나 귀양 보내지는 않는다는 말이다. 교수 자리를 주지는 않지만 시간 강사는 시켜 준다. 심지어는 논문집에 중국 유학 출신과 일본 유학 출신 박사들의 논문까지 실어 준다.

우리의 학문적 문제의식은 이렇게 소외된다. 그래도 머리 좀 있다는 선수들이니 조금만 더 생각해 본다면 우리 학문과 문화는 더 좋아질 가능성은 있다. 언제일지는 누구도 모른다.

序 트럼프의 진짜 약발

인종 차별, 성차별, 종교 차별, 성 소수자 차별에 막무가내 국제 정치까지 막말로 점철하고 있는 비도덕적 '막가파'가 도널드 트럼프다. 전 세계가 미국 대통령 트럼프를 비난하고, 그를 지지하는 미국인까지 매도한다. 그의 인기가 이해되지 않는다고 한다. 하지만 역지사지易地思之해서 트럼프를 지지하는 미국인의 입장을 헤아려 본다면 그림은 전혀 다르다.

따져 보면 트럼프의 주장은 평균적인 한국 보수 수준이다. 그의 주장이 그리 대단할 것도 없다는 말이다. 그런데도 그가 폭발적인 인기를 누리는 이유는 지금껏 차마 꺼내지 못하던 미국 백인의 심정을 속 시원하게 대변하기 때문이다. 트럼프는 미국 중상층 백인에게 있어서 사이다와 같은 청량감을 주는 사람이다. 트럼프의 인기를 미국에서 태어나고 자란 백인의 눈높이에서 바라볼 수 있어야 세상을 보는 눈이 열린다는 말이다.

많은 이들은 미국이 이기적이라 여기지만 미국인들 생각은 다르다.

미국인들은 스스로 정의로우며 항상 타인을 배려한다고 배웠고 또 열심히 실천한다고 생각한다. 아울러 다른 나라를 인정하고 존중하면서 자신의 역할을 국제 무대의 사정에 맞게 조정해 왔다고 자부한다. 어느 정도인가 하면 코딱지만도 못한 북한의 핵미사일 위협에 시달려도 직접적으로 행동도 못하고 쩔쩔맨다. 나름 여러모로 노력을 한다고 하겠다.

미국은 뭘 해도 불공평하게 약소국을 힘으로 누른다는 비난을 받는다. 심지어 이슬람교조주의를 유지하며 악랄한 종교 억압과 인권 유린으로 유명한 사우디아라비아조차 종교 차별을 이유로 미국과 트럼프를 비난한다. 기가 차서 말도 안 나올 일이다. 자기네 종교적 입장은 하나도 바꾸지 않으면서 미국만 비난하고 있는 것이다. 이런 가당치도 않은 비난에 미국도 뿔이 날 만하다.

지금껏 미국은 힘 있고 돈 있기에 갑甲이었다. 힘 있고 돈 있어 갑질하면 좋은 것 아닌가 하고 생각할 수도 있다. 하지만 이건 예전 서부개척 시대 또는 요순堯舜시대에나 통할 얘기다. 문명국에서 갑질은 불법이자 수치다.

해외를 나가도 예전처럼 그렇게 떠들썩한 미국인은 찾아보기 힘들다. 미국도 서부개척 시절의 야생성을 잃고 문명인이 된 것이다. 어깨에 힘주고 떠들썩하던 예전 미국인의 자리를 이제는 중국인이 차지한 듯하다. 돈질 갑질로 시끄럽다는 말이다.

새로운 도덕적 주장이 득세하며 이전까지 고귀했던 갑을 우스운 갑질충蟲으로 바꾸어 놓았다. 그들의 주장에 따르면 약자와 소수자 혹은 여성의 권리는 보호받아야 한다는 것이다. 겉보기는 공리적이다. 그런데 여기에 변형된 짝퉁Pseudo 의무론을 슬그머니 끼워 넣은 것이 이 주장이 갖는 더러운 특징이다. 차별적으로 적용해야 할 소수자에 대한 배려를 보편적인 의무인양 우기는 부작용이 나타난다. 도덕이기보다는 건강하지 못하고 맛이 간 억지다.

90년대 이후 자유주의가 득세하면서 정치·경제적인 이유로 소수자의 권리를 옹호하고 차별을 금지하는 법률을 제정하였다. 의무란 인권처럼 모두에게 적용하고 지켜야 하는 것이지 소수자만을 위한 것이 아니다. 하지만 소수자만의 권익을 위한 법률을 이유로 모두가 반드시 따라야 할 도덕률처럼 포장하기 시작한 것이다. 소수나 약자를 보호하는 건 옳은 일이지만 소수나 약자라고 옳다는 보장이 있는 건 아니다. 즉, 옳음을 따라야지 소수나 약자의 주장을 따를 수 없는 것이다.

이 가짜 도덕의 게임 법칙으로 인해 강자란 더 이상 강자가 아니라 도덕적 약자로 전락하고야 만다. 다시 말해 그들의 말을 따르지 않는 지금까지의 문화와 도덕 전통은 한순간에 죄악으로 몰락하고 만 것이다. 건강하고 행복하던 전통적 공동체는 소수의 눈치나 보는 혐오 사회가 되어 붕괴일로에 놓인다.

강자는 약자의 도덕적 공격에 무방비해졌다. 따라서 현재의 갑이란 도덕적 약자이기도 하다. 미국은 이제까지와 마찬가지로 자기 식으로 나름 도와주려고 노력하면 '갑질하는 나쁜 놈'이고, 노력을 안하면 '비인도적으로 방치한다'고 욕먹는다. 자기 돈 쓰는데 이리 치이고 저리 치이니 짜증이 날 수밖에 없다. 오바마 전 대통령은 소수자의 권익을 옹호한 편이지만 어떻게 해도 욕이나 먹으니 미국 안에서 그의 한계도 명확했다.

한국에서는 갑질과 성추행은 파멸로 가는 지름길이다. 그러나 다민족 국가인 미국에서는 파멸에 이르는 지름길이 세트로 즐비하다. 특히 미국의 주류를 이루는 백인 사회에 가해지는 압력은 상상 이상이다. 단지 백인이라는 이유만으로 차별받는 것이다. 갑질과 성추행 외에도 인종,

종교, 성까지 금기는 수두룩하다. 백인은 백인이라 불러도 되지만 흑인을 흑인이라고 하는 순간 파멸이다. 황인종을 노랗다고 해도 마찬가지다. 다민족 국가에서 인종 문제나 소수자 문제가 스트레스로 다가오면 답이 없다.

또한 미국은 개신교 정신 위에 세워진 종교 국가다. 따라서 개신교를 떠나서는 미국의 사회와 문화, 정치와 경제를 이해하기 쉽지 않다. 그리스도교를 믿건 안 믿건 미국이 지향하는 전통적인 삶이 개신교 윤리로 구성되어 있다. 미국에서 말하는 자유니 정의니 모두 개신교의 맥락에서 이해해야 온전하다.

미국 문화에서 말하는 종교의 자유와 관용이란 가톨릭에 대한 개신교의 자유였다. 그런데 종교적 자유와 관용이란 이름만 떼어 내서는 다른 종교들이 끼어든다. 종교란 종교만이 아닌 정치, 경제를 포함한 총체적인 문화다. 새로 들어온 삶의 문화적 형식이 개신교적인 생활양식을 억압하기 시작한다. 굴러온 돌이 박힌 돌을 빼는 격이다.

종교의 자유란 족쇄로 인해 미국인들은 자기만의 삶과 전통을 등져야 하는 상황이 된 것이다. 매일 중동의 극단적인 테러리스트들이 미국인 목을 잘라 유튜브에 올려도 이슬람을 비난하면 곧장 파멸이다. 테러리스트와 외국인 범죄에 그렇게 당해도 외국인 차별이 담긴 발언을 한다면 그 또한 황천길이다. 개신교 교리에서 말하는 성 윤리나 남녀 문제를 말해도 매장이다.

미국 백인이 트럼프를 선택한 건 달리 말하면 "내 삶을 돌려달라"는 외침인 것이다. 이슬람은 전통 복장을 하고 자기 종교적 신념과 생활을 해도 무방하지만 백인 개신교도는 십자가 목걸이도 못 건다는 불평등을 호소하는 것이다.

예를 들자면, 이슬람 전통에서 여성은 히잡이나 부르카 같은 걸로 얼굴을 가린다. 서양 전통에서는 얼굴을 내놓는다. 서양의 법도를 따라 프랑스와 일부 유럽의 학교에서 이를 금지했다. 종교적 차별금지까지 곁들인 이 조치는 유럽을 살아가는 시민이라면 당연히 따라야 할 일이다. 하지만 이슬람 등이 도덕적, 종교적 저항을 했다. 모든 것이 이런 식이다. 프랑스 학교에서는 십자가 목걸이조차 금지다.

미국에 대한 비난도 대부분 도덕적이다. 하지만 미국인 입장에서 본다면, 이제껏 하던 일이 도덕적이라 굳게 믿고 배우고 살아왔다. 이슬람의 브루카나 미국의 신념은 별 다를 게 없다. 하지만 부르카는 도덕이고 미국 전통은 부도덕해졌다. 이제 미국에서 전통적으로 살면 저절로 죄인이 되는 세상인 것이다. 미국을 지탱하는 중심축인 '개신교를 믿는 백인 앵글로 색슨WASP'의 세계와 사회에 대한 신념이 흔들리는 대목이다.

하지만 보라. 이슬람이 옳다면 크리스천도 옳아야 하고, 흑인이 권리를 갖는다면 백인도 그만큼의 권리를 가져야 하는 것이다. 백인이라는 이유만으로 실력이 있어도 흑인이나 아시아인에게 대학 입학을 양보해야 하는 건 불공평Unfair하다. 하지만 현실은 대다수인 백인 차별이다.

트럼프는 이제 내 돈으로 내 인생을 나를 위해 쓰겠다고 말한다. 소위 '미국 먼저'가 이것이다. 안팎으로 치여 짜증나고 피곤해 못살겠다는 말이다. 트럼프 지지자의 심정이 이것이고 트럼프는 바로 이 부분을 파고든 것이다.

만일 우리나라 대선 후보를 다른 나라가 그렇게 비난했다면 가만히 있을 수 있을까? 우리 전통적인 가치가 무참히 비난당하고 짓밟히면 참을 수 있을까? 우리나 사우디아라비아와 마찬가지로 미국도 종교와 전통적 가치로 지탱되는 사회다. 다만 폐쇄적인 다른 문화와 달리 미국은

'자유와 개방'을 전통적 가치로 삼았을 뿐이다. 자유롭게 개방했다고 내 삶마저 유린당해야 하는가? 미국 백인의 질문이 바로 이것이다. 미국 백인은 미국의 전통적 가치가 부정당하는 현실에 결코 마음이 편할 수가 없었던 것이다.

미국 백인들이 받는 스트레스 역시 폭발 일보 직전일 수 있다. 트럼프는 바로 그런 미국 백인의 느낌을 말해 주고 있다. 그는 미국이 처한 도덕적이고 문화적인 관용과 전통이라는 딜레마에서 과감하게 한쪽을 걸어 버리고는 자신의 전통을 선택한 것이다. 달리 보면, 미국의 다수인 개신교를 믿는 백인이 자기의 문화와 삶을 자기가 지키겠다는 선언이다. 소수자나 약자의 자기 선언과 다를 바 없는 자기 선택이자 커밍아웃이다. 반대하려면 동등하게 먼저 사우디아라비아와 중국을 비난해야 할 것이다.

미국이라는 슈퍼 파워를 이루는 근저에는 이해와 관용, 혼용과 단결이 흐르고 있다. 중국을 비롯해 역사상 어느 제국도 이르지 못한 가치다. 이 가치야말로 미국을 만들어 낸 이념이다. 감성적 전통의 어두운 그늘을 파고드는 트럼프의 막말과 도발이 관용의 전통을 한 순간에 무너뜨릴 수 없는 일이다. 트럼프조차 미국이라는 전통이 부여한 룰 안에서 움직여야 한다는 말이다.

아마도 미국이 관용의 가치를 잃는다면 이전까지 보여 왔던 역사상 가장 관용적인 슈퍼 파워라는 위상을 잃을 것이다. 미국이 싫다고 쉬이 욕하지 마라. 두려운 건 관용을 잃은 미국이고 더 두려운 건 미국이 사라진 아비규환의 세계다.

序

중화반점 영업 방침

입술이 없으면 이가 시리다. 미국의 대통령 트럼프라는 북풍한설에 중국의 이는 몹시 시리다. 한류, 수출, 여행을 제한하고 군사 행동까지 서슴지 않는 건 우리더러 다시 조선시대처럼 입술 노릇을 하라는 으름 장이다. 북한이라는 깔깔이는 너무 얇으니 한국더러 두꺼운 패딩 노릇 을 하라는 말이다. 하지만 미안한 대답이지만 중화 대국大國에 한없이 머리 조아리고 소중화小中華를 자처하며 조공을 바치던 예의 바른 빵 셔틀은 이제 없다.

그럼 고대 중국부터 보자. 기원전 10세기경 고대에는 주周나라를 '중국' 이라 하였다. '국國'이란 글자가 보여 주는 그림대로 하나의 도시를 의미 한다. 그래서 '중국中國'이란 낱말은 성벽을 둘러친 도시 국가였다.

주나라의 왕은 서주西周의 수도였던 호경鎬京으로 제후들을 불러들인 다. 모두 희씨姬氏 성을 쓰는 친척 동생들이다. 일족이 모이면 서로 '민증'을 까 서 족보를 확인하며 형 동생하며 유대를 돈독히 했다. 왕에게 공물貢物을 바치고 손발을 자처하며 충성을 맹세하면 왕은 덕담과 함께 작위와

봉토를 선물로 하사한다. 친척들과도 그렇게 선물을 교환했다. 이게 당시의 국제 외교이자 무역이었다.

이후 세력을 넓혀 한漢나라에 와서 '중국'은 넓어지고 의미를 확장하여 '중화中華'로 변한다. '중'은 핵심이고 '화'는 문화다. 손바닥만 한 이전의 도시 국가國에서 탄생한 개념으로는 어찌하기 어려우니 여기에 '문화'를 갖다 붙여 의미를 넓힌다. 이런 논리로 한족漢族만이 세상의 중심이자 최고의 문화 민족이라는 신화가 탄생한다.

중화사상은 빛나는 문명 가운데中에는 중국인이 살고 야만인은 동서남북東西南北이란 시골 변두리野에 산다고 가정한다. 이런 문명-야만의 차별이 바로 화이華夷사상이다. 동네 중화中華요리의 중화가 사실은 선민의식으로 꽉 들어찬 살 떨리는 주장이었던 것이다.

문화 민족인 한족漢族은 자신과 무식한 오랑캐 남만南蠻·북적北狄·동이東夷·서융西戎을 차별했다. 문화와 야만으로 구분한 것이다. 여기서 우리는 동이 오랑캐에 해당한다. 중화의 신학에 따르면 천자天子는 하늘을 대신해 불쌍한 오랑캐를 가르쳐敎化서 세상에 문명과 질서를 가져온다고 한다.

왕은 중원 도심에서 촌구석 변방까지 문명과 질서로 '온 세상天下國家'을 발아래에 둔다고 우긴다. 촌놈도 왕이 준 문명이라는 은혜를 입기에 이를 '왕화王化'라 한다. 야만인조차 교화하니 중화로 온 세상을 통솔하는 것이다. 온 천하가 왕 아래이니 사실상 국경 개념도 있을 수 없었다. 가르침이 있으면 거기가 바로 중화다. 이런 개드립보다는 차라리 짜장면이 있으면 그 나라는 중화라고 하는 편이 낫다. 이게 중국적 세계 정복의 로드맵이다. 자기만 문명인이기에 온 세상이 아침저녁으로 중화요리만 먹으라는 말로 들릴 지경이다.

그런데 이 도시 국가의 문명 개념은 꼭 중국만이 아니라 고대 로마에서도 유사했다. 로마라는 문명을 지키는 오랑캐와 야만족을 구분하였다. 로마의 용병 노릇을 하며 설설 기던 게르만German과 고트Goth족은 문명의 친구였지만 말 안 듣고 침략을 일삼던 훈Hun족과 반달Vandal족은 문명의 파괴자라고 적대시했다. 로마 역시 오랑캐를 울타리 삼아 문명과 문화를 자처한 일종의 중화였던 것이다. 이게 제국의 모습으로 드러나면서 팍스 로마나Pax Romana라 했다.

그러다 둘은 길이 달랐다. 중화는 지역적으로 중원中原을 벗어나지 않지만 로마는 지역을 뛰어 넘었다. 로마는 종족과 언어까지 벗어난다. 지역과 시대를 거쳐 이 나라 저 나라로 옮겨 다닌 로마는 신성로마제국을 거쳐 이제 아메리카로 강림했다. 팍스 아메리카나Pax Americana가 그것이다.

팍스 아메리카나, 결국 이 말을 하려고 장황한 설명을 했다. 한나라와 로마가 처음 만난 이천 년이 지나 돌고 돌아 미국과 중국이란 타이틀로 다시 자웅을 겨루는 사건이 벌어진 것이다. 둘 다 문명의 중심이자 황제라고 내세운다. 또 모두를 자기가 정한 질서아래 평화와 문명을 이룬다는 개념을 왕화와 팍스로 제시했다. 이제 둘이 본격적으로 '맞장'을 뜰 시간이다.

첫 번째 맞장은 이렇게 시작한다. 1648년 베스트팔렌조약 이후 비록 국력의 차이는 있을지언정 주권을 갖는 모든 나라는 수평적 관계라 정하였다. 하지만 청淸나라는 수평적 관계를 거부하고 외국 사신에게 바닥에 엎드려 황제에게 절하는 고두叩頭와 조공을 요구했다. '왕화'의 입장에서 서양 오랑캐洋夷와 통상은 당연히 무조건 불평등한 '조공朝貢'이어야 한다는 중화스러운 주장이다. 이에 네덜란드는 납작 엎드렸지만 세상 꿀릴 것 없었던 영국이 거부하며 통상은 깨진다. 이후 청은 아편전쟁에서 영국에게 대패하며 어쩔 수 없이 수평적인 통상을 받아들일 수밖에 없었다. 팍스에 중화가 깨진 것이다. 그때부터 지금까지 깨진 역사가 삼백 년이다. 많이 아팠고 오랫동안 이를 갈았다.

개 버릇 남 주겠나? 중국은 자기만 잘났다고 우기는 조공을 포기한 것은 아니다. 아니 자기네 중화종교를 절대 포기할 놈들이 아니다. 단지 힘이 달려 말을 못하고 있었을 뿐이지 호시탐탐 로마를 꺾고 군림君臨의 기회를 노리고 있었다.

중국은 두 번째 맞장을 준비한다. 1980년대 덩샤오핑이 선언한 외교정책 도광양회韜光養晦란 "재능을 드러내지 않고 참고 기다린다"는 뜻이다. 주먹도 공부도 돈도 못 미치니 아니꼬워도 참고 기다린다는 뜻이다. 어쩔 것인가? 성질대로 하다가는 왕따는 따 놓은 당상이니 열심히 베끼고 커닝하는 길 밖에 없었다.

이후 "평화롭게 우뚝 선다"는 후진타오의 화평굴기和平崛起 역시 패배를 설욕하기 위해 '어쩔 수 없는' 조치였다. 그래도 이전에 비교하면 뭔가 느낌이 다르다. 비록 화평을 넣었지만 이 가는 소리가 들리는 듯하다. 이전에는 머리를 숙이고 감히 눈도 마주치지 못했지만 이제는 머리를 들고 교실마다 돌아다니면서 실실 웃어 가며 나름 새 일진으로 얼굴을 알리려고 한다.

오늘날 시진핑의 "신형대국관계新型大國關係"는 여기서 한 발 더 나아갔다. 더 이상 고개 숙인 삼진이나 이진이 아니라 이제는 나도 일진 대우를 해 달라는 선언인 것이다. 삥 뜯을 기세로 주먹에는 너클을 끼고 돌아다니며 겁을 준다.

그럼, 누가 중국을 일진으로 인정해 줄 것인가? 학교에서는 일짱이 인정해야 일진에 들어갈 수 있다. 그렇다면 답은 뻔하다. 얼마 전에 시진핑은 트럼프와 만났다. 시진핑은 일짱에게 일진으로 인정해 줄 것을 요구한 것이다. 하지만 트럼프는 오바마처럼 부드러운 협상을 하지 않았다. 거래의 귀재라서인지 한 성깔 보이며 협상 카드를 내민다. 트럼프는 맨입으로 중국을 일진에 넣어줄 인물이 아니다.

일짱 트럼프는 선방을 날려 주먹 한 방의 위력을 보여 주며 조건을 걸었다. 먼저 자꾸 시비 걸며 깝죽거리는 북한이라는 너희 구역 똘마니 하나 손보라는 으름장을 놓는다. 이 시험을 통과하면 일진에 껴준다는 조건이다. 이 사이에 빵셔틀 대한민국이 끼어 있다. 우리의 비극이 이것이다.

북한 처리는 중국으로서도 쉬운 일은 아닐 것이다. 북한은 사실 중국의 행동대원역을 충실하게 했다. 중국이 직접적으로 손대기 껄끄러운 궂은일을 앞장서서 해결하던 해결사이자 싸움에서 앞장서 돌진하던 탱커Tanker다. 북한을 처리하면 더 이상 중국은 앞으로는 웃으면서 뒤로는 지저분한 짓을 못한다. 즉 북한 없이는 더 이상 자기는 점잖은 척하는 말끔한 페이스를 유지할 수 없다는 말이다. 하지만 처리하지 않는다면 일진에 들지 못한다. 이러지도 저러지도 못하는 상황이다.

게다가 묻으려 해도 해결사 탱커라 나름 한 방이 있는지라 반항이 거세다. 심지어 핵까지 개발했다. 아무리 요구해도 쉽지 않은 상대다. 교활한 일짱의 농간에 중국은 딜레마에 빠진 것이다. 심지어 미국은 중국을 빼고 직접 해결하려고 하고 있다. 여기서 빠지면 일진 노릇은 힘들다.

중국에서 '중화'는 종교다. 결코 죽지 않는다. 다만 말투만 바꿨을 뿐이다. 따라서 중국이 일진에 든다면 언젠가 일짱에 도전하려고 할 것이다. 오랫동안 되풀이되던 역사의 재현이다. 게다가 조공도 현대화했다. 대표적으로 들 수 있는 예는 중국이 강하게 요구하는 '하나의 중국 선언'이 바로 일종의 현대식 조공이다. 일종의 충성 맹세 꼼수라 하겠다.

중국은 미국이나 유럽은 말할 것 없고 지원 및 통상을 원하는 아프리카 나라까지 '하나의 중국'만 인정하라고 요구한다. 중국과 무역이나 통상조차 이를 수용하는 조건에서 가능하다. 일종의 세계 길들이기다. 절하며 충성을 맹세하라는 말을 현대적으로 부드럽게 표현한 것이다. 중국의 이런 충성 요구가 얼마나 집요한가 하면 내전으로 몸살을 앓던 수단에게까지 예외 없이 요구했을 정도였다. 반대로 말하자면 중국의 가장 큰 약점 역시 '하나의 중국'에 대한 거부다.

트럼프가 당선되면서 대만 총통과 한 전화는 그래서 청천벽력이었다. 미국이 중국의 조공 체계와 충성 서약에 수정을 가한 것이다. 중국은 패닉에 빠져 히스테리를 부렸다. 중국의 히스테리는 이번이 처음은 아니다. 트럼프는 대통령이 되자마자 중국의 히스테리를 끌어 낸 것이다.

2007년에 카리브해의 영연방 국가 세인트루시아St. Lucia가 대만을 주권 국가로 인정했다. 이에 격분한 중국은 세인트루시아에 압력을 가한다. 당시 카리브해에 있는 군소 국가들은 대만과 중국 둘과 동시에 수교하고 있는 경우가 많았다. 이에 중국은 카리브 지역 10만의 인구를 가진 작은 나라의 선거에 개입해 '하나의 중국'을 지지하는 후보자에게 10억 달러 지원을 약속하기도 했을 정도다. 하지만 세인트루시아에게는 돈도 압력도 먹혀들지 않았다. 그러자 중국은 적반하장으로 UN에서 이들을 '내정 간섭'이라는 이유를 들어 공격하기까지 한다. 이로 보아 히스테리의 강도를 알 수 있다.

'참고 기다린' '화평'은 '대국'으로 변하면서 결국 속내인 부국강병의 이빨을 드러냈다. 더 이상 입가에 사람 좋은 웃음을 띠며 여기저기 얼굴을 알리고 다닐 필요가 없다는 것이다. 이제는 으르렁거리며 이빨을 드러내

힘을 보일 단계다. 조금만 더 나가면 어깨에 힘주고 무게 잡는 일진에 들 수 있을 것으로 기대해서다.

일진에 들려면 주변 애들을 거느릴 필요가 있다. 마치 한나라 때 동서 남북의 야만국을 똘마니로 거느리듯 말이다. 하지만 아쉽게도 중국에게 는 오랑캐 똘마니가 없다. 북은 러시아, 서는 인도 남은 베트남이다. 모두 녹록지 않다. 겨우 남은 게 동쪽의 북한뿐이다. 이도 조만간 처리해야만 할 운명이다. 북한은 추위를 막기에 너무 얇고 미미한 홑겹 깔깔이다. 이가 시리고 몸이 떨린다. 한국이 절실히 필요한 때다.

어찌 보면 중국의 사드 보복이란 우리에게 다시 중화를 위한 입술이 되라는 우격다짐이다. 옛날처럼 오랑캐 동이로 돌아와 충성을 바치라는 말이다. 대국을 섬기던 소국으로, 중화에 소중화小中華로 복귀하라는 신호 다. 너희 같은 야만인을 중화의 문명권에 넣어준 망극한 성은에 보답하는 손발 노릇을 하라고 윽박지르고咄咄逼人 있는 것이다.

지금 팍스 아메리카나조차 팍스Pax를 떼려 하고 있다. 미국이 더 이상 세상에 자기의 질서를 강요하지 않는다고 해서 메이드 인 차이나가 미국을 대신하여 중화요리를 강요할 수 있는 건 아니다. 역사적 행위로 보건데 중화 문명은 온 세계를 교화할 문화의 자격을 갖추지 못한 옹졸한 문명 이었다.

대국이니 중화니 하면서 거들먹거리며 우리를 소국小國 취급하지만, 사실상 우리에게는 그들에게 보답해야 할 망극한 성은도 남지 않았다. 조선처럼 스스로 소중화小中華를 외치며 반식민지 노릇할 이유도 의미도 없다는 말이다.

동네 양아치보다는 전국구 조폭이 더 점잖은 법이다. 그래서 조폭은 양아치 짓은 하지 않는다. 아직 조폭이 뒤를 봐주고 있는데 양아치 무서워서 립글로스 바르고 양아치 중화의 입술을 자처할 이유도 필요도 없다.

요즘 먹어 보니 중화요리보다 한국 요리가 더 탁월하다는 느낌이다. 입에 착착 감긴다. 이참에 우리도 한화韓華사상을 내세워도 좋으리라. 그래도 국뽕은 싫다.

序

도올 김용옥이 간과한 중국

우리가 수천 년간 몸 부비며 마주했던 문명이 차이나China다. TV 철학 강의 '차이나는 도올'이 말하는 곳 역시 바로 거기다. 마주 보고 바라보던 대륙이었던 만큼 애증도 크다. 문자, 문명, 학문, 지배와 피지배, 영욕으로 얼룩진 역사다. 그 가운데 비교적 최근에 입은 가장 큰 상흔傷痕을 준 것은 유교儒敎일 것이다.

도올은 차이나의 고대 선진先秦 사상인 공자와 맹자에서 유럽 문명을 뛰어넘는 리니언트(관용)를 기대한다고 한다. 오래 같이 지내온 날들의 흔적 때문인지 많은 이들이 도올에 동의하고 중국 시장 개방에 희망을 걸며 투자한다.

과연 그럴까? 사실상 전혀 아닌 망발이다. 중국은 말만 대국이고 입만 대인배다. 최근 사드 보복으로 드러났지만 역사적으로도 그들이 이익 없이 관용을 보인 적은 한 번도 없었다. 인의예지仁義禮智 같은 미덕을 노래하는 유교나 유학 역시 말과 행동은 전혀 달랐다. 그저 한족漢族 민족주의가 건물이나 관공서 벽에 붙이는 표어일 뿐이었다. 중국인들은

"독하지 않으면 장부가 아니다"라고 말한다. 그렇게 그들은 독하다.

유교란 선진시대 공구孔丘라는 사람으로 시작된 종교, 학술 체계다. 공자가 살았던 춘추시대는 전쟁과 반란이 끊이지 않았던 야만과 폭력, 그리고 무질서의 세계였다. 전국시대에 들어서는 한층 더한 전쟁과 무질서로 점철한다. 공자는 이전 왕조가 이룩했던 찬란한 문명과 질서를 회복하여 야만과 폭력을 종식시키고 싶었다.

공자가 흠모해 마지않았던 주周나라는 노예제, 봉건제, 귀족 제도를 국가 기강으로 삼았다. 때문에 공자는 수백 년 전 망해 버린 주나라의 노예제와 귀족 제도를 지지하는 회고적이며 보수적인 인물이었다. 100여 년을 착각한 돈키호테에 전혀 뒤지지 않던 시대적 지진아다.

공자가 강조한 주나라 정신은 예禮였다. 예란 행동의 에티켓이나 도시를 건설하거나 기물을 만들 때 기준 또는 일의 순서나 기준을 의미한다. 현대어로 바꾸자면 국제 규격인 미터법이다. 그뿐 아니라 계급에 따라 차등적인 대우이기도 하였다. 다스림에도 귀족에겐 문명의 방법인 예를, 백성民에겐 야만적인 형벌刑罰을 적용했다.

유교는 한漢나라 이래로 수천 년간 차이나를 지배하는 이념으로 자리 잡는다. 한족漢族의 아이덴티티를 만들어 내기도 한다. 야만과 폭력을 극복하고 문명을 회복하는 일이 바로 국가와 정부의 목표였다. 결론은 한족이 문명이고 이외의 족속이 야만이었다.

조선에 본격적으로 들어온 유학의 한 학파는 주희朱熹가 정리하고 종합한 성리학性理學이었다. 성리학은 요즘 식으로 말하자면 서양 우월주의를 식민지에 주입하던 오리엔탈리즘Orientalism과 별 다를 바 없었다. 한족 이외의 이민족을 야만적인 오랑캐로 바라보는 중국판 오리엔탈리즘이다. 한족 우월주의와 국수주의로 가득한 대표적인 유학 학파가 바로 성리학이었던 것이다.

성리학에는 금金나라의 위협에 시달리던 남송南宋에 살던 주희가 가졌던 두려움과 적개심이 사상에 절절히 배어 있다. 당唐나라에서 시작한 신유학은 외국인 배척과 한족 국수주의의 색을 띠고 있었다. 한족이 아닌 몽고 출신의 원元나라 같은 이민족 왕조가 성리학을 채용한다. 이민족 다스리기에 딱 좋은 사상이라는 것이다. 청나라와 조선의 쇄국 정책도 여기에 근원을 두고 있다.

이민족인 조선 역시도 '지가 자신을 배척하라'는 한족 민족주의 사상인 성리학을 미친 듯이 수입한다. 이 사상에는 중화를 숭상하고 이민족끼리 서로 배척하는 일종의 좀비 바이러스가 담겨 있다. 청나라한테 개기다 깨진 병자호란도 결국 성리학 탓이었다. 성리학이야말로 이민족을 통제하는 전술인 이이제이夷夷制夷를 위한 가장 적절한 사상이었다.

한편 중국은 공자로부터 2,500년간 유교 경전 가득 예禮를 말하고 있지만 정작 예로 다스리라는 공자의 이념을 실제로 실천한 적이 없다. 백성이 가장 중하다면서도 자신을 개나 돼지를 치는 목자牧者로 자처한다. 백성을 개돼지로 여겼다는 말이다. 문명과 문화적인 처신에 목소리를 높이지만 정작 백성에 대해서는 폭력과 야만으로 다스렸다. 중화 안에서조차 계급으로 중화와 오랑캐로 나눈 것이다. 그렇다. 중화의 진정한 면목은 문명의 얼굴을 한 야만이었다.

조선의 지배층은 자신을 한족이나 중화와 동일시하고 민중은 이민족인 양 차별하였다. 오늘도 이 모습을 지속하고 있다. 태극기 집회의 성조기와 '종북 좌파'가 바로 동일한 논리를 이용한다. 성조기를 펼쳐들고 자신을 미국과 동일시하면서 반대자에게는 인륜을 저버린 짐승이나 다름없는 종북 좌파라고 프레임을 씌운다. 그들은 우파에게는 인간

대우를, 종북에게는 짐승 대우를 외친다. 그렇게 성리학이란 인간과 짐승을 구분하기 위한 학문이었고 조선의 학술과 역사도 서로 차별과 배척을 근간으로 삼던 성리학의 승리였다.

입으로는 중中과 화華라는 문화를 노래하지만 사회는 실상은 야만적인 가혹하면서도 무거운 형벌로 이어갔을 뿐이다. 유교적인 정책을 실행하는 현대 싱가포르에는 아직도 매를 때리는 벌이 있다. 얼마 전까지 우리네 학교에서도 가르침을 핑계로 매를 들었다. 폭력은 교육이 아니니 매를 든다고 아이들이 교화되지 않는다. 전교조를 비난한다고 해서 아이들이 다시 극우로 돌아가 성조기를 들지 않을 것이다. 유교 역시 마찬가지다.

서양과 달리 차이나에는 인권, 평등, 자유에 대한 개념조차 없다. 머릿속에 개념이 없으니 실천도 있을 수 없다. 개돼지 취급당하던 백성을 예로 대한 곳은 위대한 차이나가 아니라 근대 유럽이었다.

차이나가 이룬 문명과 이념이 고귀하다고 찬양하든 서양이 미개하다고 비난하든 이념을 실천한 곳은 서양이다. 공개적으로 목을 자르던 야만적인 형벌 제도를 금하고 공평한 재판과 교도소 제도를 통한 교화를 도입해서 인간을 인간으로 대우한 곳은 중국이 아니다. 민주주의 역시 그렇다. 최초로 백성이 중하다고 소리를 높였건, 위대한 정치적 미덕을 보였건, 내 목을 자르는 칼을 부러트린 건 차이나가 아니라 서양의 업적이다. 지금 우리는 누가 유학을 지지하든, 자유사상을 지지하든 차별하지 않는 자유롭고 관용적인 세계에 살고 있다. 이 관용도 결코 차이나의 업적은 아니다. 그리고 우리가 추구하는 대부분의 가치도 잘났다는 차이나가 아닌 근대 유럽이 투정으로 일궈낸 열매다.

도올의 말은 이래서 틀렸다. 수천 년 전에 누가 얼마나 위대한 생각을 했건 그리 중요한 게 아니다. 공상은 누구나 한다. 인자한 선생에 대한 전설도 소용없다. 선생과 상관없이 나를 때리는 몽둥이는 아프다. 심오한 가르침보다 매질을 하는 몽둥이를 부러뜨려주는 손이 고맙다. 위대한 사상도 실천이 없으면 개구라다. 입만 동동 떠 교언영색하는 유학자보다 한 생명이라도 귀중히 여기는 게 더 고귀한 행위다.

차이나는 애석하게도 2,000년 동안 위대한 지혜를 가져다 말장난만 해 왔다. 리니언트를 말하면서 백성의 목을 자르고 사지를 갈랐다. 말장난과 모략謀略 그리고 야만과 폭력으로 세상을 유지해 왔다.

그 선봉에는 야만의 차이나를 화려하게 금칠한 한족의 민족 종교인 유교가 있었다. 바로 『논어論語』나 『중용中庸』 따위다. 입만 문화고 말만 예의다. 인륜을 들어 지배자의 이익을 위해 국민에게 희생을 요구하고, 인仁을 말하면서 국민을 개돼지로 여겼다.

도올이 말하는 선진의 리니언트가 바로 이것이다. 예수는 금방 다시 온다고 했다지만 2,000년간 오지 않았다는 건 오지 않겠다는 뜻이다. 공자가 실현해야 할 이상이라 강조하고 국교로 삼아서도 2,000년 동안 실현하지 않았다는 건 실현하지 않겠다는 강한 의지다. 선진의 리니언트라는 게 허망한 공염불인 것이다.

수천 년 동안 차이나는 불관용의 대륙이었다. 우리와 맞물린 2,000년이 그랬다. 그들은 한 번의 관용도 보여준 적이 없는 야만의 문명이다. 다시 올 2,000년도 그리 기대할 것 없다. 그들은 다를 바도 없으며, 그럴 의향도 보이지 않을 것이다. 도올이 말하는 리니언트란 한마디로 소중화나 마찬가지로 중국바라기 조선인의 자위행위masturbation일 뿐이다.

야만이라서 차이나는 슬픔이다.

序 북한이라는 종교

정치는 최고 최대의 오락이다. 국내 뉴스의 시청률이 높은 이유, JTBC의 손석희가 최고의 주가를 구가하는 것도 정치가 재미있어서다. 오락은 정치나 개그맨이 아니라 먹방이나 예능까지 다양하다. 개그도 시대에 따라 변해 〈웃으면 복이 와요〉부터 〈개그콘서트〉로 확대 재생산을 한다. 정치도 그렇다. 뉴스와 정치가 사실은 오락이기에 오락끼리 흥행을 두고 치열하게 경합하는 세상이다.

정치는 팀별 리그를 벌이는데 선거철이면 새누리팀은 북한 전법을 자주 사용한다. 최근 들어 중국의 치졸한 사드 보복과 트럼프의 북한 압박이 화제다. 종래 새누리는 '압박'과 '붕괴' 전법을 주로 사용해 왔다. 심지어는 '암살' 카드까지 들고 나왔었다. 현재는 중국과 트럼프로 인해 흥행 성적이 급격히 떨어진 상태다.

문제는 새누리의 이런 카드들이 효과가 없다는 데 있다. 연도만 바꿔가며 통일을 예측하는 점쟁이의 점괘나 크게 다를 바가 별로 없다. 게임이란 상대 팀이 반응해야 하고 그럴 듯해야 재미나 관점이 생기는 법이다.

뭔가 합리적이고 흥미로운 접근이 빠졌기에 새누리의 카드는 김이 빠졌다.

세상에는 여러 종교가 있다. 하지만 대부분의 공산 국가는 종교를 금지한다. 마르크스가 종교를 '인민의 사고를 마비시키는 아편'이라고 못 박고는 금지했기 때문이라고 한다. 하지만 속내를 들여다보면 그림은 상당히 다르다. 이는 이슬람 국가에서 이슬람법인 샤리아를 적용하여 다른 종교를 금지하거나 부분적으로만 허용하는 것과 유사하다. 유대교의 야훼가 "내 앞에 다른 신을 두지 말라"고 하며 '다른 신'을 언급한 것과 마찬가지다. 바로 공산주의라는 종교도 내 앞에 다른 종교를 두지 말라고 하며 자기가 종교라는 것을 방증한다.

마찬가지로, 민주 국가에서 종교의 자유가 있는 것은 민주주의란 종교가 아니라는 착시현상을 주기 때문이다. 민주주의도 속내는 종교다. 그것도 무척이나 교활한 종교다. 신을 믿건, 자본주의의 신인 돈을 믿건 민주주의의 원리만 믿고 지키면 된다는 것이다. 중세에나 통하던 종교와 정치의 분리가 아니라 민주가 모든 것 상위에 있는 종교라는 뜻이다.

민주 국가에서는 법과 세금이 가장 중요한 교리다. 민주의 교리를 지키는 한 하위의 어떤 신앙이든 한껏 자유롭다. 즉 민주 사회에서 종교인은 민주주의라는 종교와 자기 신앙이라는 두 종교를 믿는 셈이다. 이슬람이 민주주의를 거부하는 이유도 민주주의의 종교성을 거부하려고 하기 때문이다. 민주주의를 이슬람법인 샤리아 위에 놓기 싫다는 항변인 것이다.

어떤 종교든 강하게 믿는 사람들이 있다. 이런 사람들은 모든 일을 하느님의 은혜나 부처님의 자비라고 한다. 모든 일의 원인이 하느님이나 부처님이라는 것이다. 따라서 자신의 모든 것은 신의 은총의 결과라고 믿는다. 원인은 신神이고 결과는 나와 가족과 주변의 행복이다. 우리나라의 신흥 종교인 '박정희교'도 마찬가지다. 불신자의 입장에서 그리스도교,

불교, 이슬람교가 비합리적이고 어이없는 미신으로 보여도 믿는 자들은 모든 원인을 신의 은총이라 믿는다. 박정희교도도 모든 것을 박정희의 은총이라 믿는 한 신자는 그 논리를 벗어날 길이 없다.

조선 왕조는 모든 일의 원인에는 왕과 조상의 은덕이 있다고 말하는 유교를 신봉하던 곳이다. 조선은 이 신앙으로 '대동단결'했었다. 조선은 이상할 정도로 오래 지속한 왕조다. 이를 이상하게 여겨 명明나라, 청淸 나라 그리고 일본에서도 조선이 곧 붕괴하리라는 이론을 내놓기도 했었다. 망하지 않기에는 조선의 꼬라지가 말도 안되는 개판이었기 때문이다. 하지만 꿋꿋이 500년을 버텼다. 아주 더럽게 망했지만 겉으로 보아서는 직접적으로는 일제의 점령이지 내부적인 붕괴가 아니었다. 이게 조선의 특이점이다.

대부분의 종교국의 더러운 꼬라지는 조선과 유사하다. 모든 것의 원인 이 왕의 은총에 있는 한 절대 내부적인 모순으로 붕괴하지 않는다. 아니 상상할 수조차 없다. 북한도 다를 바 없다. 그러니 북한을 두고 콩 놔라 팥 놔라 해봐야 한국 정치 예능프로그램의 만담일 뿐이다. '붕괴론'이나 '암살론'이거나 대부분 그런 망상이다. 일단 북한을 우리의 관점으로 민주 국가라 오해하고 이야기를 끌어가면 답이 없다는 말이다. 우리나라의 예측은 몽땅 공상 소설이나 다를 바 없다.

북한은 국민 투표로 나라의 대표를 뽑는 곳이 아니다. 시작부터 김일 성이 전능한 은총으로 세운 나라다. 그러니 그곳에서는 김정은의 '은총' 이나 '망극한 성은'이 모든 것의 원인으로 작용한다. 은총을 부정하고 넘어서려는 순간 북한이라는 우주는 무너지고 세상은 사라진다. 신앙 이기 때문이다.

북한에서는 '인권'조차 인민의 타고난 것이 아니라 지도자가 준 것이다.

언제든 거두어 가도 뭐라 할 수 없는 것이다. 먹는 것도 그렇다. 배불리 먹으면 지도자의 은총이고 못 먹으면 충성이 부족해서다. 모든 것이 백두 혈통의 하해와 같은 은혜에서 비롯한 것이니 어떤 이유를 대건 내부 붕괴는 있을 수 없고 저격조차 소용없다.

조선에서는 세종의 아들 수양대군이 역모를 일으켜 조카를 죽이고 세조가 되고, 능양군은 반정으로 광해군을 몰아내고 인조가 되었다. 북한도 다를 바 없다. 암살이 있으면 또 다른 왕손이 뒤를 이을 것이다. 암살로 내부 붕괴하리라는 기대는 씨알도 먹히지 않을 소리라는 말이다. 따라서 암살 같은 헛짓은 원수로 척지는 일이다.

민주 국가에서는 누가 어떤 종교를 믿던 민주 원칙과 법을 위배하지 않는 한 서로를 존중한다. 그래야 다양한 종교의 공존이 가능하다. 민주주의라는 교리가 그렇게 생겼다. 하지만 북한은 중동의 이슬람 국가들처럼 법과 종교가 일치하는 신정神政 국가다. 민주나 이성을 믿지 않는다. 그들에게 이성이란 단지 신인 김일성 일가의 은총의 빛Lumena Gracia이다. 여기에 민주 국가에 적용할 원칙을 들고 나와 이러니저러니 평가를 내는 건 쇼일 뿐이다. 달리 말하자면 불교도에게 그리스도교 원리를 들이대며 판단하는 것이나 다름없는 짓이다.

저격이나 붕괴는 '종북 교리'나 '박정희교'와 마찬가지로 새누리교의 교리일 뿐이다. 확장성도 떨어지는 자기만의 자위 교리인지라 신도도 점점 줄고 있다. 이제는 국내 정치 리그에서조차 잘 먹히지 않는다. 국제적으로 나가면 창피만 당한다.

이제 새누리도 허황된 '통일' 교리 같은 교단용 교리에서 탈피하여 더 정밀한 스토리를 짤 필요가 있다. 새누리교를 믿지 않는 신도들에게도 재미를 줄만한 경쟁력 있는 스토리, 흡입력 있는 신화가 필요한 순간이다.

신력神力이 떨어져 자기 딸 감옥행도 막지 못한 박정희 신은 죽었다. 조금은 더 민주주의에 입각한 논리 정연한 종교를 기대하자는 것이다.

정치란 게 뭐라 뭐라 해도 믿는 자에게는 신앙이고 우리 덕후들에게는 재미다. 팝콘은 이미 튀겨 났다. 보는 재미가 쏠쏠한 종교 간의 한판 대결을 기대해 본다.

序

에필로그: 천만 덕후를 양성하자

出師表

〈기동전사 건담〉이 끝난 지 37년, 에반게리온 신극장판 〈에반게리온: Q〉가 출시된 것도 5년이 흘렀다. 디즈니로 넘어간 〈스타워즈〉는 도무지 봐 줄 수가 없다. 기라성 같던 기타리스트들은 늙어서 손가락이 오그라들었다며 한국에 오지 않는다. 비록 LP는 출시되지만 무분별한 마스터링과 열악한 음질로 실망스럽기도 하다. 오호통재라! 강호江湖의 도가 땅에 떨어졌도다.

한국은 모두가 일로매진一路邁進하는 곳이다. 이렇게 배워 왔고 커 왔으며 그렇게 죽어 간다. 경쟁은 타고난 것으로 자연스러운 본능이라지만 그렇다고 다 좋은 건 아니다. 서넛이 하면 재밌지만 수십, 수백만이 달려들면 모호하고 무거워 효율과 재미가 떨어진다. 한국은 무한 경쟁 체제라 정신이 피폐해지기 십상이다. 이제 하차할 때다.

한국에는 일반 관리자 즉, 제네럴리스트가 많고 전문가라는 스페셜리스트는 적다고 한다. 분야에 따라 다르지만 틀린 분석은 아니다. 스페셜리스트가 부족하고 제네럴리스트가 많은 이유는 경쟁의 단위에 있다. 사람 많은 데로 몰려가면 등수만 생기고 전문성은 사라진다. 모두가 똑같은 과목을 배우는 초중고에는 등수만 있고 전문성은 기대할 수 없는 거다. 등수를 위한 경쟁은 쉬어도 긴장을 늦추기 어렵기에 피곤하고 스트레스다. 반면 학과가 나뉘는 대학으로 가면 이야기가 달라진다. 특히 전공이 세분되면서 경쟁의 단위가 응축되고 등수가 아닌 전문성을 강조하게 된다. 전문성은 유복한 삶을 위해서도 필요한 요소다.

전문성을 만들어 내는 건 교육일 수도 있고 자질일 수도 있으며 취향일 수도 있다. 지금껏 이 책에서 말해온 건 취미와 즐거움이었다. 피할 수 없고 빼도 박도 못하는 노동보다는 즐길 수 없으면 그만둘 수 있는 자유로운 삶을 말했다. 즐거운 희망이 없다면 노동은 무슨 의미며, 행복이 없다면 삶이란 무엇일까? 싫은 일만 하는 노예의 삶은 죽음보다 못한 것이다. 필자의 의견이 아닌 선인 양주揚州의 절절한 지혜다.

박통 시절을 지내온 늙다리들은 주어진 업무는 곧잘 하지만 선택에는 젬병이다. 노예랑 다를 바 없다. 그래선지 늙다리들은 선택을 망설이는 질문을 많이 한다. 명령만 수행하다 선택하려니 머리가 복잡하고 가슴이 울렁거리는 거다. 필자의 대답은 언제나 "질러!"다. 지른 다음에 생각하고 합리화하고 변명하라고 말한다. 이성은 계산하고 비교하지만 감성은 결정을 내린다. 슈퍼마켓 계산대에서 선택을 머뭇거리려는가? 수단인 계산을 목적으로 착각하지 마라.

없는 자기를 찾으라고 하진 않겠다. 하지만 슈퍼마켓 계산대 앞에서 '왜 이렇게 사는가?'란 의문을 맞닥뜨리는 건 비참하다. 계산기를 내려놓고 끌리는 삶을 질러야 할 어느 순간이 있기 마련인 게다. 행복은 지식과 계산이 아니라 내 두 발로 걷는 길이다. 배부르고 유복한 부르주아의 잘난 체라 해도 좋다. 우리나라의 부르주아인 지식인, 지도층 가운데 몇이나 삶의 목표를 즐거움이라고 소리쳤던가? 이게 유복한 부르주아의 신선놀음이라도 먼저 길을 열어야 신선 세계도 열린다고 본다.

오직 달라지고 다양해져야 산다. 하나의 길로 무한 경쟁해서는 행복도, 미래의 전망도 없다는 말이다. 명령은 하나지만 자발적 선택은 사람 수만큼 많다. 계산은 하나지만 대하는 태도는 다 다르다. 명령을 따라 계산하는 건 제네럴리스트이고 자발적 태도는 전문가의 길이다. 이제 전문가가 되어 달라지자는 말이다. 너무 당연하지만 지금껏 거꾸로 외워 왔다.

序

'뭉치면 죽고 달라지면 산다.'

자기만의 느낌과 태도로 자기가 원하는 분야를 찾아 바닥까지 파 들어가는 게 덕후다. 어느 관상觀相 덕후는 미용을 배워 미용실에서 3년간 일하며 관상을 연구했다고 한다. 그와 다른 미용사의 차이는 관심이었다. 이제 우리도 자신의 관심을 만들고 이루어 가는 삶을 미친 듯 과감하게 선언하고 차지할 차례다.

가족을 위해 열심히 일해 봐야 가족은 아버지를 갑질하는 가부장의 꼰대 취급하고, 직장에서 열 내봐야 잘못하면 #MeToo에 걸려 신세 조진다. 아무도 인정해 주지 않는 가정이나 직장 걱정해 봐야 혼자 청승떠는 짓이니 책임 따위는 개나 주고 좋아하는 덕질이나 하는 게 남는 장사라는 말이다. 이런 덕후가 하나둘 모여 백만이 되고 천만이 되어 덕후가 짱 먹는 세상이 오면 우리도 진정으로 행복을 희망할 수 있을 것이다.

장황하게 썼지만, 이 책 전체를 관통하는 철학, 즉 덕후철학의 핵심은 남녀노소 누구든, 어디서 어떤 일을 하건, 좋아하는 분야에서 전문적인 실력을 쌓으면서 놀면 더 재미있다는 것이다.

부족하지만
이 책이 천만 덕후 시대를 위한 첫걸음이고 싶다.

천만 덕후 밖에는 구원은 없다!
천만 덕후를 양성하자!